U0722435

现代教育技术革新下高校体育教学研究

李 薛 韩剑云 孙 静 著

中国纺织出版社

图书在版编目（CIP）数据

现代教育技术革新下高校体育教学研究 / 李薛，韩剑云，孙静著．--北京：中国纺织出版社，2019.1

ISBN 978-7-5180-4384-2

Ⅰ．①现… Ⅱ．①李… ②韩…③孙… Ⅲ．①体育教学－教学研究－高等学校 Ⅳ．①G807.4

中国版本图书馆 CIP 数据核字（2017）第 291066 号

责任编辑：汤　浩　　责任印制：储志伟

中国纺织出版社出版发行

地址：北京市朝阳区百子湾东里 A407 号楼　邮政编码：100124

销售电话：010－67004422　传真：010－87155801

http：//www．c-textilep．com

E-mail：faxing@e-textilep．com

中国纺织出版社天猫旗舰店

官方微博 http：//www．weibo．com/2119887771

北京虎彩文化传播有限公司　　　各地新华书店经销

2019 年 1 月第 1 版第 1 次印刷

开本：787×1092　1/16　印张：13.25

字数：200 千字　定价：79.00 元

前　言

现代教育技术起源于 20 世纪 30 年代的美国。随着时代的变迁，现代教育技术百花齐放，逐步延伸，从原先的视听教育、个别化教学、教学系统方法三个领域逐步拓展到多个方向。纵观国内外教育技术发展的历史，科学技术的发展始终是影响教育变革与发展的重要因素。20 世纪 90 年代以来，多媒体技术的出现使视音频技术、计算机技术、通信技术这三大信息处理技术融为一体，教育技术由此进入了一个多媒体化、网络化、信息化的时代。教育技术不仅引起了教学模式、教学形态和教学环境的变化，而且促使教学体制和教学管理发生了一系列根本性的变革。

为搭上信息化变革的"高铁"，我们撰写了《现代教育技术革新下的高校体育教学研究》一书，旨在使高校体育教学除旧布新，更具时代价值。本书分为三部分。第一部分通过宏观阐释现代教育技术在体育教学活动中的应用环境以及艰难流变，为进一步研究现代教育技术在高校体育教学中的有效应用提供理论依据。第二部分为本书的核心内容，集结多项新兴教育技术与高校体育教学融合，深入阐释在时代剧变下高校体育教学的一系列创新与发展。第三部分通过深入探索高校新型师生关系、高校体育教学信息管理系统的实现路径、高校体育教学制度的规范举措以及高校体育教学的拓展方向，为现代教育技术革新下高校体育教学的有序进行奠定现实基础。

现代教育技术的广泛应用推动了高校体育教学现代化的发展，提高了传统模式下体育教学的效率，促进了学生体育学习的自主性，对终身体育的实现有着积极的作用。现代教育技术的创新发展和快速普及，为高校体育教学服务平台的建设提供了有力的技术支持与保障，使得现代教育技术辅助高校体育教学迅速发展。教育技术的发展促使教育突破了传统模式的局限，诸如计算机辅助教学、远程教学、网络教育、人工智能、虚拟仿真等给教育教学带来了新的气象和新的格局，使教学活动可以突破课堂、校园，不再拘泥于传统的主要以语言文字为手段课堂教学模式，促进传统课堂教学模式的变革。

毋庸置疑，在 21 世纪中国教育全面走向现代化的进程中，教育技术将担负起更加重要的使命。教育传播媒体技术越是先进，教育思想的科学化、现代化就显得越重要。因此，面对日新月异的各种现代教育教学媒体，我们应该在现代教育教学思想的指导下，以积极、审慎、科学的态度采取相应的对策，真正实现技术的现代化和教育思想现代化的最佳结合，从而使现代教育技术全面推进和发展。

本书内容丰富、结构严谨、逻辑清晰，注重各个章节之间的高度结合，集系统性、科学性、实用性为一体，可供广大教育工作者和学生参考，相信能为我国体育教学发展贡献出一份力量。

本书由李薛、韩剑云、孙静共同撰写完成，具体分工如下：

李薛（铜仁学院）第一章、第三章、第四章、第六章；

韩剑云（郑州工程技术学院）第二章、第五章、第九章、第十章、第十一章第二三节；

孙静（山西大同大学）第七章、第八章、第十一章第一节、第十二章；

最后由李薛、韩剑云、孙静进行统稿与定稿。

本书在撰写过程中参考了大量有关体育教学方面的书籍，借鉴了国内外很多相关的研究成果以及著作、期刊、论文等，在此向有关专家和学者致以诚挚的感谢。另外，由于作者水平、时间和精力有限，一些内容还有待于进一步深入研究和论证，敬请各位读者批评指正。

编　者
2018 年 7 月

目　　录

第一章 高校体育教学中现代教育技术的应用环境分析

面对知识经济和信息时代，高校体育教学活动正在迎接着一系列剧变。掌握现代教育技术在体育教学中的应用环境是高校体育教学有序进行的宏观举措。本章通过简要介绍高校体育教学的基本要素与基础理论，分析现代教育技术在高校体育教学活动中应用的现实意义与影响，初步阐释现代教育技术的应用背景。

第一节 高校体育教学的基本要素分析

在各级各类的高校中开展的体育教学活动是一个复杂的现象集合，但高校体育教学也和其他事物一样，是由一些最基本的要素构成的，如果我们能认识这些基本要素，就可以了解高校体育教学的全貌，并认识高校体育教学的内部结构。

一、高校体育教学诸要素

高校体育教学的第一个要素是谁来组织高校体育教学、实施高校体育教学、指导学生进行学习，也就是说在高校体育教学过程中谁是"教"的主体。毫无疑问，答案便是体育教师。在高校体育教学活动中，体育教师是集体育课程的设计参与者、课程的实施者、体育课堂管理者等多种角色于一身，担负把握高校体育教学方向、传授体育基本知识、技术、技能，帮助学生解决学习中的困难等一些高校体育教学中的问题，正所谓"师者，传道授业解惑也"。从中不难看出体育教师是高校体育教学中的主要因素，没有体育教师也不可能存在高校体育教学，也不能构成高校体育教学过程。教师这个要素主要指的是教师的思想和业务水平、个性修养、教学态度以及教学能力等。

高校体育教学的第二个要素是高校体育教学为谁而组织，由谁来学，这就表明了高校体育教学过程中谁是"学"的主体。毋庸置疑，这个答案便是"学生"。学生作为"学"的主体，同时也是"教"的客体，如果没有学生，也就不存在"教"的客体，那么高校体育教学过程更不存在，换言之，没有学生就没有高校体育教学活动。可见，学生作为高校体育教学过程中"学"的主体对于高校体育教学完整性具有重要意义，所以说，高校体育教学过程中，学生这一要素是非常重要的。学生这个因素主要指的是学生的身心发展水平、已有的知识结构、个性特点、能力倾向和学习前的准备情况等。

高校体育教学的第三个要素是为什么要组织高校体育教学，是为了达到一定的教学目的。这就涉及高校体育教学的目的和目标的问题，高校体育教学活动是有目的的活动，因此，高校体育教学的第三个基本因素是高校体育教学目的。高校体育教学目的是风向标，是高校体育教学中的定向和评价因素，指引着高校体育教学活动的进行。没有教学目的的高校体育教学不能说是有组织、有计划的教学活动。

高校体育教学的第四个要素是实现高校体育教学目的、目标的媒介。高校体育教学过程中主要凭借教学内容或者说是课程来实现，这是教学活动中最为实质的因素。它指的是一定的知识、能力、思想与情感等方面组成的结构或体系，具体表现为现在人们常说的各级各类学校的课程方案和课程标准或者是具体的各种教材。

高校体育教学的第五个要素是体育教师在高校体育教学过程中如何进行教学、怎样安排教学活动、怎样实现最好的高校体育教学。这就涉及高校体育教学方法的选择与运用的问题。高校体育教学方法是高校体育教学的基本要素之一，它与体育教师、学生、高校体育教学目标等要素有着密切的关系，高校体育教学方法是体育教师根据高校体育教学目标和学生的实际情况所选择的有效的教学技术和手段，其中也包含在学生自学时对其的指导与帮助。所以，这里所说的方法是广义的，它包括教师在课内和课外所使用的各种教学方法、教学艺术、教学手段和各种教学组织形式，不管它们是具体的、显见的或者是潜移默化的。

高校体育教学的第六个要素是高校体育教学在何种环境下进行组织，这就表明高校体育教学中的一个要素为高校体育教学环境。任何高校体育教学活动都必须在特定的时空条件下进行，特定的时空条件包含有形的和无形的特定高校体育教学环境。有形的高校体育教学环境包括校园内外是否美化，运动场馆是否完备，教学设备和布置是否齐全、合理与整洁，以及当时气候温度的变化等。无形的体育环境包括师生之间、同学之间的人际关系、校风、班风，还有课堂上的气氛、体育文化氛围等。没有良好的高校体育教学环境，高校体育教学活动便不能有效地展开，必然会影响到高校体育教学质量乃至高校体育教学效果的达成。所以说，高校体育教学环境条件是教学活动实施必不可少的，因此，它理所当然的构成教学活动的一个要素。

高校体育教学的第七个要素是高校体育教学效果的达成程度如何，应该以何种标准对其进行界定。这就表明了高校体育教学的最后一个要素便是高校体育教学的评价与反馈。高校体育教学评价是高校体育教学系统"闭合环路"的最后一个环节，是高校体育教学的一个重要的基本要素，它与教学目标、体育教师、学生之间关系密切，体育教师根据高校体育教学目的和目标制订各种评价标准进行系统的评价。高校体育教学评价的内容包括高校体育教学目标的达成度与完成程度，体育教师教得如何以及学生学得如何等问题。

高校体育教学评价的作用是评估上阶段高校体育教学取得的效果，为下一阶段的高校体育教学组织提供参考依据。另一个重要作用便是反馈，通过评价将所获得的相关信息反馈给体育教师，便于体育教师根据实际情况改变教学策略，提高高校体育教学的质量。

二、高校体育教学诸要素之间的关系

以上几个高校体育教学要素之间的关系相互关联、错综复杂，只有厘清各个要素之间的逻辑关系并对其加以分析，才能便于各位体育教师理解高校体育教学现象。

首先是体育教师。不难看出，其余高校体育教学的六要素都对体育教师产生影响，也可以说，在某种程度上制约着体育教师的活动。换言之，它们都是通过体育教师来影响学生进行体育学习活动的。这就凸现了体育教师的中介作用，也就表明在高校体育教学过程中体育教师要组织、协调各种高校体育教学要素，使这些要素之间相互配合，形成一个效率极高的系统，发挥高校体育教学系统的功能，完成高校体育教学的目的。

其次是学生。高校体育教学的教就是为了使学生学，学生是高校体育教学过程中学习的主体。一切高校体育教学活动都是围绕着使学生掌握体育知识、促进学生全面发展为中心展开的。在维度上可以将高校体育教学分为外部因素和内部因素，外部因素主要是指围绕高校体育教学而进行的各种活动和措施，内部因素是指学习主体即学生本身。在加强外部诸因素研究的同时，也应该加强对内部要素的研究，就是要加强对学生的研究。在基础教育改革的理念中，已经明确了学生是学习的主体，使得研究学生的主体性显得十分重要而且必要。

第三是高校体育教学目的。高校体育教学关键的一步便是目的的设定，高校体育教学目的具有一定的导向性，指引高校体育教学实施的方向。有了明确的高校体育教学目的，才使得各种高校体育教学活动围绕着实现高校体育教学目的而实施，利于促进高校体育教学的发展。

第四是体育教材。体育教材或者高校体育教学内容受制于高校体育教学目的，它是高校体育教学过程中的一个极为重要的要素。合理有效地运用体育教材不仅能够促进高校体育教学的进行，还能够使高校体育教学目标达成度大幅度的提高。

第五是高校体育教学方法。高校体育教学方法是高校体育教学整体结构中的一个重要组成部分，是高校体育教学的基本要素之一。它直接关系着高校体育教学工作的成败，高校体育教学效率的高低。所以说，高校体育教学方法应用的好与坏，就成为能否实现高校体育教学目的、完成高校体育教学任务的关键。教学实践也证明，如果体育教师在课堂教学过程中，没有选择和应用有效的教学方法，会导致师生消耗大量的精力，使得高校体育教学效果差，学生所学得的知识少。所以，正确理解、选择、应用高校体育教学方法，对于实现高校体育教学的目标、完成高校体育教学任务都有着积极的作用。

第六是高校体育教学环境。教学环境主要受制于外部条件。这些条件包括物质的和精神的、可控制的和不可控制的。对于高校体育教学活动来说，它们可以分为两大类：有利的高校体育教学环境和不利的高校体育教学环境。教师有责任与学生一起，尽量制造、控制环境，使环境对教学活动产生有利的影响，减少或避免不利的影响。由此可以看出，环境在一定程度上制约着教学过程，同时教师和学生也可以在一定程度上去改变教学环境。在实际的教学活动中，高校体育教学方法的选择、高校体育教学手段的运用、高校体育教学组织形式的安排、高校体育教学模式的选择以及高校体育教学策略的确定、课堂教学信息的传递与交流、师生之间的情感交流以及他们之间的交往互动都直接或间接的受到高校体育教学环境的影响。所以，很有必要对高校体育教学环境进行仔细的研究。

第七是高校体育教学评价。高校体育教学系统是一个"闭合环路"，高校体育教学评价是最后一个环节，也是最为关键的一个环节，它是对体育教师的工作和学生的学习质量进行客观的衡量和价值判断的过程，它可以为高校体育教学提供反馈信息，以便及时地调整和改进高校体育教学，保证高校体育教学目标的实现。

高校体育教学七大要素之间的逻辑关系见图1-1。通过图1-1，不难发现它们之间的逻辑关系，既便于广大体育教师理顺各个教学要素之间的关系，也便于体育教师组织高校体育教学活动。

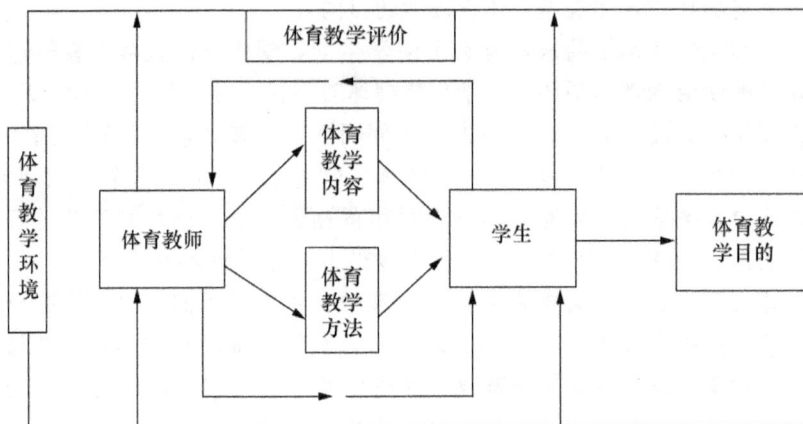

图 1-1　高校体育教学论课程内容各要素关系示意图

第二节　现代体育教育技术的基础理论

一、系统科学理论

系统科学是研究一切系统的原理、模式和规律的科学。系统科学理论认为系统是由若干相互作用、相互依赖的要素组成的具有特定功能的有机整体。系统科学理论包括信息论、控制论、系统论，它是新兴的科学方法论。从系统科学来认识现代教育技术是一个多因素、多层次、多功能的复杂系统，把教育作为一个整体加以分析，统筹全局、立足整体，为教育效果的优化提供了重要手段。

（一）系统科学的基本原理

系统科学的基本原理有：整体原理、反馈原理和有序原理，这三大原理也是教育技术取得优化教学效果的重要理论基础。

1. 系统的整体原理

系统的整体原理指的是，系统是由若干要素组成的具有一定功能的有机整体。作为系统各个子单元的要素一旦组成系统整体，就具有独立要素所不具有的性质和功能，而整体的性质和功能不等于各个要素的性质和功能的简单相加。

系统的整体性，常常又被说成系统整体大于部分。所谓的整体大于部分，其实质是说系统的整体具有系统中部分所不具有的性质，系统整体不同于系统各部分的简单相加。系统论的创立者贝塔朗菲就曾指出："整体大于部分之和"，其实它的含义不过是组合特征不能用孤立部分的特征来解释。系统是由要素组成的，整体是由部分组成的，要素一旦组合成系统，部分一旦组合成整体，就会反过来制约要素、制约部分。

任何系统的整体功能 e 整等于：各部分功能的总和，加上各部分相互联系形成结构产生的功能的总和，表示为公式：e 整＝e 部＋e 联。

系统的整体性告诉我们，一个教学系统能够正常运行，关键在于它的各个部分是否组成了整体，各个部分是否能够协调工作，只有组成了整体，整体的功效才能大于各个部分之和。这要求我们在设计教学系统时，综合考虑教师、学生、教学内容和教学媒体等要素之间的关系，这几个部分要能够组成一个合理的教学系统。

2. 系统的反馈原理

系统的反馈原理是指任何系统只有通过信息反馈，才可能实现有效的控制，从而达到预期的目的；反之，没有信息反馈的系统，要实现有效的控制，达到预期的目的是不可能的。

所谓反馈，是指把给定信息作用于对象后产生的结果再输送回来，并对信息的再输入发生影响的一种过程。从信息的输入到信息的输出、再反馈到信息的输入，这形成了一个闭合回路（如图 1-2）。施控系统正是根据反馈信息的量才能比较、纠正和调整它发出的给定信息的量，从而实现对被控对象的控制。反馈有正反馈和负反馈之分，如果反馈信息能够加强控制信息的作用，这种反馈称为正反馈；反之，如果反馈信息的作用与控制信息作用相反，这种反馈称为负反馈。反馈原理在教育教学中具有普遍的指导意义。教育总是要使受教育者在一定的时间内达到一定的目的。是否能达到教育目的，需要随时了解教育的现状，找出现状与目的之间的差距，从而改进我们的教育，这就必须利用反馈原理。如果不经常及时得到反馈信息，这样的教育系统就不能做到有效的控制。任何一门具体学科的教学和具体任务的训练，任何一节教学，任何一项实验等，都有具体的目的。在教学和训练中，要随时通过反馈信息把握现状与目的之间的差距，从而调整教学的进度，改进教学方法，做到因材施教。

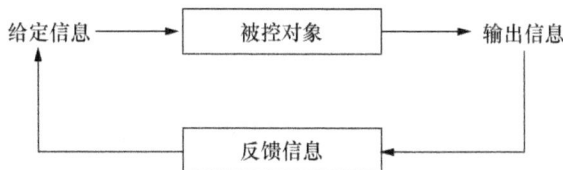

图 1-2 系统信息反馈示意图

3. 系统的有序原理

任何系统只有开放、有涨落、远离平衡态，才可能走向有序；或者说，没有开放、没有涨落、处于平衡态的系统，要走向有序是不可能的。

所谓有序，是指信息量走向增加，组织化程度走向增加，即混乱度走向减少。系统由低级的结构变为较高级的结构是有序的；反之是无序的。学习、记忆过程是有序；荒废、遗忘过程是无序。

有序原理告诉我们，应当主动地把自己纳入一个开放系统中，尽量争取与外界交换有用的信息，从而取得较大的进步。有序原理要求教学系统是一个开放系统，同时要求教学中要尽可能促进学生思考，使学生大脑也成为开放系统，这样才能促进学习的进步和教育的发展。

（二）系统方法的一般步骤

系统方法是运用系统科学的观点和方法处理各类复杂的系统问题，在运用系统方法解决系统问题时，有一个一般的步骤和程序。

（1）系统地分析所要解决问题的目标、背景等因素，确定需要解决的问题。

（2）调研、收集与问题有关的事实、资料和数据，分析各种可能性，提出多个可供选择的解决问题的方案。

（3）比较各种方案，选择其中最优方案。

（4）设计出能体现最优方案的系统。

（5）进行系统开发、实践及评价，分析是否达到了预期效果，发现不足之处及时调整，直到接近理想设计目标为止。

（6）应用并推荐最优方案和系统，并形成系统的体系和结构。

二、传播理论

传播是由传播者运用传播媒体，采用一定的形式向接受者进行信息传递和交流的一种社会活动。传播的内容是信息，传播的根本目的是传递信息，它是人与人之间、人与社会之间，通过有意义的符号进行信息传递、信息接收或信息反馈活动的总称。

（一）教育传播

教育传播是由教育者按照一定的目的和要求，选定合适的信息内容，通过有效的媒体通道，把知识、技能、思想、观念等传送给特定的教育对象的一种活动，是教育者和受教育者之间的信息交流活动。由于教学过程属于传播活动，传播理论也同样可以解释和指导教学传播过程，所以传播理论是教育技术学的重要理论基础之一。

（二）教育传播基本过程

美国政治学家拉斯韦尔在其 1948 年发表的"传播在社会中的结构与功能"一文中，对人类社会的传播活动进行了分析，这便是著名的"5W"模式（如图 1-3）。"5W"模式界定了传播学的研究范围和基本内容，影响极为深远。

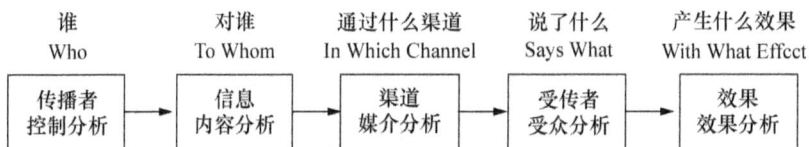

图 1-3 "5W"模式传播过程示意图

五个要素又构成了后来传播学研究的五个基本内容，即控制分析、内容分析、媒介分析、受众分析和效果分析。这五个要素各有其自身的特点。

"谁"就是传播者，在传播过程中担负着信息的收集、加工和传递的任务。传播者既可以是单个的人，也可以是集体或专门的机构。

"说什么"是指传播的信息内容，它是由一组有意义的符号组成的信息组合。符号包括语言符号和非语言符号。

"渠道"，是信息传递所必须经过的中介或借助的物质载体。它可以是诸如信件、电话等人与人之间的媒介，也可以是报纸、广播、电视等大众传播媒介。

"对谁"，就是受传者或受众。受众是所有受传者，如读者、听众、观众等的总称，它是传播的最终对象和目的地。

"效果"，是信息到达受众之后，在其认知、情感、行为各层面所引起的反应。它是检验传播活动是否成功的重要尺度。

拉斯韦尔的"5W"模式是线性模式，即信息的流动是直线的、单向的。该模式把人类传播活动明确概括为由五个环节和要素构成的过程，是传播研究史上的一大创举，为后来研究大众传播过程提供了具体的依据。但它没能注意到反馈这个要素，忽视了传播的双向性，是孤立性的，忽略了反馈和动机。

布雷多克在拉斯韦尔"5W"模式的基础上，于1958年提出了"7W"模式，增加了"Why"和"Where"，如图1-4，"7W"模式使孤立性略有改善，但直线性不变，依然缺乏反馈。

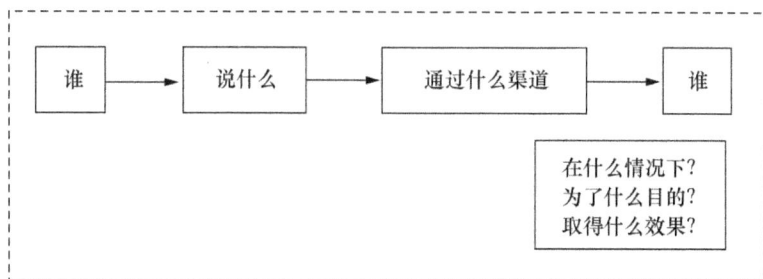

图1-4　"7W"传播过程示意图

学术界通常认为教育传播过程包含的基本要素有：教育者、教育信息、教育媒体、受教育者、编码、译码、噪声、反馈与效果等。1995年，南国农和李运林提出了教育传播过程六阶段（如图1-5）。

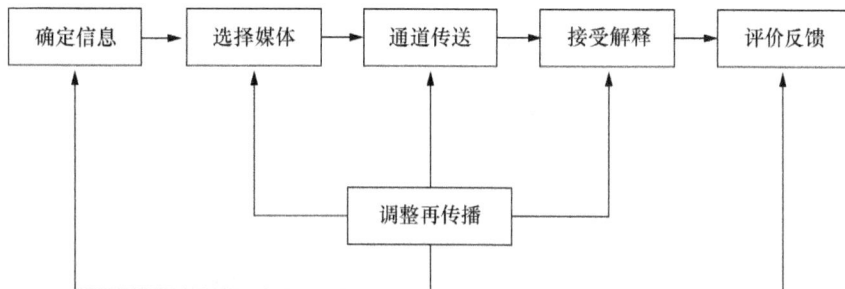

图1-5　教学传播过程六阶段

1. 确定教育传播信息

教育传播过程的第一步是确定传送的教育信息。教育传播传送的信息要依据教育目的和课程的教学目标。在这一阶段教师要认真分析教材，进行教学内容分析，将内容分解成若干个知识点，并确定每个知识点要求学习者达到的学习水平。

2. 选择教育传播媒体

选择教育传播媒体呈现要传送的信息，实质上就是编码的过程。不同的媒体有不同的功能，不同的教育信息、不同的学习者也需要不同的媒体。所以，教师应在分析媒体的功能、教育信息和教育对象特点的基础上，考虑主客观条件进行教学媒体选择。

3. 通道传送

在这一阶段首先要解决两个问题：第一是信号要传送多远，传送多大范围，根据传送要求选择通道；第二是信息内容的先后传送顺序问题，在通道传送前，教师必须做好每一次传送的方案设计，在通道传送时，有步骤地按照教学方案去传送信号。另外，通道传送应尽量减少各种干扰，确保传送信号的质量。

4. 接收和解释

在这一阶段，学生接收信号并将它解释为信息意义，也就是信息译码阶段。受教育者首先通过视、听、触等感觉器官接收传来的信号，信号对感官的刺激通过神经系统传至中枢神经，通过分析将它转换为相应的符号，然后，学生依据自身的知识与经验，将符号解释为信息意义，并将它储存在大脑中，形成一定的知识结构。

5. 评价和反馈

学生接收信号、解释信息意义之后，所形成的信息意义与教师发送的信息含义是否一致，即是否达到了预定的教学目标，要进行评价。评价的方式方法有很多，可以观察学生的行为变化，也可以通过课堂提问、课后作业以及阶段性的考试等。评价的结果是教育传播过程中一种非常重要的反馈。

6. 调整和再传送

通过掌握的反馈信息与预定的教学目标的比较发现教育传播过程中的不足，调整教育信息、教育媒体和教育传送通道，进行再次传播，以保证传受双方信息含义的一致性。再传送其实就是对教学的补救，形式可能是补充相关内容，也可能是对已传播内容做相关解释说明。

三、学习理论

自从有人类就有了学习行为，学习是如何发生的，有哪些规律，学习是以怎样的方式进行的？近百年来，教育学家和心理学家围绕着这些问题，从不同角度，运用不同的方式进行了各种研究，试图去回答这些问题，也形成了各种各样的学习理论。在这里我们主要了解几种成熟的理论：行为主义学习理论、认知主义学习理论、人本主义学习理论和建构主义学习理论。

（一）行为主义学习理论

行为主义理论又称刺激—反应理论，认为学习是刺激与反应之间的联结，他们的基本假设是：行为是学习者对环境刺激所做出的反应。他们把环境看成是刺激，把伴随的有机体行为看作是反应，认为所有行为都是习得的。行为主义理论是当今学习理论的主要流派之一，代表人物有：华生、桑代克和斯金纳。

1. 华生的古典行为主义

约翰·华生（John B. Waston），于1913年首先提出行为主义心理学，是美国第一个将巴甫洛夫的研究结果作为学习理论基础的人。他认为学习就是以一种刺激替代另一种刺激建立条件反射的过程。在华生看来，人类出生时只有几个反射（如打喷嚏、膝跳反射）和情绪反应（如惧怕等），所有其他行为都是通过条件反射建立刺激—反应（S-R）联结而形成的。

华生比较著名的是"恐惧形成的实验"（如图1-6）。第一步，让一个婴儿抚摸一只小白鼠，看上去他玩得很开心；第二步，当小孩玩小白鼠的时候，在周围发出一个刺耳的巨大响声，孩子感觉到了恐惧；第三步，反复步骤二若干次，一周后小孩一看到小白鼠就觉得害怕；第四步，这个实验重复多次以后，他不但惧怕小白鼠，而且害怕兔子，甚至害怕长的胡须和毛发。

华生的理论是早期行为主义的典型代表，他采用观察法、条件反射法、口头报告法、测个体的主动性、能动性和创造性，但忽视了促进心理发展的内部因素。

图 1-6　恐惧形成的实验　　　　　　　　　　图 1-7　桑代克迷箱

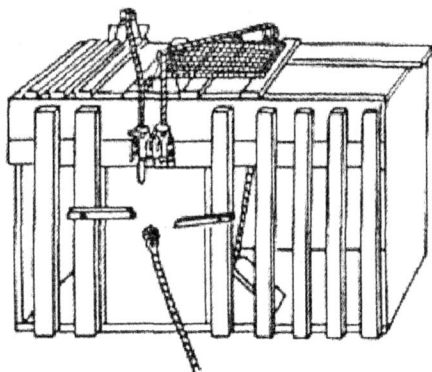

2. 桑代克的联结论

爱德华·李·桑代克（Edward Lee Thorn dike），美国心理学家，动物心理学的开创者，行为主义心理学的代表人物之一。他从研究动物的实验中领会到它们的学习过程，从而提出他的联结主义理论：刺激（S）—反应（R）公式。被认为是教育心理学的奠基人。

桑代克最著名的贡献就是迷箱（如图 1-7）实验，通过观察猫如何从迷箱中逃脱，研究刺激与反应之间的联系。他把一只饥饿的猫放入设有打开门闩装置的迷箱中，迷箱外有一盘食物。在猫第一次偶然打开门闩逃出迷箱之后，又将它放回迷箱，进行下一轮尝试。"逃出—放回"如此重复多次。桑代克记下猫每次逃出迷箱所需的时间，发现经过多次连续尝试，猫逃出迷箱所需的时间越来越少，以至到了最后，猫一进迷箱，就能打开门闩，跑出迷箱，获得食物。桑代克根据动物实验，提出了学习的试误说，即学习是通过不断地尝试错误而实现的，试误说包括三条学习定律：准备律、练习律和效果律。

准备律：学习者是否会对某种刺激做出反应，同他是否已做好准备有关。

练习律：一个已形成的可变联结若加以应用，这种联结的力量便会增强；一个已形成的可变联结若不予以使用，这种联结的力量便会减弱。练习律就是强调联结的应用。

效果律：只有当反应对环境产生某种效果时，学习才会发生。如果反应的结果是令人愉快的，那么学习就会发生；如果反应的结果是令人烦恼的，那么这种行为反应就会削弱而不是加强。效果律后来演变为强化。

桑代克的学习理论指导了大量的教育实践。效果律指导人们用一些具体奖励如口头表扬、奖品激励等对学生进行大量的重复练习以达到知识技能熟练掌握的程度。他对教师的总的劝告是"集中并练习那些应结合的联结，并且奖励所想要的联结"。虽然桑代克的理论后来被行为主义者吸收并成为他们的主要理论原则，但桑代克本人对行为主义学派的热情却并不高，他本人对精神和意识也很感兴趣，这是行为主义者所不能容忍的；并且桑代克本人也并不欣赏行为主义者那种将精神和意识一棍子打死的做法，因而对行为主义的观点异议颇多，所以就只能算是一位站在行为主义学派边上的心理学家。

3. 斯金纳的新行为主义

斯金纳（Burrhus Frederic Skinner），是新行为主义心理学的创始人之一，也是操作条件学习理论的创始人和行为矫正术的开创者。他发明教学机器，设计程序教学方案。操作性条件反射这一概念是斯金纳新行为主义学习理论的核心。

斯金纳把行为分成两类：第一类是应答性行为，这是由已知的刺激引起的反应；与应答性行为相应的是应答性反射；第二类是操作性行为，是有机体自身发出的反应，与任何已知刺激物无关，与操作性行为相应的是操作性反射。

斯金纳认为，人类行为主要是由操作性反射构成的操作性行为，操作性行为是作用于环境而产生结果的行为。在学习情境中，操作性行为更有代表性。斯金纳很重视操作性条件反射，因为这种反射可以塑造新行为，在学习过程中尤为重要。

斯金纳关于操作性条件反射作用的实验，是在他自己设计的著名斯金纳箱（如图1-8）中进行的。箱内放进一只白鼠，并设一杠杆或键，箱子的构造尽可能排除一切外部刺激。动物在箱内可自由活动，当它压杠杆或啄键时，就会有一团食物掉进箱子下方的盘中，动物就能吃到食物，箱外有一装置记录动物的动作。

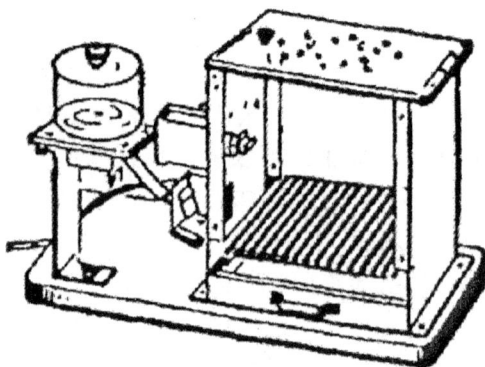

图1-8　斯金纳箱

斯金纳把动物的学习行为推广到人类的学习行为上，他认为虽然人类学习行为的性质比动物复杂得多，但也要通过操作性条件反射进行。有机体必须先做出所希望的反应，然后得到"报酬"即强化刺激，使这种反应得到强化。斯金纳认为，人的一切行为几乎都是操作性强化的结果，人们有可能通过强化作用的影响去改变别人的反应。在教学方面教师充当学生行为的设计师和建造师，把学习目标分解成很多小任务并且一个一个地予以强化，学生通过操作性条件反射逐步完成学习任务。斯金纳提出了操作性条件作用原理，并对各种强化程序安排的效果作了较为科学而又详细的考察。但是他否定教师的主导作用，忽视了学习过程中人的主观能动性的发挥。

4. 行为主义学习理论评价

行为主义在一定程度上解释了人类部分学习行为，其中一些理论和规律也可以较好地指导动作技能或需要经过反复强化习得的知识。但是它存在着诸多缺陷，行为主义学习理论把人简单地等同于动物的学习，忽视了人的思维过程；行为主义理论认为学习是被动的，这与人类的学习行为不符，也忽视了人的主观能动性；另外它的适应范围也较为有限。

（二）认知主义学习理论

认知主义学习理论与行为主义学习理论相对立，认知主义学派认为，学习就是面对当前的问题情境，在内心经过积极的组织，从而形成和发展认知结构的过程，强调刺激与反应之间的联系是以意识为中介的，强调认知过程的重要性。其主要代表人物有：皮亚杰、布鲁纳、奥苏伯尔和加涅。

1. 皮亚杰的认知发展理论

让·皮亚杰（Jean Piaget），瑞士人，是近代最著名的儿童心理学家。他的认知发展理论成为这个学科的典范。皮亚杰在从事智力测验的研究过程中发现，所有儿童对世界的了解都遵从同一个发展顺序，他们是以完全不同的思考方式进行思维的。皮亚杰通过细致的观察、严密的研究，得出了关于认知发展的几个重要结论。

个体从出生至儿童期结束，其认知发展要经过 4 个时期。

感知运算阶段（0～2 岁），个体靠感觉与动作认识世界。

前运算阶段（2～7 岁），个体开始运用简单的语言符号从事思考，具有表象思维能力，但缺乏可逆性。

具体运算阶段（7～12 岁）出现了逻辑思维和零散的可逆运算，但一般只能对具体事物进行运算。

形式运算阶段（12～15 岁）能在头脑中把形式和内容分开，使思维超出所感知的具体事物或形象，进行抽象的逻辑思维和命题运算。

皮亚杰认为，学习的结果是头脑中认知图式的重建，重要的是儿童思维运演的发展过程。学习从属于发展，知觉受制于心理运演，学习是一种能动建构的过程，错误是有意义的学习所必需的，否定是一种有意义的学习。

2. 布鲁纳的认知发现说

杰罗姆·布鲁纳（Jerome Seymour Bruner），美国教育心理学家和教育家，当代认知心理学派和结构主义教育思想的代表人物之一，认知心理学的先驱，是致力于将心理学原理实践于教育的典型代表，也是被誉为杜威之后对美国教育影响最大的人。他主要从事人的知觉、学习、思维、记忆等一系列研究。

布鲁纳学习理论的主要观点有：认知学习观、结构教学观和学习发现法。

（1）认知学习观。

①学习的实质在于主动地形成认知。学习的本质不是被动地形成刺激—反应的联结，而是使学生主动地形成认知结构，学习者不是被动地接受知识，而是主动地获取知识。学习者通过把新获得的信息和已有的认知结构联系起来，进而积极地构成自己的知识体系。

认知结构，就是编码系统，其主要成分是"一套感知的类目"。学习就是类目及其编码系统的形成，认为一切知识都是按照编码系统排列和组织的。

编码系统是人们对环境中的信息加以分组和组合的方式，并且是不断变化和重组的。它的一个重要特征是对相关的事物类别做出层次结构的安排。

②学习包括获得、转化和评价三个过程。布鲁纳认为，"学习一门学科，包括三个几乎同时

发生的过程"。这三个过程是：新知识的获得、知识的转化、知识的评价。

（2）结构教学观。教学的目的在于理解学科的基本结构，布鲁纳强调学生学习的积极性和主动性，强调认知结构的重要性。他主张教学的最终目标是促进对学科结构的一般理解，掌握学科基本结构要满足动机原则、结构原则、程序原则和强化原则。

动机原则：内在动机是维持学习的基本动力。儿童具有三种最基本的内在动机：第一，好奇的内驱力；第二，胜任的内驱力；第三，互惠的内驱力。这三种基本的内在动机都具有自我奖励的作用，其效应不是短暂的，而是长期的。

结构原则：人有三种表征系统，这三种表征系统也是人成功地理解知识的手段。动作表象是凭借动作进行学习的，无须语言的帮助；图像表象是借助图像进行学习的，以感知材料为基础；符号再现表象是借助语言进行学习的，经验一旦转化为语言，凭借逻辑推导就能进行。任何知识结构都可以通过这三种表象形式进行呈现，为了促进学生的学习，教师选用哪种呈现形式应考虑到学生的年龄、知识、背景和学科的性质。

程序原则：教学就是引导学习者通过一系列有条不紊地陈述问题或大量知识的结构，以提高学生知识的掌握、转化和迁移能力。通常每门学科都存在着各种不同的序列，它们对于学习者来说有难有易，不存在对所有学习者都适用的唯一序列。而且在特定的条件下，任何具体的序列总是取决于许多不同的因素，包括过去所学的知识、智力发展的阶段、材料的性质和个体差异等，因此，安排序列必须考虑儿童智力发展的历程，考虑学生处理信息的能力。

强化原则：为了提高学习的效率，学习者必须获得反馈，这种反馈对学生的学习起着强化作用。因此，教学规定适当的强化时间和步调是学习成功的重要环节。除了强化时间的安排以外，要想强化有效果，反馈必须被学生所理解。同时布鲁纳也认为，教学是一种暂时状态，其目的是促进学生的自我学习，学习者不能总是依赖教师的强化，必须逐渐地形成自我矫正的能力。

（3）发现学习法。布鲁纳认为"发现是教育儿童的主要手段"，学生掌握学科基本结构的最好方法是发现法。发现就是"用自己的头脑亲自获得知识的一切形式。"教学不应当使学生处于被动地接受知识的状态，而应让"学生自己把事物整理就绪，使自己成为发现者"。发现法的一般步骤是：

①提出和明确使学生感兴趣的问题。

②使学生对问题体验到某种程度的不确定性，以激发探究的欲望。

③提供解决问题的各种假设。

④协助学生搜集和组织可用作结论的资料。

⑤组织学生审查有关资料，得出应有的结论。

⑥引导学生运用分析思维去验证结论，最终使问题得到解决。

教师的作用在于：鼓励学生有发现的自信心，激发学生的好奇心和求知欲，帮助学生寻找新问题与已知知识的联系，训练学生运用知识解决问题的能力，协助学生进行自我评价，启发学生进行对比。

3. 奥苏伯尔的认知同化理论

奥苏伯尔（D. P. AuSubel），当代美国著名的教育心理学家，纽约市立大学研究生院荣誉教授，他在语言学习研究方面做出了巨大贡献。

（1）有意义的学习理论。奥苏伯尔根据学习的内容，把学习分为机械学习与有意义的学习；根据学习的方式，把学生的学习分为接受学习和发现学习。有意义学习过程的实质，就是使符号所代表的新知识与学习者认知结构中已有的适当概念建立非人为的和实质性的联系。有意义学习理论强调在新知识的学习中，认知结构中的原有适当观念起决定作用，这种原有的适当观念对新知识起固定作用。有意义学习需具备的条件是：学习材料对学生而言有潜在意义，学生头脑中有同化新学习材料的知识，学生具有有意义学习的意向。

接受学习：学生把以定论的形式呈现给自己的学习材料与其已形成的认知结构联系起来加以掌握的一种学习方式。

发现学习：是在教师不加讲述的情况下，学生依靠自己的力量去获得新知识、寻求解决问题方法的一种学习方式。发现学习依靠学习者的独立发现。

机械学习：不加理解、反复背诵的学习，亦即对学习材料只进行机械识记。

先行组织者策略是奥苏贝尔的有意义接受学习理论的一个重要组成部分。奥苏贝尔认为，能促进有意义学习的发生和保持的最有效策略，是利用适当的引导性材料对当前所学新内容加以引导。

先行组织者是先于学习任务本身呈现的一种引导性材料，它既可以在抽象和概括水平上高于新学习材料，也可以低于新学习材料。组织者可根据它的作用而分为两类：一类是陈述性的组织者，它的作用在于为新知识的学习提供起固定作用的旧知识，提高有关旧知识的可利用性；另一类是比较性组织者，它的作用在于比较新知识与认知结构中有关相似知识的区别和联系，从而增强似是而非的新旧知识之间的可辨别性。

（2）学习迁移理论。学习迁移一般指一种学习中习得的经验对其他学习的影响。学习迁移并不是自动发生的，它要受某些条件的限制，其中最主要的影响因素有学习对象的共同因素、原有经验的概括水平、迁移的认知技能水平。奥苏伯尔将这些因素表述如下：

第一，学习内容的共同因素。迁移都要通过新旧学习中的经验进行分析进而概括出其共同的经验成分才能实现。因此，在进行迁移时学习内容在客观上要有共同因素。

第二，原有经验的概括水平。这里的迁移不是相同经验的迁移，而是概念原理的迁移，尤其是指下位学习的迁移。心理学的研究和实验表明，经验的概括水平越高，迁移的可能性就越大，效果也就越好。

第三，迁移的认知技能水平。迁移过程是通过复杂的认知活动实现的，认知技能是否掌握会影响迁移的实现。

（3）成就动机理论。奥苏贝尔主要关注的是成就动机，即学生试图获取好成绩的倾向。与众不同的是，在奥苏贝尔看来，成就动机主要由三方面的驱力所组成：认知内驱力、自我提高内驱力和附属内驱力。

认知内驱力是成就动机三个组成部分中最重要、最稳定的部分，它大都是存在于学习任务本身之中的。所谓认知内驱力，就是指学生渴望认知、理解和掌握知识，以及陈述和解决问题的倾向。简言之，即一种求知的需要。这是意义学习中最重要的一种动机。它发端于学生好奇的倾向，以及探究、操作、理解和应付环境的心理倾向。

自我提高内驱力是一种通过自身努力，胜任一定的工作，取得一定的成就，从而赢得一定社会地位的需要。它与认知内驱力的区别在于：认知内驱力的指向是知识内容本身，它以获得知识和理解事物为满足；自我提高的内驱力指向的是一定的社会地位，它以赢得一定的地位为满足。

附属内驱力是指个人为了保持长者们或权威们的赞许或认可而表现出来的一种把学习或工作做好的需要。对于学生来说，附属的内驱力表现为：学生为了赢得家长或教师的认可或赞许而努力学习，取得好成绩的需要。

奥苏贝尔的学习理论对指导教学具有重要意义和贡献：奥苏贝尔的有意义言语信息学习揭示了学生知识学习的最本质特征之一；奥苏贝尔对有意义学习的实质、条件和类型的阐述是严谨和有说服力的；学生的学习以有意义的接受学习为主具有较强的指导意义；奥苏贝尔成就动机的三种内驱力说恰当地概括了学生学习的三种动力来源；奥苏贝尔提倡的课堂讲授教学模式是最经济、最便捷、最有效的教学方式；奥苏贝尔创立并提倡"先行组织者"教学模式是课堂讲授教学普遍采用的教学策略和方法之一。当然他的理论也存在一些局限性，比如只注重知识的迁移，忽略了学习方法和学习策略的迁移；他提倡讲授式教学，忽略了学生自主学习的效果等。

4. 加涅的信息加工理论

罗伯特·加涅（R. M. Gagne），是美国当代著名心理学家，后半生将主要精力集中于学习理论、教学理论、教学设计乃至教育技术学基础理论的研究中，并成为心理学、教学论、教育技术学等多个研究领域公认的大师级人物。他的学习理论包括学习结果分类理论、学习层次论、学习过程论和学习条件论。

（1）学习结果分类理论。加涅将人的学习分成五类，分别是言语信息、智力技能、认知策略、动作技能和态度。这五类学习代表了个体所获得的所有学习结果。

言语信息：就是学习者学会陈述事实或观点的能力。

智力技能：是指学习者通过学习获得了使用符号与环境相互作用的能力，分为四个层次：辨别、概念、规则和高级规则。

认知策略：是学习者借以调节他们自己的注意、学习、记忆和思维等内部过程的技能。

动作技能：学习者学习由肌肉运动所形成的综合活动能力。

态度：通过学习形成的影响个体行为选择的内部状态。

（2）学习层级论。加涅认为人类的学习是复杂多样的，是有层次性的，总是由简单的低级学习向复杂的高级学习发展，构成了一个依次递进的层次与水平。而简单的低级学习是复杂高级学习的基础。1968年，他把人类的学习分为八个层次：信号学习、刺激反应学习、连锁学习、言语联结学习、辨别学习、概念学习、原理（规则）学习、解决问题（高级规则）学习。

（3）学习过程论。加涅认为学习是个体的一整套内部加工过程。在这个过程中，个体把环境中的刺激转化为能进入长时间记忆状态的信息，任何一个学习过程都是有层次性的，都是由一个个具体的学习阶段构成的。他把学习过程依次分为八个阶段：

动机阶段：一定的学习情境成为学习行为的诱因，激发个体的学习活动，在这个阶段要引发学生对达到学习目标的心理预期。

领会阶段：也称了解阶段，在这个阶段中，教学的措施要引起学生的注意，提供刺激，引导注意，使刺激情境的具体特点能被学生有选择的感知到。

获得阶段：这个阶段起着编码的作用，即对选择的信息进行加工，将短时记忆转化为长时记忆的持久状态。

保持阶段：获得的信息经过复述、强化之后，以一定的形式（表象或概念）在长时记忆中永久地保存下去。

回忆阶段：这一阶段为检索过程，也就是寻找储存的知识，使其复活的过程。

概括阶段：把已经获得的知识和技能应用于新的情境之中，这一阶段涉及学习的迁移问题。

操作阶段：也叫作业阶段。在此阶段，教学的大部分是向学生提供应用知识的机会，使学生显示出学习的效果，并且同时为下阶段的反馈做好准备。

反馈阶段：学习者因完成了新的作业并意识到自己已达到了预期目标，从而使学习动机得到强化。加涅认为："值得注意的是强化主宰着人类的学习，因为学习动机阶段所建立的预期，此刻在反馈阶段得到了证实。"

（4）学习条件论。人类的学习活动受内部和外部两大类条件制约。内部条件是指以前习得的知识技能、动机和学习能力等。外部条件是指输入刺激的结构和形式，不同的学习内容需要不同的外部条件。加涅认为，教育是学习的一种外部条件，其成功与否在于是否有效地适合和利用内部条件。学习的每个阶段都有其各自的内部心理过程和影响它的外部事件。教学就是遵循学习者学习过程的特点，安排适当的外部学习条件。教师是教学设计者和管理者，也是学生学习的评价者，担负发动、激发、维持和提高学生的学习活动的教学任务。加涅的学习条件论提醒教师，提高教学质量要重视学习者的外部条件，并应创造良好的教学环境和条件。

5. 认知主义学习理论评价

认知主义学习理论为教学论提供了理论依据，丰富了教育心理学的内容，为推动教育心理学的发展立下了汗马功劳，为教育技术学科发展奠定了理论基础。认知派学习理论的主要贡献：一是重视人在学习活动中的主体价值，充分肯定学习者的主观能动性；二是强调认知、意义理解、独立思考等意识活动在学习中的重要地位和作用；三是重视人在学习活动中的准备状态；四是主张人的学习创造性。

认知学习理论忽视了学习过程中的非智力因素。学习心理由智力因素与非智力因素两大部分组成。智力因素是学习过程的心理基础，对学习起直接作用；非智力因素是学习过程的心理条件，对学习起间接作用。只有使智力因素与非智力因素紧密结合，才能使学习达到预期的目的，而认知主义学习理论对非智力因素的研究是不够重视的。

（三）建构主义学习理论

建构主义也称为"结构主义"，其最早提出者可追溯至瑞士的皮亚杰，建构主义理论的其他代表人物还有斯滕伯格、卡茨、维果斯基等。建构主义认为学习是在一定的情境即社会文化背景下，借助其他人的帮助即通过人际间的协作活动而实现的意义建构过程。

1. 建构主义的知识观

（1）知识不是对现实纯粹客观的反映，任何一种记载知识的符号系统也不是绝对真实的表征。

（2）知识并不能绝对准确无误地概括世界的法则，提供对任何活动或问题解决都有效的方法。

（3）知识不可能以实体的形式存在于个体之外，尽管通过语言赋予了知识一定的外在形式，并且获得了较为普遍的认同，但这并不意味着学习者对这种知识有同样的理解。

2. 建构主义的学习观

（1）学习不是由教师把知识简单地传授给学生，而是由学生自己建构知识的过程。

（2）学习不是被动接收信息刺激，而是主动地建构意义，是根据自己的经验背景，对外部信息进行主动的选择、加工和处理，从而获取自己的意义。

（3）学习意义的获得是每个学习者以自己原有的知识经验为基础，对新信息重新认识和编码，建构自己的理解。

（4）同化和顺应是学习者认知结构发生变化的两种途径或方式。同化是认知结构的量变，而顺应则是认知结构的质变。

3. 建构主义师生观

（1）教师的角色是学生建构知识的忠实支持者。教师的作用从传统的传递知识的权威转变为学生学习的辅导者，成为学生学习的高级伙伴或合作者。

（2）教师要成为学生建构知识的积极帮助者和引导者，应当激发学生的学习兴趣，引发和保持学生的学习动机。

4. 建构主义的学习环境

建构主义认为，学习者的知识是在一定情境下，借助于他人的帮助，如人与人之间的协作、交流、利用必要的信息等，通过意义的建构而获得的。

理想的学习环境应当包括情境、协作、交流和意义建构四个部分。

（1）情境，学习环境中的情境必须有利于学习者对所学内容的意义建构。在教学设计中，创设有利于学习者建构意义的情境是最重要的环节或方面。

（2）协作，应该贯穿于整个学习活动过程中。教师与学生之间，学生与学生之间的协作，对学习资料的收集与分析、假设的提出与验证、学习进程的自我反馈和学习结果的评价以及意义的最终建构都有十分重要的作用。

（3）交流，是协作过程中最基本的方式或环节。比如学习小组成员之间必须通过交流来商讨如何完成规定的学习任务达到意义建构的目标，怎样更多的获得教师或他人的指导和帮助等。

（4）意义建构，是教学过程的最终目标。其建构的意义是指事物的性质、规律以及事物之间的内在联系。

5. 建构主义的教学原则

（1）尽量为学生创建真实的学习情境。

（2）尽量设计真实的任务。

（3）教学以学生为中心。

（4）尊重学生个性化发展。

（5）注重互动的学习方式。

（6）注重学生先前的学习经验。

（7）帮助学生主动建构地学习。

（8）引导学生诊断性学习与反思性学习。

6. 建构主义学习理论评价

建构主义者在吸收维果斯基、加涅、皮亚杰、布鲁纳等思想的基础上，提出了许多富有创见的教学思想，如强调学习过程中学习者的主动性、建构性；对于学习做了初级学习与高级学习的区分，批评传统教学中把初级学习的教学策略不合理地推及高级学习；提出合作学习、情境性学习等，对深化当前的教育教学改革具有深远的意义。

但是，传统教学重视知识的确定性和普遍性，注重分析和抽象，这在学习的初级阶段是必要且有其合理性的，建构主义者全盘否定它，同样会犯以偏概全、以特殊代替一般的错误。提倡情境性教学，立足具体和真实，但由此而反对抽象和概括，认为进行抽象的训练是没有用的，也是片面的。

（四）人本主义学习理论

人本主义心理学是 20 世纪五六十年代在美国兴起的一种心理学思潮，其主要代表人物是马斯洛和罗杰斯。人本主义的学习观与教学观深刻地影响了世界范围内的教育改革，是与程序教学运动、学科结构运动齐名的 20 世纪三大教学运动之一。

1. 马斯洛需求层次理论

马斯洛（Abraham Maslow），美国著名的社会心理学家。他是人本主义运动的发起者之一和人本主义心理学的重要代表。他的需要层次理论和自我实现理论是人本主义心理学的重要理论。

马斯洛的需要层次论认为，人类动机的发展和需要的满足有密切的关系，需要的层次高低不同，低层次需要的满足或基本满足有助于高层次动机的出现。他把人类需要分为五个层次：生理需求、安全需求、社交需求、尊重需求、自我实现需求，并且这些层次需求依次由较低层次到较高层次排列（如图 1-9）。

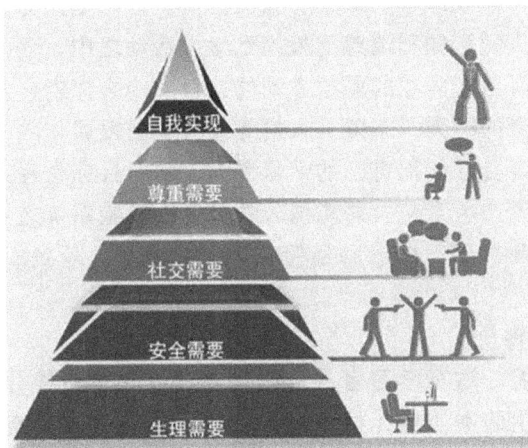

图 1-9　需求层次理论

马斯洛的需要层次说有以下特点。

（1）五种需要像阶梯一样从低到高，按层次逐级递升，但这种次序不是完全固定的，可以变化，偶有例外。

（2）需求层次理论有两个基本出发点：一是人人都有需要，某层需要获得满足后，另一层需要才出现；二是在多种需要未获满足前，首先满足迫切需要；该需要满足后，后面的需要才显示出其激励作用。

（3）某一层次的需要相对满足了，就会向高一层次发展，追求更高一层次的需要就成为驱使行为的动力。

（4）五种需要可以分为两级，其中生理需要、安全需要和社交需要都属于低一级的需要，这些需要通过外部条件就可以满足；而尊重的需要和自我实现的需要是高级需要，他们是通过内部因素才能满足的，而且一个人对尊重和自我实现的需要是无止境的。

（5）一个地区多数人的需要层次结构同这个地区的经济发展水平、科技发展水平、文化和人民受教育的程度直接相关。在不发达地区，生理需要和安全需要占主导的人数比例较大；在发达地区，刚好相反。

（6）自我实现指创造潜能的充分发挥，追求自我实现是人的最高动机，它的特征是对某一事业的忘我献身。

2. 罗杰斯人本主义理论

罗杰斯（Carl R. Rogers），美国人本主义心理学的理论家和发起者、心理治疗家。他的自我论与马斯洛的自我实现论基本观点是一致的，都认为人有追求自我价值实现的趋向。但他更强调人的自我指导能力，相信经过引导人能认识自我实现的正确方向，这成为他的心理治疗和咨询以及教育理论的基础。

罗杰斯认为学习分为无意义音节学习和有意义学习。有意义学习不仅仅是一种增长知识的学习，而且是一种与每个人各部分经验都融合在一起的学习，是一种使个体的行为、态度、个性以及在未来选择行动取向时发生重大变化的学习。在这里，我们必须注意罗杰斯的有意义学习和奥苏伯尔的有意义学习的区别。前者关注的是学习内容与个人之间的关系；而后者则强调新旧知识之间的联系，它只涉及理智。对于有意义学习，罗杰斯认为主要具有四个特征。

（1）全神贯注：整个人的认知和情感均投入到学习活动之中。

（2）自动自发：学习者由于内在的愿望主动的、自发的去探索、发现和了解事物的意义。

（3）全面发展：学习者的行为、态度、人格等获得全面发展。

（4）自我评估：学习者自己评估自己的学习需求、学习目标是否完成等。

因此，学习能对学习者产生意义，并能纳入学习者的经验系统之中。总之，"有意义的学习结合了逻辑和直觉、理智和情感、概念和经验、观念和意义。若我们以这种方式来学习，便会成为完整的人。"

3. 人本主义学习理论评价

强调学习是人格的发展，重视学习者的内心世界；消除了精神分析的悲观论倾向，增强了教育目标的科学性；对学生的本质持积极乐观的态度，重视教师的态度定势与教学风格，重视意义学习与过程学习，有力地冲击了行为主义与精神分析对教育理论与教育实践的消极影响，促进了当时的教育改革。

但是它片面强调学生的天赋潜能作用而无视人的本质的社会性，过度强调学生的中心地位；忽视教育与教学的效能，忽视教学内容的系统逻辑性和教师在学习中的主导作用。

四、教学理论

教学理论是指为了合理设计教学情境，以期达到教育目的所建立的一套具有方法体系的系统理论。教学理论学说较多，这里我们简单介绍有代表性、影响较大的学说。

（一）布鲁纳的发现教学法

杰罗姆·布鲁纳，他所倡导的发现法又称探索法、问题教学法。他主张教师在引导学生学习概念和原理时，只是给他们一些事实（事例）和问题，让学生积极思考，独立探究，自行发现并掌握相应的原理和结论的一种方法。它的指导思想是以学生为主体，独立实现认知过程。

发现教学法在教学活动中，引导学生主动积极参与，经过尝试错误，自己得出结论。布鲁纳认为发现教学法能帮助学生对自己的学习负责，记住重要的信息；发现教学法强调高度的思维，注重内在而非外在动机。发现教学法教学设计要满足四大原则。

（1）要想让学生在学习情境中经由主动发现而获得知识，教师必须先将学习情境及教材性质解说得非常清楚。

（2）教师在从事教学时必须配合学生习得经验，将所授教材做适当组织。

（3）教材的难度与逻辑上的先后顺序，必须针对学生的心智发展水平及认知表征方式做适当的安排。

（4）在教材的安排上，必须考虑学生学习动机的维持。

发现教学模式的基本程序是：问题—假设—验证—总结提高。

问题：教师在创设教学条件、环境的基础上提出问题，引导学生进行积极思考。

假设：教师尽量在诱发性的问题情境中引导学生通过分析、综合、比较、类推等方法不断产生假设，并围绕假设进行推理，引导他们将已有的各种片断知识从各个不同的角度加以分析，从中发现必然联系，逐步形成比较正确的概念。

验证：用其他类似的事例来对照检验已获得的概念的正误，靠进一步的定性分析使自己有一个较明确的判断。

总结提高：引导学生对认知的性质及其发展的过程做出总结，从中找出规律，求得在后来的认知和发展中有进一步的借鉴意义。

发现教学法过分强调学习者主观努力的作用，而忽视环境和学习者自身条件等因素对学习的影响。

（二）布卢姆的掌握学习模式

布卢姆（B. S. Bloom），芝加哥大学名誉教授，著名的教育心理学家，主要研究教学过程的变革。布卢姆创立的理论有：教育目标分类学、形成性评价理论、掌握学习理论，这里主要介绍掌握学习理论。

掌握学习理论认为只要用于学习的有效时间足够长，所有的学生都能达到课程目标所规定的掌握标准。所以，在集体教学中，教师要为学生提供经常、及时的反馈以及个别化的帮助，给予他们所需要的学习时间，让他们都达到课程的目标要求。掌握学习模式的提出主要是为了解决学生的学习效率问题，以大面积提高学习的质量。实施掌握学习教学模式的一般步骤为：

（1）诊断性评价，测试学生现有的水平，明确教学的方向。

（2）实施集体教学。

（3）针对所学的单元进行形成性测验，测查学生的进步情况和存在的问题。

（4）让已经掌握的学生进行巩固性、扩展性的学习，对未掌握的学生进行帮助和矫正，再次测验，直至达到掌握目标，掌握正确率达到 80％～85％即为通过。

（5）进入下一单元的学习。

（6）在一学期结束或几个章节全部内容学习完毕后进行总结性测验。

掌握学习模式强调把诊断性测验、形成性测验和总结性测验结合起来，而且在评价学生时提倡用绝对标准，即按照每个学生达到目标的情况进行评价，而不是给学生排名次。掌握学习模式强调的是因材施教，帮助大多数学生都达到课程目标所规定的掌握标准。另外，这种教学模式不从根本上改变班级的组织，在普通的班级里就可以实施，因此在世界上许多国家都得到了广泛的采用。当然，这种学习模式对于成绩较差或一般的学生更为有利，但对于优等生来说则并不太适应。

（三）加涅的指导教学模式

当代美国心理学家罗伯特·加涅是指导教学模式的大力提倡者。他的指导学习法是以程序原则为依据，主张最大限度地指导学习者，并仔细地编排学习任务的程序。

指导教学是在教育者仔细指导下，按规定程序来进行的学习。所谓规定的程序，既可以是程序化的教材，也可以是能逐步做出明确指导的"程序化"教师。虽然程序是规定好的，但学习者从事学习活动、解决问题常常不是消极被动的。

（四）克拉夫基的范例教学模式

范例教学理论是由德国的克拉夫基和 M. 瓦根舍因等人提出的。范例教学是借助精选教材中的示范性材料使学生从个别到一般，掌握规律性知识，并发展其能力的一种教学模式。范例教学是通过个别的"范例"即关键性问题来掌握一般的科学原理和科学方法。范例的实施程序如下：

（1）阐明"个"的阶段。

（2）阐明"类"的阶段。

（3）掌握规律和范畴的阶段。

（4）获得有关世界经验和生活经验的阶段。

范例教学模式侧重于教学内容的优化组合，使学生通过范例性材料，举一反三地理解和接受基础性的知识，训练独立思考和判断能力。当然，从个别、类再到普遍规律的认识程序，不是学生掌握知识的唯一途径。克拉夫基自己也认为，不是所有的知识都能够和需要通过范例形式来获得的。这一教学模式的问题和困难主要在于教材的编排方面，难以使各个部分同整个知识体系有机衔接起来。

（五）巴班斯基的最优化教学

巴班斯基，苏联当代很有影响的教育家。巴班斯基毕生致力于教育科学研究。20 世纪 60 年代初至 80 年代中，他以罗斯托夫地区的普通学校为基地，潜心进行教育教学过程最优化理论的研究，形成了具有丰富内容和积极现实意义的、颇有新意的完整的教学理论，在苏联和世界各国引起了强烈反响。

最优化教学是在全面考虑教学规律、原则、现代教学的形式和方法、教学系统的特征以及外部条件的基础上，教师对教学过程做出的一种目的非常明确的安排，是教师有意识地、有科学地选择一种最适合于某一具体条件的课堂教学模式，组织对教学过程的控制，以保证教学过程在规定的时间内发挥最优的作用，获得可能的最大效果。教学过程最优化程序如下：

（1）教学目的与教学任务的分析。

（2）学生学习情况的分析。

（3）教师的自我分析。

（4）选择最佳综合性手段与方案。

（5）逐步地去完成该项教学任务。

（6）按最优化的标准分析教学情况。

巴班斯基从辩证的系统结构论出发，使发展性教学的所有研究成果都在教学过程最优化理论体系中占据恰当的位置，通过教学过程最优化体现出发展性教学的最优效果。尽管这一理论体系存在着步骤烦琐、对学生创造力的培养不够重视等缺点，但仍是一个很有价值的理论体系。

（六）加德纳的多元智能理论

霍华德·加德纳是世界著名教育心理学家，其最为人知的成就是"多元智能理论"，被誉为"多元智能理论"之父。美国哈佛大学教育研究生院心理学、教育学教授，波士顿大学医学院精神病学教授。

多元智能理论认为：智能是在某种社会或文化环境的价值标准下，个体用以解决自己遇到的真正难题或生产及创造出有效产品所需要的能力。具体来说，每一个体的智能各具特点，个体智能的发展方向和程度受环境和教育的影响和制约，智能强调的是个体解决实际问题的能力和生产及创造出社会需要的有效产品的能力，多元智能理论重视的是多维地看待智能问题的视角。

加德纳认为，支撑多元智能理论的是个体身上相对独立存在着的、与特定的认知领域和知识领域相关联的8种智能：语言智能、节奏智能、数理智能、空间智能、动觉智能、自省智能、交流智能和自然观察智能（如图1-10）。

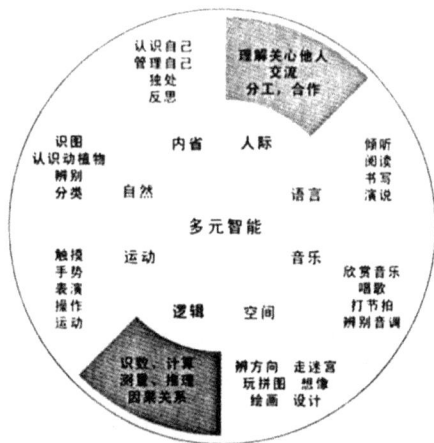

图1-10　多元智能结构

言语—语言智能：听、说、读和写的能力，表现为个人能够顺利而高效地利用语言描述事件、表达思想并与人交流的能力。

音乐—节奏智能：感受、辨别、记忆、改变和表达音乐的能力，表现为个人对音乐包括节奏、音调、音色和旋律的敏感以及通过作曲、演奏和歌唱等表达音乐的能力。

逻辑—数理智能：运算和推理的能力，表现为对事物间各种关系如类比、对比、因果和逻辑等关系的敏感以及通过数理运算和逻辑推理等进行思维的能力。

视觉—空间智能：感受、辨别、记忆和改变物体的空间关系并借此表达思想和感情的能力，表现为对线条、形状、结构、色彩和空间关系的敏感以及通过平面图形和立体造型将它们表现出来的能力。

身体—动觉智能：运用四肢和躯干的能力，表现为能够较好地控制自己的身体，对事件能够做出恰当的身体反应以及善于利用身体语言来表达自己的思想和情感的能力。

自知—自省智能：认识、洞察和反省自身的能力，表现为能够正确地意识和评价自身的情绪、动机、欲望、个性、意志，并在正确的自我意识和自我评价的基础上形成自尊、自律和自制的能力。

交往—交流智能：与人相处和交往的能力，表现为觉察、体验他人情绪、情感和意图并据此做出适宜反应的能力。

自然观察智能：个体辨别环境（不仅是自然环境，还包括社会环境）的特征并加以分类和利用的能力。

多元智能理论有助于我们形成正确的智力观、教学观、评价观、学生观，引导教师和家长对学生和孩子进行因材施教，正确看待学生学习成绩，全面评价学生，对教育教学改革具有重要理论与实践价值。

五、运动训练理论

运动训练理论是专门研究运动训练一般原理及规律的体育理论，是指导运动训练工作的核心理论，对提高训练效果和竞技水平具有重要价值。现代体育教育技术要辅助运动训练，一定要符合运动训练学理论与规律。

（一）运动训练及其特点

运动训练是指在教练员的科学指导下，通过运动员的积极努力，不断挖掘自身潜力并不断提高运动成绩专门组织的有计划的体育活动。运动训练有其自身特点：

（1）运动训练任务和内容的专门性。
（2）运动训练方法和手段的多样性。
（3）运动训练过程和结构的系统性。
（4）运动训练适应与过程的长期性。
（5）有机体承担运动负荷的极限性。
（6）运动训练实施与监评的定量性。
（7）运动训练器材与仪器的科学性。
（8）运动训练环境与氛围的适宜性。

(二) 项群训练理论

运动训练在专项训练过程中发展了各个专项的训练规律，在此基础上建立了一般训练理论。人们在探讨研究众多竞技运动项目共同规律的过程中意识到：在许多方面常常难以将不同项目所具有的多种特点简单地做出概括和归纳，但是如果将某几个项目放在一起进行比较，它们之间的许多共同特点立即清晰地呈现出来。田麦久教授将运动项目的类属聚合命名为"项群"，揭示项群训练基本规律的理论命名为"项群训练理论"。

项群训练理论是竞技体育的一般训练理论和专项训练理论之间的一个衔接，它以不同项目的本质属性所引起的项目之间的异同点为依据，将一组具有相似竞技特征及训练要求的运动项目放在一起进行研究。项群理论认为在技能类项目中有表现难美性、表现准确性、隔网对抗性、同场对抗性、格斗对抗性5个项群；在体能类项目中有快速力量性、速度性、耐力性3个项群。

（1）技能主导类表现难美性项群包括跳水、体操、艺术体操、花样滑冰、花样游泳和技巧、武术套路等竞技项目。

（2）技能主导类表现准确性项群主要包括射箭、射击和弓弩3个竞赛项目。

（3）技能主导类格斗对抗性项群包括摔跤、拳击、击剑、柔道、跆拳道等项目。具有一对一竞技、按体重分级别比赛、以绝对胜利或得分取胜等竞技特点。

（4）技能主导类隔网对抗性项群包括乒乓球、羽毛球、网球、软式网球、排球、沙建排球、藤球和毽球等项目。

（5）技能主导类同场对抗性项群主要包括足球、篮球、手球、曲棍球、冰球和水球等项目。

（6）体能主导类快速力量性项群包括跳跃、投掷和举重等项目。

（7）体能主导类速度性项群包括短跑、跨栏跑、短距离游泳、短程速度滑冰、短程速度滑雪、短程自行车和短程划船等竞技项目。

（8）体能主导类耐力性项群包括竞走、中长距离跑、中长距离游泳、中长距离自行车、赛艇、皮划艇、越野滑雪，以及中长距离速度滑冰等众多项目。

通常把项群训练理论的基本内容概括为以下4个方面：各项群的形成与发展、各项群竞技能力决定因素的系统分析、各项群运动成绩决定因素的系统分析、各项群训练的基本特点（负荷内容与量度，训练的组织与控制）。

(三) 运动训练基本原则

原则是人们说话或行事所依据的法则或标准，是人们根据客观规律的认识制订的。运动训练是有规律可循的，也是客观存在的。运动训练原则是运动训练过程客观规律的反映，是运动训练实践普遍成功经验的总结和概括，是进行运动训练必须遵守的准则。

1. 竞技需要原则

竞技需要原则即指根据提高运动员竞技能力及运动成绩的需要，从实战出发，科学安排训练的阶段划分及训练的内容、方法、手段和负荷等因素的训练原则。贯彻这一原则可使训练更好地结合专项的特点和专项竞技比赛的需要，提高运动训练的专项针对性、实战性和有效性，获得满意的竞技成绩。

2. 动机激励原则

动机激励原则是指通过多种方法和途径，激发运动员主动从事艰苦训练的动机和行为的训练原则。遵循这一原则可启发运动员更高的训练积极性，培养他们的独立思考能力、创造能力和自我调控能力，促使他们以最大的动力，高质量、高效率地完成训练任务。

3. 有效控制原则

有效控制原则是指要求对运动训练活动实施有效控制，训练中应准确把握和控制训练活动的各个方面或训练过程各个阶段的训练内容、量度及设施，并对它们进行及时地调节，以使得运动训练活动能够按照预先设计的方案运行，保证训练目标的实现。

4. 系统训练原则

系统训练原则是指持续地、循序渐进地组织运动训练过程。它有两方面的含义：一方面指运动员只有长时间、持续地进行训练，才有可能达到训练的目标；另一方面强调，在一般情况下，必须循序渐进地，而不是突变式地增加训练负荷，才能取得理想的训练效果。

5. 周期安排原则

周期安排原则是指周期性地组织运动训练过程。也就是依照运动员机体的生物节奏变化规律，运动训练的周期性特点，以及运动竞赛安排的周期性特点，按一定的动态节奏，循环往复、逐步提高地安排训练内容和负荷量度。

6. 适宜负荷原则

适宜负荷原则是指根据运动员的现实可能和个体机能的适应性规律，以及提高运动员竞技能力的需要，在训练中给予相应量度的负荷，以取得理想训练效果。

7. 区别对待原则

区别对待原则是指对于不同专项，不同运动员或不同的训练状态，不同的训练任务，及不同的训练条件，都应有区别地组织安排各自相应的训练过程，选择相应的训练内容，给予相应的训练负荷。

8. 直观教练原则

在运动训练中，运用多种直观手段，通过运动员的视觉器官，激发活跃的形象思维，建立正确的动作表象，培养运动员的观察能力和思维能力，提高运动员竞技水平。

9. 适时恢复原则

及时消除运动员在训练中所产生的疲劳，并通过各种手段迅速产生能量，提高机体能力。疲劳达到一定程度，应依照一定的计划，适时地安排必要的恢复性训练，采取有效的恢复措施，使运动员的机体迅速得到充分的恢复和提高。

（四）运动训练基本方法

运动训练方法是指在运动训练活动中，为提高竞技运动水平、完成训练任务所采取的途径和方法的总称。运动训练方法是教练员和运动员在双边活动中共同完成训练任务的方法，是对训练过程中各种具体训练方式的概括。运动训练的基本操作方法有：分解训练法、完整训练法、重复训练法、间歇训练法、持续训练法、变换训练法、循环训练法、比赛训练法。

1. 分解训练法

分解训练法是指将完整的技术动作或战术配合过程合理地分成若干个环节或部分，然后按环节或部分分别进行训练的方法。分解训练法又分为：单纯分解训练法、递进分解训练法、顺进分解训练法、逆进分解训练法。

2. 完整训练法

完整训练法是指从技术动作或战术配合的开始到结束，不分部分和环节，完整地进行练习的训练方法。运用完整训练法便于运动员完整地掌握技术动作或战术配合，保持技术动作或战术配合的完整结构和各个部分之间的内在联系。

3. 重复训练法

多次重复同一练习，两次（组）练习之间安排相对充分的休息。作用机制是强化条件反射和痕迹积累效应，构成要素有单次（组）负荷量、负荷强度、间歇时间，间歇方式可以有静止、肌肉按摩、散步。

4. 间歇训练法

间歇训练法是指对动作结构和负荷强度、间歇时间做出严格的要求，使机体处于不完全恢复状态下，反复进行训练的练习方法。通过严格的间歇训练过程，可使运动员的心脏功能得到明显的增强；通过调节运动负荷的强度，可使机体各机能产生与有关运动项目相匹配的适应性变化；通过严格控制间歇时间，有利于运动员在激烈对抗和复杂困难的比赛环境中，稳定、巩固技术动作；通过较高负荷心率的刺激，可使集体耐酸能力得到提高，以确保运动员在保持较高运动强度的情况下具有持续运动的能力。

5. 持续训练法

持续训练法是负荷强度较低、负荷时间较长、无间断地连续进行练习的训练方法。持续训练主要用于发展一般耐力素质，并有助于完成负荷强度不高但过程细腻的技术动作，可使机体运动机能在较长时间的负荷刺激下产生稳定的适应，内脏器官产生适应性的变化；可提高有氧代谢系统供能能力以及供能状态下有氧运动强度；可为进一步提高无氧代谢能力及无氧工作强度奠定基础。

6. 变换训练法

在训练过程中，有目的地变换运动负荷、动作组合，或变换训练环境、条件等情况下进行训练的方法。在周期性项目中主要是变换训练的速度和环境；在非周期性项目中则以变换训练的组合和条件。其作用是能避免训练的单调，提高运动员训练的兴趣和积极性，培养多种运动感觉，提高人体对训练和比赛的适应能力。

7. 循环训练法

循环训练法是根据训练的具体任务，建立若干训练站或训练点，运动员按规定顺序、路线，依次循环完成每站所规定的训练内容和要求的训练方法。这是一种综合形式的训练方法，比较生动活泼，能提高运动员的训练情绪和积极性。

8. 比赛训练法

比赛训练法是指在近似、模拟或真实、严格的比赛条件下，按比赛的规则和方式进行训练的方法。比赛训练法有助于全面综合性地提高专项比赛所需要的体、技、战、心、智各种竞技能力，运动员长期的训练所积累的生物学能力只有通过比赛训练法才有可能转化为竞技需要的能力。

（五）运动员体能训练

体能是运动员在训练和比赛过程中身体形态、机体机能、运动素质的综合体现。体能训练是指运用各种有效的手段和方法，对运动员身体施加积极影响，从而增进身体健康，改善身体形态，提高机体机能和发展运动素质的练习过程。运动员体能训练内容是由身体形态、机体机能和运动素质三类训练组成，运动素质是体能训练的核心。一般认为基本运动素质包括：力量素质、耐力素质、速度素质、柔韧素质、复合素质，其中复合素质包括灵敏素质和弹跳力素质。对应的体能训练有力量素质训练、耐力素质训练、速度素质训练、柔韧素质训练、复合素质训练。

1. 力量素质训练

力量素质是指肌肉在工作时克服内外阻力所表现出来的能量和耐力。力量素质是人体进行体育运动的基本素质之一，是获得运动技能和取得优异运动成绩的基础，同时也是其他身体素质发展的重要因素。力量素质可分为多种类型，如根据肌肉收缩的形式，可将力量划分为静力性力量和动力性力量；根据力量和体重的关系，可分为绝对力量和相对力量；根据力量的表现，又可以分为最大力量、速度力量和力量耐力；根据与专项的关系又可以分为一般力量和专项力量。

2. 耐力素质训练

耐力素质是指人体肌肉长时间持续运动和对抗疲劳的能力。耐力素质在各个运动项目中都是一个重要的基本素质，但是不同的运动项目需要的耐力各有其特点。因此，耐力可分成一般耐力和专项耐力。从运动训练学角度看，又可分为速度耐力、力量耐力和静力性耐力等，只是不同运动项目在耐力训练中所占的比例不同。

3. 速度素质训练

速度素质是指机体（或机体某部位）快速运动的能力。它包括三个方面：快速通过某一距离的能力、对各种刺激快速反应的能力、快速完成动作的能力。速度素质是运动员基本素质之一，在身体训练中占据重要的地位。由于速度素质包括反应速度、动作速度、位移速度三个方面，提高速度素质的途径也是多方面的。速度训练分为一般速度训练和专项速度训练。

4. 柔韧素质训练

柔韧素质是人体各肌肉、关节、韧带等组织的伸展活动能力和弹性的总称。柔韧素质好坏主要取决于关节组织结构和胯关节的肌肉、肌腱、韧带等组织的伸展性，也受到天气、年龄、训练水平的影响。发展柔韧素质练习的基本方法包括动力拉伸法和静力拉伸法。动力拉伸法是指有节奏地通过多次重复某一动作的拉伸方法。静力拉伸法是指通过缓慢的动力拉伸，将肌肉、肌腱、韧带等软组织拉长，并停留一定时间的训练方法。

5. 复合素质训练

复合素质包括灵敏素质和弹跳力素质。灵敏素质是指人体在各种突然变化的条件下，能够迅速、准确、协调、灵活地完成动作的能力，是人各种运动技能和身体素质在运动中的综合表现。灵敏素质分为一般灵敏素质和专项灵敏素质，前者指适应一般活动的灵敏素质，后者指符合专项需求的特殊灵敏素质。

弹跳力指运动员在跳起时两腿做蹬伸动作与躯干和两臂配合所爆发的一种力量，在部分项目中，弹跳力素质较为关键，弹跳力训练也有多种方法。

（六）运动员技术能力训练

运动员技术能力是充分发挥有机体的机能能力，合理有效地完成体育动作的方法，是运动员竞技能力水平的重要决定因素。合理的、正确的运动技术符合项目运动规则的要求，有利于运动员的生理、心理能力得到充分的发挥，有助于运动员取得较好的竞技成绩。运动技术与体育动作是不可分割的，运动技术总是在不断发展，运动技术具有相对稳定与即时变化的统一性，运动技术也存在个体差异性。技术能力训练常用方法有：直观法与语言法、完整法与分解法、想象法与表象法、减难法与加难法等。

（七）运动员战术能力训练

战术指在比赛中为战胜对手或为表现出期望的比赛结果而采取的计谋和行动。竞技战术由战术观念、战术指导思想、战术意识、战术知识、战术形式和战术行动等构成。按战术的表现特点可将其分为阵形战术、体力分配战术、参赛目的战术和心理战术等。按参加战术行动的人数可将其分为个人、小组和集体战术。

战术能力指运动员（运动队）掌握和运用战术的能力，是运动员（运动队）整体竞技能力水平的重要构成部分。影响战术能力的因素有：军事学与谋略学因素，心理学与思维科学因素，形态学与体能、技能因素等。战术能力训练方法有：分解与完整训练法、减难与加难训练法、虚拟现实训练法、想象训练法、程序训练法和模拟训练法。

（八）运动员心理能力与运动智能训练

运动员心理能力指运动员训练竞赛的个性心理特征，以及把握和调整训练竞赛所需的心理能力。没有良好的心理状态，运动员难以在竞赛中取得优异成绩。观察力敏锐的选手，善于在比赛中抓住战机；想象力丰富的选手更富于创造性；注意力集中的运动员则具有坚韧不拔的精神。运动员心理训练的类型有：一般心理训练、专项心理训练和比赛期心理训练。运动员心理能力训练的常用方法有：意念训练法、诱导训练法、模拟训练法。

运动智能指运动员以一般智能为基础，运用体育理论等多学科知识，参加运动训练和比赛的能力。运动智能可以帮助运动员正确理解教练员的意图，高质量地完成训练计划；运动智能也可以帮助运动员正确理解运动技术，缩短学习和掌握运动技巧的时间，准确把握战术精髓，在比赛中灵活机动地运用战术，取得优异成绩。运动智能训练的内容有：运动理论知识教育和运动智能因素培养。运动智能训练的基本内容包括一般智能的训练和专项运动智能的训练。

第三节　高校体育教学中现代教育技术的现实意义分析

一、室内体育教学现代教育技术的作用

按照传统的体育教学观，体育教学过程可以划分为 3 个互相关联的阶段，即准备阶段、实施阶段、检查与评价阶段。另外，如果对教学过程进行细分，组成教学过程的基本因素有教学

目标、教学内容、人际关系和传播媒介 4 种，其中任何一种的质量都是决定教学质量好坏的重要原因。体育教学过程，就是这 4 种基本因素协调运动的过程。所以，使用现代体育教育技术的作用是对教学目标、教学内容、人际关系和传播媒介 4 个方面提供技术帮助和支持，使教学过程更加完善和合理，更加有利于育人。

在当前学校体育面临深化改革的情况下，教学内容发生了很大的变化。很多教学内容体育教师也没有学习过，还有一些内容教材中没有，可是学生喜欢，并且具有可行性，如棒球项目多数体育教师没有接触过，而花式跳绳多数人只是在电视里见过，有一些体育教师看好英式橄榄球的健身作用和经济性，主张在国内大、中学校开展此项运动，但是国内没有几个人了解英式橄榄球运动。面对这种情况，国内有学者认为采用多媒体教学方法，通过影像教学给学生以直观的感受，是提高学生学习兴趣、优化师生关系、丰富教学内容、完成教学目标的合理措施。事实上，一名体育教师难于正确掌握学校体育课教材里面介绍的全部运动技能一半以上的内容，因此，在体育课教学中采用多媒体教学方法不失为明智的选择。据相关资料显示，发现有体育教师提出建立课堂内外都可以使用的"体育信息"的想法，即利用固定的网络计算机为学生提供体育相关信息，包括体育常识、运动技术和大型赛事情况介绍、体育新闻等内容。可见许多在第一线工作的体育教师对现代体育教育技术的作用有相当独到的理解。

二、室外体育教学现代教育技术的作用

从专业角度看，仅仅是普通院校装备的多媒体教室内的设备和常规的媒体展示方法是不够的。例如，在运动现场对运动员的运动技术进行分析的过程中，现在就有 3 种信息收集和展示的方法可供选择。第一种是摄像机＋计算机＋投影机组合。第二种是无线摄像机＋无线路由器＋计算机＋投影机组合。第三种是摄像机＋计算机＋无线路由器＋计算机＋投影机组合。

此外，还应在计算机里面预先安装专用的图像解析软件，才能达到较好的教学效果。

在一些专业性的运动训练中，基于虚拟现实技术的仿真练习是必不可少的教学内容。例如，在最近才出现的体育场馆管理专业的大型体育场馆的管理实践课程的技能训练就需要仿真训练。有些情况下，甚至还要制作专门的仿真训练系统进行教学活动。例如，超大型体育馆的电路控制中心或者是游泳馆的水控制中心的仿真训练系统。

在公共体育管理、组织大型球类比赛和类似环城长跑或者骑自行车赛的比赛前，进行路线分析，介绍救助站、安全措施和紧急疏散人群的路线等就需要把地理信息系统（GIS）方面的知识和现代教育技术常规方法结合起来。

第四节　现代教育技术在高校体育教学中的应用影响分析

一、现代教育技术是实现体育教育现代化的必由之路

《中国教育改革和发展纲要》中已明确提出了实现教育现代化的目标。作为教育重要组成部分的体育教育，自然也不容回避的要实现体育教育现代化。体育教育现代化是指运用科学理论、方法及先进技术于体育教育的各个领域，进而实现理想目标的动态过程。它是经济、社会现代化的重要组成部分，是推动社会全面进步、建设社会主义精神文明的基础工程。其目标是培养

出高素质的复合型体育人才，最终实现体育教育思想和观念现代化、办学条件现代化、师资队伍现代化和管理现代化。实现体育教育现代化的主要途径是深化体育教育改革，建立具有时代特点的、适应时代要求的新型现代化体育教育体制。现代教育技术是深化体育教育体制改革的出发点和主要途径，是实现体育教育现代化的必由之路。

（一）现代教育技术是深化体育教育改革的制高点或突破口

面对知识经济和信息时代，我们培养的人才（包含体育人才）必须是高素质、全面发展，必须具有获取、判断、运用纷繁复杂信息能力的创新型人才，而要做到这一点，我们必须寻找突破口，这就是以信息技术为基础的现代教育技术。正如陈至立所言："在信息技术高速发展、广泛应用的今天，现代教育技术发展也十分迅猛，引起了教育的深刻变革，给教育观念、教学方法和教学组织形式等方面带来了深远的影响。我们要把握时代脉搏，关注世界教育技术的前沿动态，结合我国的实际情况大力发展现代教育技术的基础研究及实际应用，为培养适应下世纪需要的高素质人才，为我国早日实现现代化强国的伟大目标做出应有的贡献。"

（二）现代教育技术是有力推进体育素质教育的有效途径

体育素质教育是实现体育教育现代化的重要手段。体育素质教育是广义素质教育中一个不可分割的组成部分，它以面向全体学生、全面提高学生的体育素质、增进学生身心健康、为社会育人为其根本目的，以体育实践为其主要手段，促进学生生动、活泼、主动发展的教育过程。创新是素质教育的基本特征，也是体育素质教育的基本特征。现代教育技术的应用，能够有力的推进体育素质教育的开展，一方面它能够为学生提供一个有利于观察、思考、比较的信息化教学环境，开发出有利于创新教学的软件资源，培养出具有创新意识和创新能力的教师队伍，构建起创新性体育教育模式，从体育教育的各个方面影响学生创新意识、创新思维和创新能力的培养；另一方面丰富的网络资源可促使学生形成积极求异、敏锐观察、丰富想象、体现个性的知识结构和品质；第三，有利于培养学生掌握信息、获取、分析、处理、交流应用信息的能力等。

（三）现代教育技术本身也是体育教育现代化的重要标志之一

从现代教育技术的含义来看，其本身体现了现代体育教育思想和体育教育理论（如全面教育思想、科学可持续发展思想和以学生为本理论等），作为一种先进的教育手段和方法，它可以使体育教育过程的四个要素即教师、学生、教材、教育媒体形成稳定且优化的结构；也可使包括教师、学生、教辅人员、管理人员等在内的人力资源和包括场地、器材、设备、教学媒体等在内的物力资源得到充分、合理、有效的运用，实现教学的最优化，培养出全面发展的适应社会需要的有能力的、复合型体育人才。这正体现了体育教育现代化对人才培养的要求。因此现代教育技术本身无不体现了现代化的特点，对现代教育技术的正确、合理、充分的运用正是体育教育现代化的重要标志。

二、应用现代教育技术是促进高校体育教育可持续发展的有力工具

可持续发展是 20 世纪 90 年代国际上形成的有关人类发展的新概念，是人类在不断深化对发

展的科学认识的基础上产生的一种崭新的发展观。所谓可持续发展，是"既满足当代人的需要，又不损害后代人满足其需要的能力的发展"。它作为一种系统的、综合的、整体的发展观，对社会各个领域的发展起着指导作用，高校体育教育也概莫能外，高校体育教育改革必须坚持可持续发展。可持续发展的目的是社会发展，其核心是人的发展。因此，高校体育教育要实现可持续发展，关键还在于人力资源的开发与挖掘，特别是体育教师这种培养人的人力资源的开发与挖掘，现代教育技术是促进体育教师人力资源开发与培养的有力工具，具体体现在以下几个方面。

（1）促使教师教育观念的改变，特别是教学观、人才观的转变。

（2）促使教师更新自己的知识结构。信息时代知识总量猛增，知识更新周期缩短，每隔三至五年，知识的 $30\%\sim50\%$ 将陈旧、淘汰，教师要不断学习，经常"充电"，跟踪学科前沿动态，了解、掌握国内外最新体育知识和技、战术动向。

（3）提高教师信息素养。随着科学技术的迅猛发展，人类社会逐渐进入信息时代，知识信息必将成为科技进步和经济社会发展的关键资源和战略资源。作为教师，必须具有善于使用信息系统捕捉信息、提炼信息、应用信息等能力，也就是信息素养，现代教育技术为提高教师的信息素养提供了必要的实践环境，如教师可在 Internet 上通过反复对种种信息的搜索、整理来不断提高自己的信息素养。

（4）为教师的继续教育提供了平台。远程网络教育的出现，为教师继续教育提供了既不影响教学、又能提高教育科研水平的平台，教师可利用业余时间通过远程登录教育网站进行自主学习，实现继续教育的目的。

第二章 高校体育教学中现代教育技术的发展轨迹分析

高校体育教学的发展离不开历史的积淀。追寻高校体育教学的发展轨迹，探索国内外教育技术的发展历史，从而深层分析现代体育教学技术的艰难流变，推动高校体育教学中现代教育技术的进一步发展。

第一节 高校体育教学的发展简史

一、体育教育的产生

体育伴随着人类的生活、生产、劳动的不断进步而日趋成熟，这在世界各民族的发展进程中都可以看到。体育是文化的组成部分，人类文化的发展对体育的发展产生着巨大的影响。作为文明古国，我国的历史源远流长、博大精深，具有丰富的优秀文化内涵。作为人类运动文化最辉煌的成就——体育，很早就在我国产生，并成为我国最优秀的文化遗产之一。作为一种社会文化，体育的产生标志着社会的文明与进步，其产生之处，通常也只有封闭的、区域性的且多数为不完善的地方文化。从不同的文化价值观和规范方面来看，不同区域诞生的区域体育文化往往差异极大。

（一）古代中国的体育文明

在我国的社会发展史中，曾孕育过原始的古代体育教育，但在后期的历史发展中夭折了。作为世界文明古国之一的中国，已成为现代体育纯粹的受益国，而非贡献国。这与我国漫长的农耕社会和非工业化社会有着直接的关系。

古老的教育体系中出现过体育教育内容。据史料记载，我国在夏代已有称为"校""序""庠"等不同名称的学校。商代又出现了"大学"和"庠"两级施教的学校教育。西周时，学校又有了发展，分为"国学"和"乡学"两种，这些学校均为奴隶主贵族子弟设立，是培育统治者和官吏的学校。在当时的社会中，文化知识和书籍文献都为官府所垄断，所以说是"学在官府"。奴隶主贵族子弟学校的教育内容是礼、乐、射、御、书、数，称为"六艺"。而"六艺"中的"射、御"两艺和"乐"的一部分，均可视为现代体育的范畴。当时，贵族子弟学习射箭、驾驭战车和祭祀舞蹈成为其实现自身社会角色的重要步骤之一。

从我国军事体育史的角度来看，在以往的冷兵器时代，我国古代军队教习的一些训练项目常常既属于军事内容，又属于体育手段。例如，我国古代的甲士训练即是其中的典范。此外，在军事活动中，体育还常常是军事训练的有效方法，西汉边疆军队为了御寒和保持士兵的战斗力，同时也为了打发空闲时间和娱乐的需要，军队中盛行胡人擅长的摔跤，汉代的蹴鞠和唐代的马球都曾作为军事训练的主要内容和手段。

（二）古代欧洲的体育文明

在古代欧洲的体育文明中，城邦教育体系也是以体育教育为主。古希腊是近现代欧洲体育的源头，古希腊人曾有着丰富多彩的体育生活。大量的文献中仍有关于古希腊人体育竞技活动的描述，产生了一些有关体育活动的术语，如 athletics（竞技）、training（训练）、gymnastics（体操）等。其中 gymnastics（体操）在古希腊被当作一切健身运动及其方法的总称，如柏拉图在《对话篇》中曾把体操称为"身体训练的理论和方法体系"。而当时在所谓"体操馆"即为设有跑、跳、投掷、拳击、角力等场地设施的运动场所。可见，在古希腊，"体操"一词近似于现代"体育"。在古希腊的斯巴达教育体系中，把体育列为主要内容；在雅典的教育体系中，亦有学习"五项竞技"的要求。欧洲中世纪受封建专制势力的影响，人的思想受到禁锢，骑士制度是欧洲体育史上唯一的亮点。公元 800 年，法兰西王国的查理大帝一统西欧，12 名跟随查理大帝南征北战的勇士就成了"神的侍卫"，也称"圣骑士"，这被视为骑士的起源。骑士在中世纪曾是备受崇拜和尊敬的阶层，而把农夫培养成风流倜傥、风度翩翩的骑士需要借助一些体育手段，经过严格的身体训练。进行骑士教育的核心是"骑士七技"：骑马、游泳、投矛、刺剑、狩猎、弈棋、吟诗。骑士们骑着能征善战的骏马，身披盔甲，手持盾牌、长矛和利剑，来捍卫自己的荣誉和俘虏敌人。

两种古代体育文明的产生，均与教育有着直接的关系。西周时期的"六艺"出自当时的贵族子弟教育，目的是培养未来的统治者。而古希腊的城邦教育体系也出现了相对完备的体育技能教育与训练。其不同之处在于，我国西周时期的"六艺"教育只针对贵族子弟，而古希腊城邦教育则面向城邦内所有的男性国民。

从二者的教育目的上看，其涉及体育教育的内容均与军事有着密切的联系。在当时，教育首先要服从军事和社会安全的需要，这是二者的共同之处。因此，体育教育的最初内容就是为让人们学习和从事军事训练。当然，不同的地域、不同的历史时代，体育教育的内容、形式均有差异。

（三）体育教育发展的历史时期

1. 古希腊的体育教育

古希腊的教育体系主要有两种类型：一是斯巴达教育，二是雅典教育。

斯巴达教育的特征是追求军事效力为最终目标，从而决定了斯巴达教育中含有相当多的军事体育的内容。但就教育思想而言，斯巴达人几乎没有给后人留下什么。雅典是奴隶主民主国家，因此它的教育与斯巴达的教育存在差距。两种教育体系的共同点是都注重实践，目的都是直接以成人的活动训练孩子成为国家的成员。然而，斯巴达是为造就士兵而教育孩子，而雅典教育的目的是把统治阶级的子弟培养为身心和谐发展的能履行公民职责的人，不仅要把他们训练成为身强力壮的军人，更要求把他们培养成为具有文化修养和多种才能的政治家和商人。因此，雅典产生了许多著名的教师，给后人留下了丰富的教育思想，其中也包含体育教育思想。

苏格拉底是第一个作为公众教师的雅典人，他强调做任何事情都离不开强健的身体和精神，应坚韧不拔地锻炼自己的身体，使自己的身体做好精神的奴仆。

柏拉图是苏格拉底的学生，他继承了老师的思想，提出儿童和青年属于初级教育训练阶段，斯巴达教育体系可称为这一时期的最好楷模，当进入成年后则采用雅典式教育体系。柏拉图在《法律篇》中写道，教育有两件事：一是体育，是为身体；另一件是音乐，是求心灵美善的。体育又分舞蹈与角斗两部分。

亚里士多德师从柏拉图，是伟大的希腊教育家中的最后一个继承人，在基本问题上与其先师是一致的，所不同的是将其老师的原理推进了一步。对待教育，亚里士多德认为，人的理性和理智是本性力求达到的目的。因此，公民的出生和道德的训练都应依据这一性质来安排。身体和灵魂是两种不同的东西，灵魂是由理性部分和非理性部分组成，与此相对应有理智与欲望两种状态。亚氏指出青少年时期要学 4 门课程：阅读、书写；体育锻炼；音乐；绘画。在体育锻炼方面主张"实践必须先于理论，身体的训练须在智力训练之先"。

2. 文艺复兴时期的体育锻炼

随着社会的进步，封建社会开始解体，新兴资产阶级开始对封建社会进行反抗。这种反抗表现为两股热潮。首先是意大利的一些思想家站在反封建的前列，高呼："回到古代去""回到希腊去"。他们从古希腊的文化中重新发现了"人"，他们要求人们把目光从神转向人，从天堂转向尘世，他们高喊："我是凡人，我只求凡人的幸福。"与此同时，德国受北欧文艺复兴运动的影响，在马丁·路德的带领下掀起了宗教改革的热潮，否定了罗马天主教会和教皇至高无上的权力，提出在上帝面前人人平等，没有贵贱之别。这两股资产阶级革命思潮推动了体育教育的发展。这反映在一方面各种体育活动开始在民间广泛流传开来，另一方面出现了一批有开拓勇气的体育教育先驱，如皮埃尔·保罗·维尔杰里奥（卡拉拉公爵的家庭教师）、格瓦里奥德维罗纳、麦尔库里亚里斯等，他们身先士卒、勇于实践，但留给后人的理论著作却不多。

尽管彼此的主张采用的方法各不相同，但表现在以下几个方面却是基本相同的。

（1）抛弃了把身体视为灵魂监狱的观点。

（2）教育理论既注重跑、击剑、骑术等实用性技能，也肯定棒球、地滚球、舞蹈等游戏项目，力求使孩子养成动作优美的习惯和自然从容的举止。

（3）恢复并传播古代体育教学经验。

（4）在他们的影响下，全面发展人的美学思想和作为保护身体手段的体育作用重新得到承认。

（5）认识到身体训练时利用大自然的力量和条件，不仅增加了锻炼身体的效果，并使人心情愉快。

（6）承认脑力活动与体力活动之间的相互联系。

3. 法国资产阶级革命时期的体育教育

18 世纪资产阶级革命前的法国是一个典型的封建专制国家。法国资本主义革命后，资产阶级在国家的经济生活中成为一支重要的社会力量，发起了"启蒙运动"，在这场轰轰烈烈的运动中出现了一些著名的教育家、思想家。

让·雅克·卢梭是那个时代最杰出的思想家和教育理论家。他提出要对新生的一代施行自然教育，他在《爱弥尔》一书中设想了一种全新的教育，即将爱弥尔从小置身在大自然中自然的发育成长，尽管爱弥尔缺少所谓的教育，然而他仍然成为一个全面发展、尚有武力、勇敢能干的人。这种教育思想卢梭本人却从未有机会亲自实施过，但他给后人的影响是深刻和久远的。

卢梭的身体教育思想主要有：

（1）任何社会问题之所以产生都在于人性恶而恶首先产生于人的体弱，所以只有通过培养刚强的青年才能改变社会的丑恶。

（2）孩子学会同自然界斗争的本领越多也就越灵巧，因此必须训练青少年的感觉器官。

卢梭提出的训练方案是克服各种自然障碍，如爬树、翻越石墙等。同时，他沿用了洛克的劳动教育思想，采用各种手工劳动训练孩子。赞同洛克关于积极休息的论点，提出智育和体育相结合的方案。他写道："教育的最大秘密在于身体活动和精神活动彼此都互为休息手段。"

卢梭的教育思想深受人文主义教育家的赞赏，在德国等地开办了以卢梭思想为指导的泛爱学校，如贝纳特·巴塞多在德绍的一位公爵资助下办了一所泛爱学校，在推广泛爱主义教育中，古茨穆斯的影响为最大。他制定了泛爱教育中身体教育的体系，主要含有三方面活动。

（1）利用户外游戏发展儿童的个性和意志品质（如培养灵巧和谨慎的作风，增强注意力、记忆力，培养想象力等）。

（2）用各种手工劳动增强手部技巧和能力。

（3）对身体本身的练习，即利用跑、跳、投、摔跤、平衡、举重等练习方法增加力量和耐力，培养能够借以解决生活中出现的问题的能力和品质。

二、体育教育思想的演进

（一）对体育教育思想的辩证认识

教育思想管理观念的转变，是教育改革的先导。多年来，我国学校体育理论和教学实际工作者，对学校体育的任务、目标和教学内容、方法等问题进行了广泛、深入的研究，推动了学校体育的改革与发展，对构建具有中国特色的现代学校体育教学体系做出了贡献。在讨论、研究中，必然涉及对新中国成立以来各个时期特别是新中国成立至"文化大革命"十七年间学校体育的认识和评价问题。我们应该历史地、全面地认识和评价以往的学校体育，给它一定的历史地位，以便借鉴、继承以往学校体育思想与实践的合理成分和经验，推动学校体育改革的深入发展。

1. 以历史的观点认识以往的学校体育

我国学校体育的发展历程表明，每个学期的学校体育思想与实践，都是受当时的政治、经济、教育、文化诸多方面制约的，都是那个时代的产物。我们应以历史的观点，分析它与当时社会的发展是否相适应，是否对那个时期的学校体育发展做出了积极贡献。

中华人民共和国成立至"文化大革命"前十七年的学校体育思想与教学体系，是在苏联学校体育教育体系的基础上形成和发展起来的，课程标准和统一的体育教学大纲都体现了苏联体育教学的理论特色，即人们所说的"全盘照搬苏联学校体育的模式"。当时，把增强学生体质，培养全面发展的社会主义建设者作为学校体育的指导思想，体育教育强调技能的学习和掌握，突出教师在教学中的主导地位，实行班级授课制，强调课堂组织纪律，在青少年中推行"劳卫制"制度。

中华人民共和国建立之初，我国社会主义制度的性质决定了我国在政治、经济、教育、文化等方面全面学习苏联是唯一的选择。我们说，当时确立的学校体育思想和教学体系，相对于旧中国军国主义、国粹主义和欧美自然主义、实用主义的学校体育教育，具有划时代的革命意义，基本适应和满足了当时社会发展和建设的需要，对中国学校体育的发展做出过重要贡献，它甚至深刻影响到今天学校体育的各个方面。当然，以今天对学校体育的认识审视，它存在不少弊端，如对学校体育功能的认识过于单一，教学目标与教学效果背离，过于强调教师的主导地位而忽视了学生的主体作用，课题教学灌输过多，过于强调学生的发展服从社会需要，带有浓厚的政治色彩，排斥借鉴他国经验，考虑国情不够，确有"全盘吸收"的教条主义之嫌。

20 世纪 50 年代后期，在学校体育实践中逐渐暴露了学习苏联学校体育教育脱离我国实际的教条主义弊端，不断总结经验教训，提出更为明确的体育教学任务，教学内容有所拓展，但尚未取得明显的教学效果，"文化大革命"骤然爆发，学校体育教育新的探索便夭折了。

2. 在继承中扬弃，在扬弃中继承

教育的继承性是教育的基本属性之一。有人将新中国成立以后学校体育分为四个或三个发展时期，而每个时期的学校体育教育，虽然指导思想、教学体系具有差异，发展程度不同，但是他们都具有继承接续的关系，不能截然割裂。

中华人民共和国成立以来，特别是"文化大革命"以后，对学校体育的指导思想和构建教学体系一直进行着广泛深入的讨论和探索，推动着学校体育改革和发展。20 世纪 50 年代，确立了通过身体活动和锻炼，达到增进学生健康、增强学生体质的学校体育指导思想。"文化大革命"结束后，针对十年浩劫中学生体质普遍下降的状况，进一步明确了以增强学生体质为主要目标的指导思想，这种指导思想是在对前 17 年学校体育思想与实践扬弃的基础上发展起来的。20 世纪 80 年代关于体育功能的讨论逐渐深入，有些学者认为学校体育增强学生体质的目标过于单一，只体现了体育的生物功能而忽视了心理、社会功能的开展，从而提出了以提高运动技术技能为中心的思想，借鉴日本学校体育的经验，提出了"快乐体育"的思想；借鉴国内外终身体育思想，并取得共识。之后，不少学者又提出了学校体育多功能、综合性、整体性效益思想。人们对学校体育指导思想和教学理论的认识越来越丰富。但是学校体育目标的多元化是否符合学校体育教育的客观规律和教学实际，是否有目标泛化之嫌，也受到不少质疑。不少学者提出，根据学校体育教育的学科特点，学校体育目标应确立一个主要目标，一条主线。曲宗湖先生认为："根据中国的国情，现阶段中国学校体育的主要目标仍然应是增强全体学生的体质，提高身心的健康水平。"这一主张得到一些学者的认同。

我国学校体育教育是在继承中扬弃、在扬弃中继承发展起来的，永恒、完善的教育是不存在的。20 世纪 50 年代和 80 年代的体育教育都取得了很大的成绩，我们应该具体地分析，科学地、合理地继承，不断深化和升华，以构建符合教育规律、适应当代社会发展需要的学校体育教育新体系。

（二）近代体育教育思想的形成

1. 自然主义体育教育思想

自然体育教育思想源于欧洲文艺复兴运动时期的人本主义教育思想，到 21 世纪初，已发展成为一套完整的理论和方法体系。其基本原则是：体育教育应以"自然教育"为中心。按自然原则利用自然手段对儿童进行合乎自然的体育教育，体育教育的内容要顺应儿童的兴趣和需要。

同时还认为，体育是德育和智育的物质基础，要想使儿童成为一个全面发展的人，就必须将儿童置身于大自然，利用自然条件让儿童自然发展，大自然完全可以承担起教育的使命和责任。上述这种自然体育观，在历史上延续数百年，影响极为深远。它充分肯定了体育在人生过程中的重要意义和作用，并提出了一套自然主义的体育方法，注意到了兴趣和需要（即人的心理）在体育学习和教育中的作用。但这一思想也有缺陷：

第一，它以"本能论"为立论基础，甚至认为人的兴趣和需要也都是源于人的本能；

第二，把体育混同为教育，突出强调了文化教育功能而忽视了增强体质这一体育的本质功能和主要目的。

由于其对体育本质和目的的错误认识，在实际的体育教育实践活动过程中不可避免地会导致体育教学中出现"放任自流"的现象，这种"顺应自然"的思想在一定程度上否认了体育教育是有目的、有意识、有计划的身体教育这一本质，容易导致人们对体育的教育性和科学性产生怀疑和误解，使他们对体育本质的认识模糊不清。

2. 体质教育思想

这一思想强调体质的增强，基本的观点是：体育教育的目的就是增强学生的体质，增进学生的健康，促进学生的身体形态、机能、体质和基本活动能力等实质性要素的全面发展。体育教育的展开必须紧扣强身健体这一主题，体育的真义就在于增强人的体质、完善人的身体，这也是体育区别于德育、智育和美育的地方。体育教育是体育成为教育组成部分的前提，这种观点充分认识到了体育教育的特殊功能——增强体质、完善身体，客观上也起到了发展学生体质、增进学生健康的作用，在很大程度上纠正了片面的"技术观"。但这种思想，教学目标过于狭窄，由其衍生而来的教学模式也过于刻板，它过分强调了体育教育的生物属性，过分强调了体育教育的身体发展性，而忽视了体育教育的教养性和教育性，脱离教育性和教养性，单纯追求体能的发展和体质水平的提高是不可取的。

3. 折中主义体育教育思想

折中主义体育教育思想的基本特点是目标多元化，其基本思想是：在体育教育过程中，一方面要坚持"技术观"，另一方面要坚持"体质观"，试图克服上述两种体育教育模式的不足而各取所长。这貌似有理，实则不然。它在一定程度上导致了体育教育思想的混乱，使人有无所适从之感，且不论大多数人是否需要掌握高水平运动技术，仅就实践来看，既要实现技术水平的提高，又要实现体质的增强，二者确难兼顾。

第二节　国外教育技术的发展历史分析

社会的不断发展和科学技术的不断进步，促使传统的教育形式和教学手段不断地发生变化。纵观国外教育技术发展的整个历程，主要是由视听教育、个别化教学、教学系统方法三个领域的发展整合而成。这三个领域虽然起源、发展时期、发展状态都不尽相同，并且其发展过程中都有各自的发展轨迹，总体趋势却是逐渐交叉、逐渐融合，而最终在 20 世纪 70 年代形成了一个独特的整体——教育技术。以下将对国外教育技术发展中的视听教育、个别化教学、教学系统方法做详细阐述。

一、视听教育的发展

"视听教育"一词起源于美国，英文为"audio-visual education"，早在19世纪末20世纪初，也就是随着第二次产业革命的推动，美国已从劳动力密集型的农业国家逐渐演变为以机械化农业和城市工业为基础的资本主义国家。为适应工业化大生产，资产阶级急需大批有知识、有技能的劳动者。以语言文字、书籍为主要手段的传统教学越来越不能适应社会的需求。与此同时，由于工业革命的推动和科学技术的迅猛发展，一些新的科技成果，如照相机、幻灯机、无声电影等纷纷被引入到教学领域。为了扩大教育规模，提高教学质量，满足社会对人才素质和数量上的需求，美国的一些学校开始提倡和使用这些现代媒体作为直观教具，于是相继产生了"视觉教学"和"视听教育"。"视听教育"强调人的视觉和听觉在教学中的作用，它不仅是指幻灯、电影、录音、无线电广播、计算机等现代媒体的使用，还包括照片、图标、模型、标本等直观教具的运用，以及参观、旅行、展览等形式的教学活动。也就是说，凡是传授观察经验的教育活动，都属于"视听教育"的范围。

视听教育的发展大致可以分为直观教学阶段、视觉教学阶段、视听教学阶段和视听传播阶段。我们也可以划分为：萌芽阶段、播音教学和视觉教育并行的发展阶段、视听教学的形成阶段、视听教学继续发展阶段。

（一）直观教学（视听教学萌芽阶段）

17世纪捷克教育家夸美纽斯在《大教学论》里首次提出了班级授课制和直观教学的理论，奠定了将现代教育技术运用于教育教学中的理论基础，推动了教育的发展。直观教学即利用真实事物的标本、模型、图片等教具作为感官传递物，通过一定的方式向学生传递信息，达到提高学习效率或效果的一种教学活动。直观教学的实质是一种传授观察经验的直观技术。夸美纽斯按照直观教学的原则编写出第一本带有150副插图的教科书《世界图解》（1675年），被认为是教育技术发展史上最重要的成就之一。

1822年法国人尼克福、尼普扬发明了照相技术；1876年贝尔发明了电话；1878年爱迪生发明了电影放映机；19世纪末德国的一位传教士发明了幻灯，1900年无线电传播人声试验成功。于是有人结合夸美纽斯的直观教学法，开始使用幻灯进行教学，幻灯成为最早的现代科学技术运用于教学的电教工具，从此揭开了现代教育技术的重要阶段——视听教学发展的帷幕。1920年无声电影开始在美国应用于教学，先是一些影片公司向学校提供现成的电影短片拷贝，经选择后供教学放映，随后有一批高等院校开始了以教学为目的的自拍专题影片；与此同时，在芝加哥、洛杉矶、纽约等城市相继成立了影片馆来收藏影片，并采取轮流放映或预约放映的形式向学校提供影片。从此，美国政府就按计划把一些"非戏院影片"分配到全国13所大学、师范学校及其他著名的教育机关。当时共有75个推广应用部门收藏并提供无声教学影片。同年，英国坦普特地方的地理教师正式把无声电影作为教学工具，这项工作得到英国政府的肯定和推广。

（二）视觉教学（播音教学和视觉教学并行发展阶段）

视听教学发展的早期是广播媒体和电影、幻灯一类的视觉媒体各自独立发展，分别成立各种学术团体、组织机构来研究发展播音教学和视觉教学。播音教学发展最早、最有特色的是英国。早在 1923 年，其以地方学校代表、各大学代表成立了"播音教育咨询委员会"。1924 年夏季，开始进行有计划有组织的播音教学实验。这时期英国的播音教学分为两类：一类是以离开学校的成人为对象的成人播音教学；另一类是以在校学习的学生为对象的学校播音教学。学校播音教学是从 1925 年开始实行的，开始只对 100 多所学校实施有组织的播音，在每日授课时间表内抽出一定时间接收播音教学节目。随后，收听学校数目逐渐增加，据 1930 年统计，接受学校播音教学的学校已达 90 所之多。1927 年肯特（Kent）当局曾向 80 所学校发出问卷，调查播音教学的价值，得到的回答是"深受欢迎，不能废止"。1929 年"学校播音中央评议会"正式成立，承担每年审评播音教学节目 1～4 次的工作，使英国的播音教学具有了较为完善的组织机构。同年美国的俄亥俄州广播学校（The Ohio School of the Air）正式成立，1930 年哥伦比亚广播系统建立了美国广播学校（The American School of the Air），1935 年在波士顿附近成立了盛名于世界的"世界广播大学"（The World Radio University），播放文学、音乐、经济、语言、航空、电子学等一系列广播课程，后来达到用 24 种语言向 30 多个国家播放教育节目的规模。在美国跨入播音教学领军行列的同时，日本、德国、苏联等国家也表现得十分活跃，由此播音教学在世界各国纷纷兴起。

视觉教学源于 20 世纪 20 年代初期的无声电影。第一次世界大战爆发，德国先摄制了"法国兵是魔鬼，德国军人是英雄"的电影进行宣传。英国参战前就先摄制德军的潜艇暴行可恶，美国开始参战后，即用"美国的答复""战争的检阅"等影片教育军民。战后美国教育总署曾向一些大学赠送了数百部军事教育影片；同时一些影片公司也提供一些现成的电影短片和幻灯片。这一时期的视觉教学开展最活跃的是美国。在教育界中，为了研究视觉教学的作用，还陆续成立了许多学术团体，出版刊物、出版专著，教育技术这门新兴的教育理论初见端倪。当时，先后成立的一些学术团体有：1920 年在俄亥俄州成立的"视觉教育全国研究会"（The National Academy of Visual Instruction），1922 年在麻省波士顿成立"美国视觉教育协会"（The Visual Instruction Association of America），1923 年在加利福尼亚成立"全国教育学会视觉教育部"（National Education Association Department of Visual Instruction）等。部分高等院校利用寒暑假或周末开设美工、摄影、制图、幻灯片制作、教学影片运用、放映机维修和操作等讲座。也有的学校将视觉教学课程列为正式课程，如明尼苏达大学、堪萨斯大学、南加利福尼亚大学开设视觉教学的基础理论、资料编目（包括图片、标本、模型、实物等）、行政管理（包括登记、借用、归还、巡回演出的组织工作等）、教学法和放映机的维修等课程，并计算学分。同时，此期间还出版发行了一批视觉教学的专门书刊。例如，全国教育学会视听教学编辑部编印的《教育银幕》（*Educational Screen*），登载有关视听教学的调查、报告、论文等。其中 1928 年出版的《学校中的视觉教育》（*Visual Instruction in the Public Schools*），详细介绍了在学校各门课程的视觉教材，教学方法及放映器材的维修等内容，是一本论述较为翔实视觉教学理论的书籍。

（三）视听教学（视听教学的形成阶段）

20 世纪 30 年代前后，有声电影问世并很快被应用于教育，电影教育的作用开始发生变化。同时随着无线电技术的发展，无线电播音、有声幻灯片也相继在学校得到应用。播音教学和视觉教学逐渐走到一起，视听教学逐渐形成。20 世纪 40 年代，磁性录音（磁带）、电视技术（黑白电视）开始在教育教学中应用，并建立了语言实验室。这一切不仅加快了教学手段的改革，同时也促进了播音教学和视觉教学的进一步融合，使视听教学得到了发展。从此，单纯的视觉教学或播音教学逐渐被视听教学所代替。在视听教学发展阶段，出版了一批论述视听教学的著作，其中以美国的爱德加·戴尔的"经验之塔"理论最具代表性，"经验之塔"理论被认为是视听教学的主要理论基础。戴尔认为，人们学习知识，一是通过亲身经历获得，二是通过间接经验获得，两者不可偏废。"经验之塔"把人类学习的经验依照抽象程度的不同分为三大类十个层次，如图 2-1 所示。

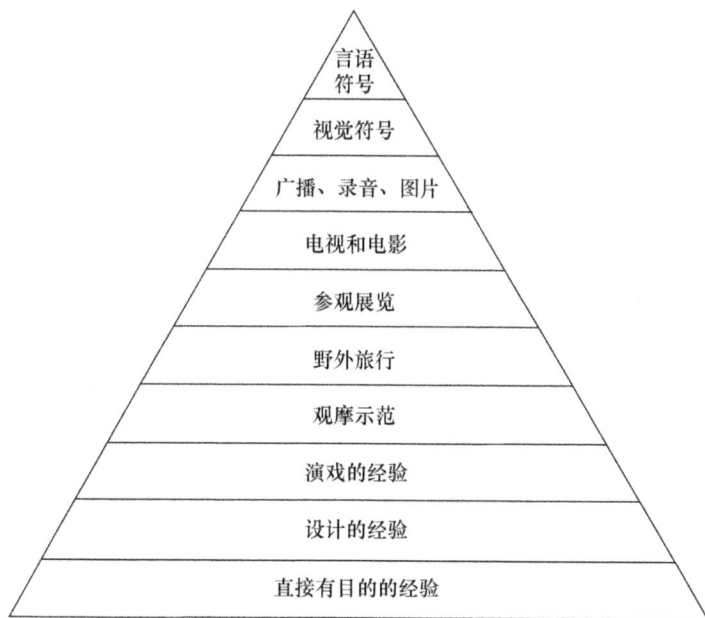

```
          言语
          符号
       ┌─────────┐
       视觉符号
    ┌───────────────┐
    广播、录音、图片
  ┌──────────────────┐
   电视和电影
┌─────────────────────┐
  参观展览
┌────────────────────────┐
  野外旅行
┌──────────────────────────┐
  观摩示范
┌────────────────────────────┐
  演戏的经验
┌──────────────────────────────┐
  设计的经验
┌────────────────────────────────┐
  直接有目的的经验
└────────────────────────────────────┘
```

图 2-1　戴尔的"经验之塔"

戴尔的"经验之塔"是一种形象化的比拟，用来说明学习经验从直接参与到观察经验替代，再到用抽象符号表示的逐步发展的过程。依照心理学的概念，"塔"的底部（做的经验）可称为实物直观，"塔尖"（抽象的经验）可称为语言直观，"塔"的中部（观察的经验）可称为模象直观。"经验之塔"的理论要点是：

（1）最底层的经验最具体，越往上越抽象，各种教学活动可以依其经验的具体—抽象程度，排成一个序列。

（2）教学活动应从具体经验入手，逐步进入抽象经验。

（3）在学校教学中使用各种媒体，可以使教学活动更具体，也能为抽象概括创造条件。

（4）位于"塔"的中间部位的那些视听教材和视听经验，比上层的言语和视觉符号具体、形象，又能突破时间和空间的限制，弥补下层各种直接经验方式的不足。

（四）视听传播（视听教学继续发展阶段）

1960 年，美国的视听教学协会组成特别委员会，研讨什么是视听教学。1963 年 2 月，该委员会提出报告，建议将视听教学的名称改为视听传播，并对此作了详细的说明。另外，许多研讨视听教学的文章和著作也都趋向于采用传播学作为视听教学的理论基础。

就"视听教学"与"视听传播"两个概念来说，一般认为，"视听教学"强调的是其教育的目的性，而"视听传播"强调的是其受众性。随着现代科学技术的发展，信号编码、传输、译码过程越来越先进，但就教育本身而言，其教育性是不能改变的。所以，依然沿用视听教学。同时，随着科技的进步，视听教学也已不能将教育技术学的全部都表述清晰。由于媒体技术的发展和理论观念的更新，国际教育界深感原有视听教学的名称不能代表该领域的实践和研究范畴，1970 年 6 月 25 日，美国视听教育协会改名为教育传播和技术协会（Association for Educational Communication and Technology，AECT）。1972 年，该协会将其实践和研究的领域正式定名为教育技术。

二、个别化教学的发展

（一）个别化教学的基本含义

个别化教学指的是以学习者为中心，适合于满足个别学生需要的教学。为了满足学习者的需要，允许学习者自定学习步调，允许学习者根据自身特点选择学习方法、媒体和学习材料，允许学习者选择适合自己需要的学习目标等。也就是说，个别化教学模式中，学习内容、学习步调、教学顺序、教学媒体和方法等由学习者的学习需要、能力和态度来决定。

作为一个单独的研究领域，个别化教学的内涵较大，其研究内容包括基本原理、个别化教学的基本结构和形式以及个别化教学所采用的媒体等。从学习者的角度来看，个别化教学比较强调学习者的自主性，即学习者可以对自己的学习活动做出决策，受教师等条件的限制较少，而从教师的角度来看，教师需要针对学习者的具体需求，进行有针对性的教学设计、媒体设计、教学管理等，从而使教学活动更能适应学习者的个别化学习需求。

（二）个别化教学的理论基础

个别化教学的研究理论基础源于教育理论、传播理论、学习理论。首先，个别化教学首先面对的是教学活动、教学过程，因此教育学的一些理论、原理、方法对个别化教学具有普遍的指导作用。同时，教学活动、教学过程也是一种教学信息的传播活动。更重要的是，个别化教学活动与教学过程的设计要依据学习者的学习内部机制和规律而制定，因此，在很大程度上个别化教学的研究也要以三大理论为基础。

（三）个别化教学的历程

由于教育技术学理论主要发源于美国，美国的教育技术学理论比较完善，且具有一定的系统性和代表性，所以在回顾个别化教学的发展历程时，这里主要以美国在相关领域的研究为主线来进行阐述。

1. 早期的个别化教学

1800 年以前，美国的学校教学主要以个别化的方式进行，但 19 世纪中叶发展起来的集体教学方式逐渐占据主导地位，并一直延续至今。尽管如此，关于个别化教学的研究却没有中断。在美国真正意义上的个别化教学系统始于伯克（Frederic Burk）。1912 年至 1913 年，在旧金山师范学校试验的个别学习制，其主要特点是允许学生按照自己的速度来学习由老师编写的教材。

1919 年，沃什伯恩（C. W. Washburne）在伊利诺伊州温内卡特镇的中小学创立适应个性化教学的形式，其中包括温内特卡制（Winnetka Plan），它是教学的一种组织形式和方法。温内特卡制，其目的是充分发展儿童的个性和才能，培养儿童的社会意识。1920 年，帕克赫斯特（Helen H. Parkhurst）在马萨诸塞州道尔顿中学建立道尔顿实验室计划（Dalton plan），旨在废除年级和班级教学，学生在教师的指导下，各自主动地在实验室内使用不同的教材、自定学习时间和步调，以适应其能力、兴趣和需要，达到发展个性的目的。1990 年，斯特勒（Seattler）对早期的个别化教学方面的研究进行了总结，包括伯克（1912）、瓦什伯恩（C. W. Washburne）（1919）、帕克赫斯特（1919）和莫里森（Morrison）（1925）所进行的相关研究。他指出，这些研究强调了学习中不同学习者的不同之处，并且表明：第一，个别化教学使学习者能够以自己的步调进行学习，但要求其在学习新的内容之前要达到一定的标准；第二，个别化教学强调了认真组织教学任务的重要性。

从这些早期的研究我们可以看出，个别化教学中关注学习者的个别情况，并且在早期的个别化教学实践中已经开始关注学习步调、课程内容的个别化。早期的个别化教育研究成果对教育理论和实践产生了深刻的影响，但真正在教育技术中有着广泛深远影响的个别化教学活动，应该是 20 世纪 50 年代兴起的程序教学运动。

2. 程序教学的发展

程序教学，简言之是指按照一定的程序进行教学。美国心理学家普莱西（Sidney Pressey）是理论界公认的程序教学创始人。1925 年，普莱西设计了世上第一台自动教学机，主要用于实现对学生测试的自动化，同时该自动教学机也包含允许学生自定步调、考核学生积极反应和即时反馈等方面的运用。然而由于教学机设计上的问题以及应用于教学上的客观条件不够成熟，普莱西的自动教学机对教育技术的发展影响很小。

1954 年哈佛大学教授斯金纳发表题为"学习的科学和教学的艺术"文章，他指出了传统教学方法的缺点，提出使用教学机器能解决许多教学问题，推动了当时的程序教学运动的发展。斯金纳根据他的操作条件反射和积极强化的理论设计了教学机器和程序教学。他的关于学习材料程序化的想法，后来发展成为可以不用教学机器只用程序课本的"程序教学"。受斯金纳理论指导的早期程序教学主要有如下特点：小的步子、积极反应、即时反馈、自定步调，以及低错误率。

20 世纪 50 年代末到 60 年代初是程序教学迅速发展的时期，这一时期的程序教学运动具有以下两个方面的特点：一是各种教学机器纷纷问世；二是程序设计广泛开展，并取得了值得肯定的效果。在这一时期，教育界有关人士开发出大批程序教材供学校教学、军队和工商企业的培训使用，一些出版商纷纷投资于程序教材的制作。但同时，程序教学也受到一些心理学家和教育学家们的指责，主要是批评程序教学的机械性和不灵活性。此外，由于技术上的原因，拥有模式功能的教学机器的设计已有穷尽之感，并且对于复杂的教学内容也难以处理。60 年代后期，人们从实践中认识到，开发真正有效的程序教材需要进行系统的设计和实验，而这样做的代价颇高，所以程序教学运动自此开始衰退。

程序教学是个别化教学的一种大胆尝试，它使得个别化学习的优点得以发扬（可以适应各种不同水平的、不同需要的、自定步调的学习），又解决效益低下的问题。但它也有不足，受当时历史条件的限制，教学机器并不能完成比较复杂的教学任务，而且无论是在交互性上，还是在教学方法的呈现上，都过于简单。所能实现的功能有限，所体现的理论只能是基于行为主义的程序教学理论。尽管如此，程序教学总结出一套开发程序教材的方法，开发过程中综合了许多重要概念并得到具体应用，这一切都对系统设计教学方法的发展具有深刻的影响。

3. 其他个别化教学形式的发展

20世纪60年代后期，由于程序教学运动的衰落，一些教育研究者开始重视对其他形式的个别化教学的研究。如凯勒的个别化教学系统（PSI）、掌握学习法、导听法（亦称录音指导法，ATS）等都体现出个别化教学的思想。同时，受行为主义心理学的影响，人们对如何适应学习者的个别化特征进行了一系列的研究。这个时期的研究标志是，将教学过程的重点放在学习的过程和个别学习者的身上。研究人员也开始更加关注学习者学习的个别化特征。

凯勒制（The Keller Plan）是1963年由哥伦比亚大学心理学家凯勒（Fred S. Keller）首创，又称个人学习系统（Personalized System of Instruction，PSI）。是一项管理教学的技术，目的在于在教学过程中贯穿强化理论的应用。与传统教学相比，凯勒制有5个特点，即：学生自定学习步调、采用掌握学习法的原理、启用"学监"（通过课程考试的学生称"学监"）、依靠书面指导、减少教师讲授。

掌握学习法（Learning for Mastery）由布卢姆和他的学生在芝加哥大学创立，其核心是根据实际情况变动教学时间和教材，使所有学生都能掌握每一项学习内容，故称掌握学习法。这是布卢姆1968年提出的一种教学系统。此法强调学生对每一单元教学内容的掌握，学生必须完全达到每单元的教学要求才能进入下一单元的学习，但教学进度由教师制定，教师不断地对学生进行评价，了解学生对学习内容的掌握程度。

录音指导法（Audio-Tutorial Approach）亦称导听教学，是普渡大学植物学教授波斯尔思韦特（Samuel N. Postiethwait）于1961年设计的一种个别化教学系统，也是一项管理教学的技术。该方法的主要特征是，学生在学习室里进行个别化学习，教师用预先录制的录音带指导学生从事各项学习活动。录音带也为学生提供有关练习的答案，作为对学习的反馈。教师则在学习室现场进行个别指导或答疑。

进入20世纪70年代，美国公立学校还推行过个别化规定教学（IPI）、根据需要的学习程序（PLAN）、个别指导教育（IGE）等个别化教学系统。尽管这三种系统没有得到推广应用，但通过这些系统的使用促进了教学改革，如根据教学目标的层次关系来排列教学顺序；标准参照测试用于诊断目的；教师的作用由信息提供者变为教学的计划者、管理者和辅导者；使用计算机管理教学，打破分年级的教学组织体制等。从适合个别学习者的角度来看，这些研究比早期的研究有了更加全面的考虑，即学习者自定步调进行学习、信息的及时反馈、确定学习者的学习起点、可以采取不同的学习方法达到同一学习目标。

对于这一时期围绕行为主义展开的个别化教学的研究，也有学者表达了不同的意见，如布鲁纳（Berliner）认为，自定步调的学习虽然满足了学习者的需求，但同时也花费了学习者更多的时间和精力，并且这样有时会导致学习者中途放弃。也有人指出，对于教学材料的过分关注会导致教学成本过高和使教学缺乏人性化。由于个别化教学的研究和实践与当时的社会、政治和经济改革没有配套进行，以及学校未将个别化教学的成果正式应用于其常规教学等原因，个别化教学的研究热潮在20世纪70年代中期开始转向衰落。

4. 计算机辅助教学的发展

计算机是人类最伟大的发明创造之一。计算机辅助个别化学习就是指利用计算机进行自定步调的学习。自从 1946 年第一台数字计算机问世以来，许多专家就开始了计算机教育应用的探索。计算机用于教学和训练始于 20 世纪 50 年代末。最早用于学校的计算机辅助教学程序的是美国 IBM 公司沃斯顿研究所于 1958 年研制出来的。开始的计算机辅助教学（CAI）主要用于答疑、练习、个别化指导、模拟教学测验、评价等方面，以后逐渐用于系统的学科教学。

20 世纪 60 年代早期的 CAI 系统主要用于模仿传统的课堂教学，代替教师的部分重复性劳动，未能充分发挥计算机的潜在能力。70 年代初，计算机技术的发展使学生可以根据学习情况选择合适的教学资源，变被动听课为积极介入教学过程，标志着 CAI 系统实现个别化教学的一个新阶段。

20 世纪 70 年代微机的发展又推动了 CAI 运动。到了 80 年代，学校里微机的使用迅速增长，许多学校把微机用于教学。但 CAI 在学校中的开展仍不能说明个别化教学已成为学校教学的主要形式。

进入 90 年代，多媒体技术飞速发展，计算机辅助个别化学习也得到了前所未有的发展。多媒体计算机不仅在学校中基本普及，而且开始进入千家万户。它们不仅界面友好、内容丰富活泼且形式多样（包括文本、图形、图像、动画、音频、视频、超文本以及超媒体等），同时能表现出多种学习策略，极大地提高了学习者的学习质量和效果。随着网络技术的飞速发展，人们的生活和学习方式发生了极大的改变，同样也动摇了计算机辅助个别化学习的主体地位。可以预见，在未来网络个别化学习将成为个别化学习的新形式，并将占据主要地位。

综上所述，程序教学、个别化教学系统、掌握学习法、计算机辅助教学以及网络个别化教学成为个别化教学研究的主要阶段标志。几十年的个别化教学实践表明，个别化教学比传统教学方法更有效。尽管仍不能说个别化教学已成为学校主要的教学形式，但个别化教学所形成的"以学习者为中心"，强调学习者的学习效果是教学目的和衡量标准的指导思想，已经对教学理论发展起到了推动作用，同时为现代教育技术理论的研究与发展奠定了基础。

三、教学系统方法的发展

从 20 世纪 60 年代中期开始，教育技术领域更加关注的是用系统方法分析、解决教育问题，同时提出了教育系统方法的概念。教学系统方法的理论依据是系统科学。所谓系统科学，是系统论、信息论、控制论的统称，又称"老三论"。系统论、信息论、控制论几乎同时产生于 20 世纪 40 年代末。"老三论"是信息时代新科学技术发展下的认识世界和改造世界的方法论，已迅速被应用于各个领域与各个学科。系统科学自产生以来，对哲学、自然科学、社会科学、思维科学产生了极大的影响，并促进了这些学科的交叉和渗透。系统论、信息论、控制论应用于教育领域催生了教育传播学、教育控制学、教育系统学和教育技术学的产生与发展。

系统科学主张把事物、对象看作一个系统进行整体的研究，研究它的要素、结构、功能及其相互联系，通过信息的传递与反馈来实现系统之间的联系，达到有目的地控制系统的发展，获得最优化的效果。

第二次世界大战期间，美国从关于学习过程、学习理论和人类行为理论方面的研究成果中总结出一系列教学原则，并用于指导军事训练研究和教材开发。其结果不仅提高了军事训练的效率和效果，也使教学设计的一些重要原理，如任务分析、行为目标、标准参照测试、形成性评价和总结性评价等得到了进一步完善和发展。20 世纪 60 年代末至 70 年代初，教学系统方法日益受到重视。人们在实践中建立了许多系统设计教学的理论模型，使系统方法成为利用教育技术解决教育教学问题的根本性方法。

考夫曼（R. A. Kaufman）是最早将系统方法运用于教育的学者之一。他在 1972 年出版的《教育系统计划》（*Educational System Planning*）一书中，把系统方法定义为依据逻辑下解决问题的过程，来鉴定和解决教育上的重要问题。他为这个过程概括的模式如图 2-2 所示。按照考夫曼的模式，对教育问题的系统分析主要由确定问题和解决问题两个阶段组成。在明确了面临的问题是什么之后，进一步明确解决问题的条件和解决方案，进而逐步进行使命分析、职能分析、任务分析、方法和手段的分析。

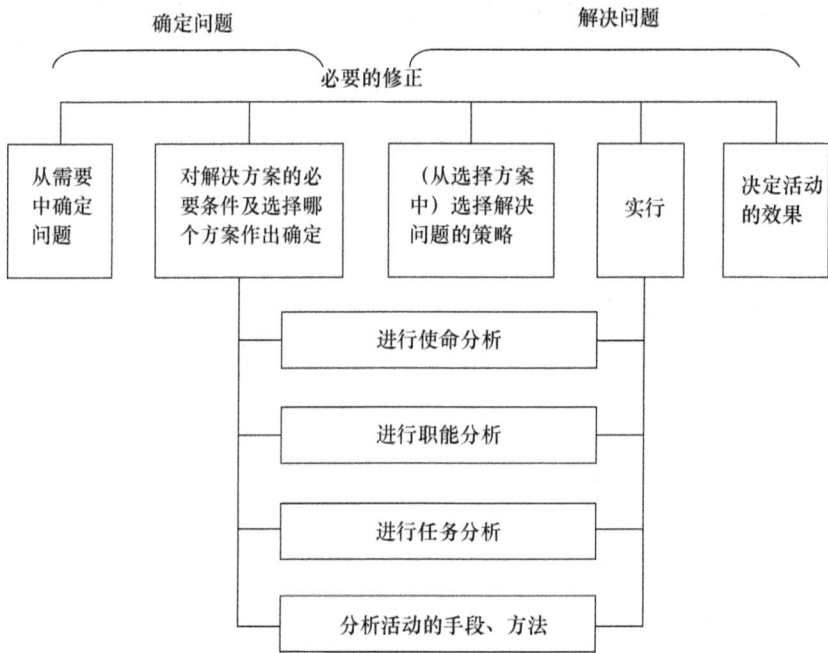

图 2-2 考夫曼的系统分析模式

美国教育技术学者科里根（R. E. Corrigan）等在 1969 年出版的《教育的系统方法》中提出，系统方法在教育中的运用涉及以下三个步骤。

第一，使用准确的术语来确定系统的目标，确定为实现系统的目标而必须执行的功能；

第二，决定如何以最优的方式来执行这些功能，把各类资源组织成一个有机的、协调运行的系统；

第三，对运行的系统的效率进行检验，根据存在的缺陷以及外界变化的需要对系统做出必要的调整和修正。

第三节　我国教育技术的发展历史分析

一、从电化教育到教育技术

（一）电化教育的定义及其发展历程

20 世纪 30 年代，我国教育研究者针对当时出现的利用幻灯、电影和广播进行教育传播的方式，并根据国外的"视听教学"，首次提出"电化教育"（Electrifying Education）一词，并沿用至 20 世纪 90 年代。电化教育是我国独创的名词，至今已有 80 多年的历史。目前所使用最多的"电化教育"的定义是：运用现代教育媒体，与传统教育媒体恰当结合，传递教育信息，以实现教育效果最优化。

我国电化教育的发展是曲折的，直到 1978 年，电化教育才又重获新生。在其之后的近 20 年间，我国的电化教育得到了较大的发展，并可大致分成三个方面。

1. 现代教育媒体的大力开发和运用为电化教育的发展奠定了物质基础

在 20 世纪 70 年代末期，我国为了加速发展和普及已经落后的电化教育，花费数千万美元的外汇购进了一大批电教设备用于各级各类教学。同时，积极开展现代教育媒体的研制开发工作。仅用几年的时间，不仅相继开发出各种类型电教设备进入市场，同时也制作出许多优秀的电教教材应用于教学，丰富了教学内容，改革了教学方法，优化了教学过程。随着计算机技术蓬勃发展和迅速普及，电化教育的研究与开展也得到了积极的促进。

2. 远程教育为电化教育的发展带来两次重大契机

电视大学的创办为电化教育的发展带来了第一次重大契机。1979 年 2 月，我国创办了中央电视大学，截至 20 世纪末，这所以远程教育为主要教育形式的电视大学已经具有了 42 所省级电大，540 所地市级分校，1000 多所县级工作站和 2000 多个基层教学班的全国性远程高等教育体系。

中国教育电视台的建立为电化教育的发展带来了第二次重大契机。1987 年，我国建立了中国教育电视台，通过卫星向全国播放教育节目。到 1992 年已建立地方教育电视台 948 个，地面接收站 6191 个，放像点 54039 处，形成了中国卫星教育网络。

3. 学科专业的创办及学科理论体系的建立为电化教育的发展奠定了人才和理论基础

在大力运用现代教育媒体、发展远程教育的同时，我国在 20 世纪 80 年初便紧抓电化教育专门人才的培养工作，先后有若干所师范院校建立了电化教育系，有 30 多所院校开设了电化教育专业课程，有的院校还招收电教专业的硕士研究生和博士研究生，并在全国先后出版了一批电化教育的专著和教科书，如《电化教育学》《电化教育概论》《教育传播学》《多媒体组合教学设计》等，初步形成了学科理论体系。近 20 年，国内教育技术学专业发展迅速，目前全国共有 200 多所院校开办教育技术学本科专业，80 多个教育技术硕士点，9 个教育技术博士点，3 个博士后流动站，2 个国家级重点学科。

（二）教育技术与电化教育的联系与区别

伴随高新科技的迅猛发展，"教育技术"概念的出现对电化教育产生了冲击。"电化教育"和"教育技术"不仅在国外，在我国也一直是争论的焦点。有人认为，电化教育实际上就是教育技术的同义语；有人认为电化教育和教育技术有着本质的不同。从本书前面针对两个概念的定义分析，无论是"电化教育"，还是"教育技术"，其目的都是增强学习效率，提高教育质量，扩大教育规模，达到教育教学效果最优化的目的。同时两者都是利用新的科学技术成果去开发学习资源，并采用新的教学理论与教学方法去控制教育过程，这是"电化教育"与"教育技术"之间的共性。但是，"电化教育"和"教育技术"两者无论从研究范畴还是概念称谓的适应性上都有所差异。

首先，从历史的角度看两者的研究，电化教育侧重于研究教育媒体，具体称为电教媒体研究，包括电教设备（硬件）研究和电教教材（软件）研究两个方面。而目前在研究领域已经达成共识的教育技术，则强调以现代教育、教学理论和教育、教学方法为基础，应用现代信息技术手段达到学习效果最大化。因此无论从理论研究，还是技术运用，教育技术的范畴远比电化教育的范畴大，电化教育只是包含在教育技术的这个大范畴之中一个具体组成部分（如图2-3）。

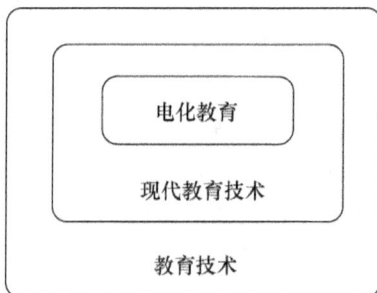

图 2-3　教育技术与电化教育的关系

其次，从两个概念的适应性而言，电化教育是我国自创概念，而教育技术是国际范围的概念，在科技高速发展的今天，网络为全球搭建了一个无障碍相互融合的桥梁，为保证在研究和应用中无缝链接与沟通，以及有的放矢的借鉴，教育技术从概念名称本身更具有国际性和亲和力。

二、我国教育技术发展困惑

随着科技的进步、媒体技术的发展和先进教育思想的应用，我国的教育技术在不断走向成熟。近20年虽然我国教育技术得到长足的发展和进步，但是在发展过程中我们也有很多困惑。

（1）中国的教育技术的定位和逻辑起点究竟在哪里？

（2）教育技术研究目标究竟是什么？

（3）教育技术学科培养的究竟是什么样的人？

（4）教育技术研究究竟走什么样的道路才适合中国？

回答了上述困惑，也就明确了我国的"教育技术"。如前所述，我国的教育技术开端于20世纪20年代的电化教育。在电化教育初期发展阶段，国外留学人员不仅带回了美国教育理念，更多的是应用电化教育的先进技术，并将引进的设备应用于教育实践。而由于当时的社会政治原因，早期的基于媒体应用的教学理论研究却没有被引起重视。20 世纪 50 年代中华人民共和国成立初期，电化教育工作仍然缺少统筹和统一领导，处于自发自流状态，电教人员从事的也主要是设备管理和设备使用，很少亲历媒体制作过程；20 世纪 60 年代末我国的政治原因导致电教工作基本停滞；进入 20 世纪 80 年代，我国教育技术实践迅速发展而成为独立的教育技术学专业。由于在此之前忽视了教育技术理论基础的建立，造成了人们认为教育技术是通过媒体的应用来改进教师教学水平的观念上的偏颇，导致了我国教育技术实践特色的研究成果不足，相关理论的研究成果缺失。实践性研究成果不足制约了理论的发展，而理论成果的缺失又限制了更进一步的实践性研究成果的诞生。

重实践，轻理论，使我国教育技术发展过程中理论研究薄弱，后劲不足。正因为此，学术界从 20 世纪 90 年代开始，不断地引进国外的尤其是美国的教育技术理论指导我国的应用研究。而在 21 世纪初，学者们开展的中国教育技术界是否存在着西方"教育依附理论"的大讨论，反映了学者们的反思与批判精神。批判与反思是一种满怀希望的活动，它正在帮助我们走出困惑，它使人们复苏了建立中国特色教育技术的愿望，有了建设一条中国特色道路的追求。当然在这个过程中，我们既要借鉴更要超越。

三、我国教育技术发展趋势

纵观国内外教育技术发展的历史，科学技术的发展始终是影响教育变革与发展的重要因素。20 世纪 90 年代以来，多媒体技术的出现使视音频技术、计算机技术、通信技术这三大信息处理技术融为一体，教育技术由此进入了一个多媒体化、网络化、信息化的时代。教育技术不仅引起了教学模式、教学形态和教学环境的变化，而且促使教学体制和教学管理发生了一系列根本性的变革。我国教育技术发展趋势具有如下特点。

（一）与教育教学改革的结合日益紧密

现代教育技术能为教育教学的改革提供有力的技术和工具支持，教育技术的发展趋势是紧密结合教育教学改革，促进教育教学改革不断深化。教育技术的发展将使教育突破传统模式的局限。诸如计算机辅助教学、远程教学、网络教育、人工智能、虚拟仿真等给教育教学带来新的气象和新的格局，使教学活动可以突破课堂、校园，不再拘泥于传统的主要以语言文字为手段的课堂教学模式，促进传统的课堂教学模式的变革。

（二）系统集成技术的应用占据重要地位

随着现代信息技术的飞速发展，许多新的技术被应用到教育领域，如数字化音像技术、广播与卫星通信技术、虚拟仿真技术等，从而使教育技术的内容和形式发生了深刻变化。由此，系统集成技术将在教育技术领域的技术支持中起到更大的作用。各种各样的系统集成媒体，如多媒体教学系统、网络学习系统、校园信息传输系统、微格训练学习系统、虚拟学习系统、现代远程教学系统等，将成为未来教育的重要形式。

（三）新的学习理论将催生新的学习形式变化

21世纪第二个十年（2010—2020年），我国教育技术的发展将进入一个深入发展的时期。新时期的基本特征将会使普适计算兴起，混合学习将处于主导地位，而热点将主要集中在泛在学习、非正式学习的探索上。

普适计算（Ubiquitous Computing）：是指一种新的学习环境，由无线网络、移动无线设备、因特网、社会性软件工具（博客、wiki、播客、社会书签）以及图片、视频共享网站等组成。学生置身其中，可以随时随地使用多样的数字设备，包括使用电脑上网和移动设备进行学习。

混合学习理论（Blending Learning）：是指把传统学习方式的优势和数字化学习的优势结合起来，使两者优势互补，获得最佳的学习效果。

泛在学习：是指主要依托移动学习终端（如智能手机等）随时随地学习的一种新的学习方式。

非正式学习：是指在课堂之外的，通过博客、虚拟社区、CSCL、移动学习网站、电子图书馆、电子博物馆，以及教育游戏等获得知识、技能的学习。

毋庸置疑，在21世纪中国教育全面走向现代化的进程中，教育技术将担负起更加重要的使命。教育传播媒体技术越是先进，教育思想的科学化、现代化就显得越为重要。因此，对于日新月异的各种现代教育教学媒体，我们应该在现代教育教学思想的指导下，以积极、审慎、科学的态度采取相应的对策，真正实现技术的现代化和教育思想现代化的最佳结合，使现代教育技术全面推进和发展。

第四节　现代体育教学技术的发展历史分析

体育教育技术的发展其实和教育技术发展历史极其相似，远古时代体育教育技术已经诞生，只是当时人们还不知道这个名称而已。我们根据媒体发展阶段将体育教育技术划分为：直观媒体阶段、视觉媒体阶段、视听媒体阶段、超媒体阶段。

一、直观媒体阶段

直观媒体就是真实事物的标本、模型和图片等。在这期间对应的是直观教学，直观教学是由捷克教育学家夸美纽斯提出的。也就是这个时期，在体育教学和运动训练中，利用标本、模型和图片辅助教学或训练，以达到较好的学习效果。

《导引图》是1974年湖南长沙马王堆三号汉墓出土，现存最早的一卷保健运动的工笔彩色帛画，为西汉早期作品（如图2-4）。所谓"导引"，是呼吸运动和躯体运动相结合的一种医疗体育方法。早在原始时代，先民们为了表示欢乐、祝福和庆功，往往学着动物的跳跃姿势和飞翔姿势舞蹈，后来便逐步发展成为锻炼身体的医疗方法。我国古代的"导引"就是指"导气会和""引体会柔"，是呼吸运动和躯体运动相结合的一种体育疗法。用现代汉语来表达，"导引"就是保健医疗体操。早在春秋战国时期，以呼吸运动为主的"导引"方法的运用已相当普遍。

《导引图》内容非常丰富，导引有呼吸运动、肢体运动、器械运动和导引与治病关系，现在我国第五套广播体操中的八个动作基本概括了《导引图》的精华部分。

陈希夷，宋初著名道家隐士。他根据一年二十四节气的气运及其与人体经脉的对应关系，自创了一套"二十四气坐功导治病"功法（如图 2-5），以此可以养生治病。

图 2-4　西汉早期导引图

图 2-5　宋初"二十四气坐功导治病"功法

二、视觉媒体阶段

20 世纪初，照相技术、幻灯机和无声电影被应用到了教育和体育领域。在 1930 首届世界杯足球比赛上，就用了摄影和摄像技术记录比赛现场。20 世纪 50 年代，我国运动技术图像的观察和分析已经广泛在学校体育教学中应用。当时苏联学者把短跑冠军选手的比赛视频绘制成短跑技术图片和人体运动简图，应用于体育教学和运动训练之中。这个时期在学校体育教学中，幻灯投影得到了广泛应用，教师可以把预先制作好的幻灯投影到屏幕上，方便学生观看和教师讲解（如图 2-6）。

三、视听媒体阶段

20 世纪中后期，体育工作者开始利用摄像机拍摄运动员比赛视频应用于教学训练之中。随着摄像技术的发展，国内体育院校都购置了摄像设备，录制了一批运动及竞赛视频和电视教材，供教师、教练员和学生使用。电视教材是根据课程教学大纲的培养目标要求，用电视图像和声

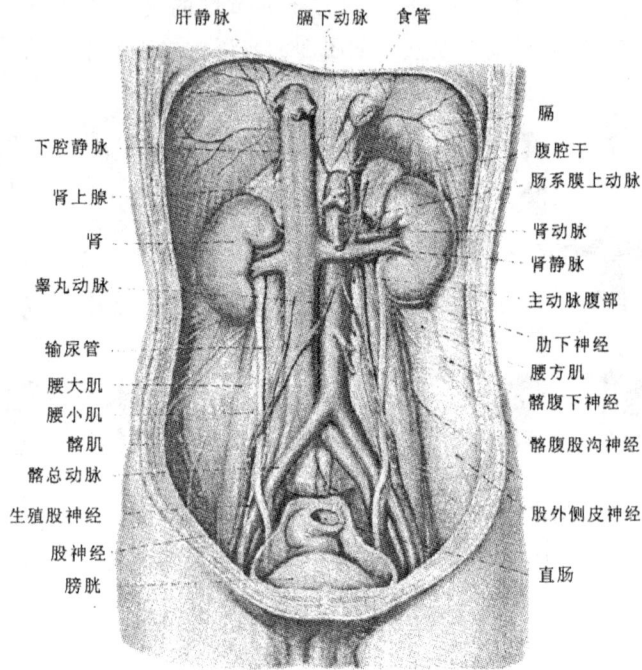

图 2-6　人体解剖投影

音呈现教学内容，并且用电视录像技术进行记录、存储与重放的一种视听教材。电视教材以活动图像为主，视听结合，多维度传递信息内容，存储再现，可以克服时空局限性，其传递方式多样化，适宜多种教学方式。正是电视教材的这些优点，用它来表现体育运动教学内容可以达到事半功倍的效果。目前，体育运动的各个项目电视教材都可以从市场上购买到，部分电视教材供教学训练免费使用。

四、超媒体阶段

随着计算机技术、网络技术和多媒体技术的迅速发展，超媒体系统逐步进入教学领域，以实现跨平台处理多媒体数据。

（一）体育教学领域

随着现代教育技术的发展，电子课件、网络课程、立体化教材等事物的出现，为体育教学改革提供了新思路。20 世纪 90 年代末，体育高等院校开始大量开发 CAI 课件用于辅助教学，取得了较好的教学效果。同时，体育高校还出现了大量精品课程和网络课程，为教师的教学和学生的学习提供了新的平台。

（二）竞技体育领域

随着全球对竞技体育的重视，竞技体育已经发展到了一个相当高的水平，进一步提高运动成绩越来越依赖于先进的科学技术。国内外的体育专家经过长期实践与研究一致认为：在运动训练中引入数字视频技术，对运动技术提供基于视频的分析，可以帮助运动员在训练过程中尽快掌握动作的技术要领，减少盲目的重复，极大地提高训练效率、降低运动员受伤害的可能性，从而达到最佳的训练效果。目前在国外出现了几款运动技术视频分析软件，如瑞士 Dart Fish 公司的 Dart Trainer 软件，SIMI 公司的系列软件。此类软件已经在竞技体育运动训练中发挥了重要作用。在备战雅典奥运会训练时，美国奥委会为各个运动项目的美国国家队都装备了 Dart Trainer 软件。

运动视频分析是指对视频呈现的全局运动信息以及局部运动信息进行分析、描述和利用。它涉及图像处理、计算机视觉、模式识别等相关技术。运动视频分析关键技术有全局运动估计技术、运动视频全景图合成技术、视频运动对象提取技术、视频运动目标跟踪技术、视频内容标注技术等。

全局运动是指在视频序列中占有较大比例的像素运动。全局运动估计的目的就是要从视频序列中找出造成全局运动的摄像机运动的规律。通常运动视频一般都存在显著的摄像机运动，因此获得准确的全局运动参数是进行运动技术视频分析的基础。

全景图合成是指由描述连续场景的一系列局部图像，得到一个单一的、展现整个场景全貌的图像。在传统的应用中，全景图获取的是场景中静态的没有移动的背景。近年来，围绕辅助与指导运动训练，对全景图合成又提出了新的要求。运动视频全景图不仅要完整地构建出运动场景的全局背景，更要求在背景上展现出一系列的前景，即运动员图像，从而完整展现出运动的轨迹和动作的细节。相对于运动视频本身，全景图提供的信息更直观、更全面，可以帮助教练员和运动员对动作的完成情况静态地进行分析，从全局上掌握动作的要领。

视频运动对象提取的目的就是要把场景中的运动对象同背景分割开来，是实现基于对象的运动分析功能的基础，现有的视频运动对象提取方法可简单地分为两类：一类以时序属性为分割依据，根据视频的时序属性来分割运动对象；另一类方法以空间属性为分割依据，主要根据图像的区域或者边缘信息来分割运动对象。

视频运动目标跟踪技术是指基于位置、运动、形状、纹理和颜色等特征，在连续的图像间建立起图像结构的对应性，可用于在视频中锁定运动目标，自动获取其运动轨迹。运动目标跟踪是计算机视觉领域的一个重要研究内容。

对运动视频进行内容标注的目的是实现对大量的运动视频数据进行有效的内容管理，便于用户快速找到所需的视频内容。体育运动视频是海量数据，在运动训练与教学中，用户真正关心并有可能反复观看的却只是其中的小部分。用户需要一种方便快捷的手段来访问运动视频的内容。对于运动视频，其内容标注主要是指通过对运动视频中各种特征的提取和处理来分析语义信息。常用的特征包括视觉的、听觉的以及文本的。视觉特征主要有颜色、形状、纹理和运动等。听觉的特征主要通过对与比赛相关声音，如击球声、观众的欢呼声以及解说员的语音进行处理来提取。文本的特征则来自于两个方面：一个是视频画面上出现的文字，另一个是电视信号中的隐藏字幕。

体育视频分析经过 10 多年的发展，在研究内容、算法、系统和应用等方面都有很大扩展与进步。从研究的广度来说，从单一的足球节目到多项球类运动（足球、篮球、网球、排球、乒乓球、橄榄球、棒球等），田径运动以及游泳等运动。在算法方面，由单一模态特征到多模态特征融合，从启发式推理到自动机器学习，算法在性能和速度上都有了很大进步。

第三章 多媒体网络教学平台在高校体育教学中的应用

现代互联网的发展已经覆盖全球，通过互联网人们可以将世界各国的教学资源进行整合，实现全球资源的共享，与世界领先的教学同步，真正的实现全球教育一体化。通过掌握多媒体网络教学的内涵与特点、发展优势、构成要素等基础内容，进一步推进多媒体网络教学平台在高校体育教学中的有效运用。

第一节 多媒体网络教学的内涵与产生

一、多媒体网络教学的内涵

所谓多媒体网络教学，就是充分将当今最先进的计算机网络技术和多媒体技术有机组合进行教学的一种全新的教学方式；是多媒体技术在互联网络技术支撑下的实施，将枯燥、乏味的课堂知识形象地体现在声音、图像、影视、动画中，通过计算机网络技术的运用，是真正基于交流、讨论的一种教学方法。

二、多媒体网络教学的产生

多媒体网络教学是远程教学的一种，根据主要媒体与信息技术的发展归类，多媒体网络教学属于第三代远程教学。多媒体网络教学是现代计算机网络技术与多媒体技术发展到一定程度而诞生的产物。我国著名学者丁兴富对应用于教学的三代信息技术和三代远程教育的分期做了详细的归纳与总结（表3-1）。由表3-1可以看出自20世纪90年代至今，伴随着计算机网络技术与计算机多媒体技术的产生与发展，双向交互的电子信息通信技术得以实现，从而使得教学的过程更为开放灵活。因此，伴随着新技术的产生与发展使得多媒体网络教学应运而生。

表3-1 三代信息技术和三代远程教育

分期	第一代	第二代	第三代
年代	19世纪中期～20世纪中期	20世纪中期～80年代末	20世纪90年代至今
远程教育分类	函授教育	多媒体教学的远程教育	开放灵活的远程学习
信息技术	传统印刷技术 邮政运输技术 早期的视听技术	单向传输为主的电子信息通信技术	双向交互的电子信息通信技术
主要媒体	印刷材料、照相、电话、幻灯、投影、录音、电影、早期录音	大众传媒（广播电视、卫星电视）、个人媒体（录音录像、光盘、微机）、早期的远程电子通信、计算机辅助教学	现代远程电子通信、无线移动通信、计算机多媒体、计算机网络、知识（智能）媒体、虚拟技术

第二节　多媒体网络教学的优势与特点

一、多媒体网络教学的优势

多媒体网络教学的出现为人们提供了一种全新的教学模式，多媒体网络教学平台的建立为学习者搭建了一个资源丰富的知识平台，提供了更多的学习机会以及更为全面的信息资源。多媒体网络教学的出现使得教学活动发生了新的转变，由原本单纯的知识"传授"转向为更加重视培养学生创造精神和实践能力，同时为终身学习的体制奠定了良好的基础。多媒体网络教学的出现打破了传统教学模式中时间与空间的限制，具有很强大的时空优势，可以令学生不仅在上课时间，在教室或不与教师面对面的情况下进行对知识的学习与探索。多媒体网络教学的出现让教育资源的共享变为可能，通过多媒体网络教学平台可以将信息与设备的共享实现最优化，从而使得整个教学过程得以顺利进行，可以更好地完成教学目的。

现代互联网的发展已经覆盖了全球，通过互联网人们可以将世界各国的教学资源进行整合，实现全球资源的共享，与世界领先的教学同步，真正的实现全球教育一体化。这样一来即使身处于教育相对落后、师资力量不足、教学资源匮乏的经济欠发达地区的人们，也可以通过多媒体网络教学平台来进行最新最全面的学习，掌握最新的教学资源。但凡有网络与电脑的地方，就可以随时随地的进行自主学习、获取最新最全面的知识。

多媒体网络教学的出现为学习者提供了个性化的学习空间，传统教学的主体总是围绕着教师、书本以及课堂三方面来进行，这样一来便阻碍了学生学习的自主能动性，使得学生的个性化学习成了空谈。多媒体网络平台的推广为现代化教学带来了全新的途径，整合了世界各地知名的高校、研究机构、图书馆来自多个权威机构的信息资料，为学习者提供了一个十分庞大的资料库，使得学习者能够更好地掌握最新数据以及最新的学习材料，与此同时学习者还可以通过多媒体网络的交互技术实现双向交流，在线得到相关教育专家所提供的具有针对性的"个性化"学习指导。

多媒体网络教学中最为核心的方面还有多媒体技术在教学中的应用，多媒体网络教学其实就是多媒体技术通过网络形式的传递与应用的一种教学技术。多媒体网络教学平台将文字、图像、影音、动画和其他多媒体教学软件进行有机地整合与优化，通过多媒体网络教学平台可以实现对现实教学环境的模拟，这样便更有利于学生直观的进行学习，有利于学习者的理解与记忆。通过多媒体网络通信技术的交互技术，如网络直播讲座、电子邮件、电子公告板、即时通讯软件等计算机信息技术来完成教学活动。多媒体网络的实时通信技术可以让师生之间的及时进行交流，及时地进行答疑解惑，这样既保证了学生的听课质量达到了更好的教学目标，又使得学生不仅在固定的时间与教室而是任意时间与地点都可登录进行学习，多媒体网络教学平台打破了传统课堂的束缚。

二、多媒体网络教学的特点

(一) 多媒体网络教学具有更为灵活的教学时间

多媒体网络教学借助现代化互联网络技术与多媒体技术打破了传统教学授课时间与场地的限制，学习者只需要用计算机设备通过互联网络的连接与对多媒体网络教学平台的访问就可以随时随地的进行自主化学习，这样一来学习者就可以更好地合理安排自己的学习时间。

(二) 多媒体网络教学的教育资源丰富

多媒体网络教学通过现代互联网络技术可以很好地实现全球化的资源共享，互联网中拥有大量而全面的教学资料，学习者可以从中选择适合自己的课程来学习，可以轻松地获取最新最全面的资料。这样便使得学习不再受到书本的限制，可以更好地开拓学生的思维。网络资源具有很强的时效性，网络教育资源信息更新及时，学生也可以实时的获取最新的教育资讯与最先进的前沿知识。

(三) 多媒体网络教学具有强大的多媒体性

多媒体网络技术拥有强大的多媒体性，在教学过程中，多媒体网络教学可以应用多媒体技术与互联网络技术提供友好的平台界面，可以将教学内容通过多媒体（影像、声音、动画）方式来进行全面的展示与分析，有利于学生对教学内容的直观理解，从而加强对知识学习的掌握，使得学生能在生动形象的多媒体教学中获取知识。

(四) 多媒体网络教学具有很强的交互性

在多媒体网络的实时通信技术下，学生无须与老师见面就可以实时在线与老师进行联系沟通，及时发现学习中所存在的疑问，并得以指导和解答。

(五) 多媒体网络教学扩大了学术交流的范围

在多媒体网络交互技术下学生不仅仅可以与老师进行实时交流与在线指导解答，同样也可以通过多种网络途径，譬如网络实时通讯软件、电子邮件、电子论坛等方式甚至还可以通过网络摄像头与相关领域的专家学者进行"面对面"的交流探讨。这样可以更好的扩充学生的眼界、拓宽学生的思维，教师也可用最新、最专业的知识交流对学生进行教育培养。

第三节　高校体育网络教学的构成要素

体育教学本身与其他学科存在着不同的地方，主要体现在体育实践教学是以师生思维活动为基础，以身体活动为主要手段来传授掌握知识、技术、技能。利用这一特点，可以借助多媒体计算机网络具备的强大的多媒体教学信息资源优势，使体育教学活动由传统的教学模式向网络教学模式不断发展，逐步构建成一个功能完善的多媒体网络教学平台。网络体育教学模式由以下几个角色组成。

一、体育教学目标

教学目标是任何教学活动都离不开的，在网络上实施教学活动必须要追求预期的教学结果，它是多媒体网络教学模式运行的风向标。根据现阶段我国的教育方针和学校体育的总目标，我国现阶段的体育教学目标是向学生传授体育、卫生保健知识和体育技术、技能，促进健康，增强体质，发展学生身体素质，培养学生运动能力和良好的思想品德。这一目标在多媒体网络教学中也同样具有广泛的应用价值。

二、网络技术基础环境

网络技术基础环境是实施多媒体网络教学所必须具备的前提、必要条件，因特网、广域网、局域网、高校校园网络以及各种硬件设备的性能，信息传输的条件等都制约着多媒体网络体育教学模式的展开。与传统体育教学模式相比，良好的技术环境可以使体育教学活动形式得到全方位地开展，它本身也体现了网络教学所独有的特点。

三、"人"与"机"角色之间的关系

"人"与"机"角色之间的关系是多媒体网络体育教学模式的重要构成因素，"人"即教育者和学习者，"机"指多媒体设备、网络设备等技术环境，人机角色关系包括师生关系和师生与计算机网络之间的关系。在体育教学过程中，教师—计算机—学生形成了一个特殊的教学关系，在这样的教学环境中，教师、学生以计算机网络为媒介形成了新的教学模式和师生关系。与以往的教学模式——教师和学生面对面地进行教和学不同的是，教师和学生不是面对面的直接接触，教师网络把自己所需要讲授的知识通过网络传递给学生，而学生则通过网络学习教师发布于网上的知识。同时，由于不同地区、不同学校、不同体育教师对同一知识有各自的理解和感受，并将这些理解和感受发布于网上，这样学生在学习时可有多种选择，有利于学生对知识的理解和掌握。

第四节　多媒体网络教学平台在高校体育教学中的推广

一、多媒体网络教学采用的主要学习方式

（一）实时远程教学

目前，较多的普通高校网络教育学院采用实时远程教学。它通过提供一个虚拟教室，师生之间通过语音和图像进行实时交流，就如同在一个教室中一样。

（二）按需点播的远程教学系统解决方案

以视频课程为主要学习资源，学生可以通过互联网，借助浏览器，按需检索、观看视频教学资料。教学资料存储在视频服务器上，能支持多种压缩编码格式的视频文件，不同接入带宽的用户可根据实际能力选择相应的编解码格式来进行视频文件处理，该模式还可进行学习中的

答疑、作业、测试、交流等教学过程。

（三）以 Web 课件作为学生的主要学习资源

Web 课件提供包括文字、图片、动画等多种媒体的教学资料，导航清晰、方便个性化学习方式。此模式主要为窄带、非实时的应用系统，对学生的终端要求很低，学生可以自由选择时间、地点上网，通过浏览器连接到 Web 服务器上进行各项教学活动。该模式非常适合于普及型、自学型的远程教学应用。

（四）Think-Quest 网络学习模式

随着网络在教学过程中的使用日益频繁，基于网络的学习模式也是层出不穷。Think-Quest 就是近几年迅速发展起来的基于网络的、任务驱动式的学习模式；并且在国外已经得到了广泛的应用。这种学习模式给参与者提供了建立一个关于某个主题的教育网站的任务，参与者必须利用网络的和非网络的资源来充实网站的内容，并且还要运用各种网站建设工具来完成网站的构架，美化网页的形式，这本身就是一个学习的过程；另一方面，设计者们建立的网页又可以被其他的学习者所利用，作为他们学习的资源。

二、多媒体网络教学平台在高校体育教学中的推广

（一）高校体育多媒体网络教学平台的支撑环境结构

多媒体网络教学平台在高校体育教学中的推广，离不开平台环境的建设。根据《现代远程教育资源建设技术规范》中关于现代远程教育教学支撑系统，我们提出了高校体育多媒体网络教学平台的支撑环境结构图（图 3-1）。

（二）高校体育多媒体网络教学平台各模块的应用

高校体育多媒体网络教学平台是基于互联网络开发的一种用于高校体育教学的系统集合，它既是高校在校学生进行自主化、个性化学习与交流体育知识的平台，同时也是日常高校体育教学的有效辅助功能的载体。

根据高校体育特点设计的高校体育多媒体网络教学平台，在推广过程中应当至少具备以下模块。

1. 体育资源信息模块

该模块主要作用是互联网络中最新体育信息资源的整合。通过"Computer Robot"（机器蜘蛛程序）将互联网中各大体育资讯网站的最新体育资讯及信息资源进行检索并发布于该模块内，供学生与教师获取最新体育资讯与资源信息。高校学生及教师可以通过该模块了解相关最新的体育资讯，同时可以在线观看各种大型体育赛事的视频。学校也可利用此模块发布有关学校最新的相关体育资讯。

2. 体育教学模块

体育教学模块是高校体育多媒体网络教学平台的核心模块，该模块所承担的主要职能是高校体育教学过程的展示与辅助。其中该模块包含课程的简介、电子教材、授课教案、多媒体网

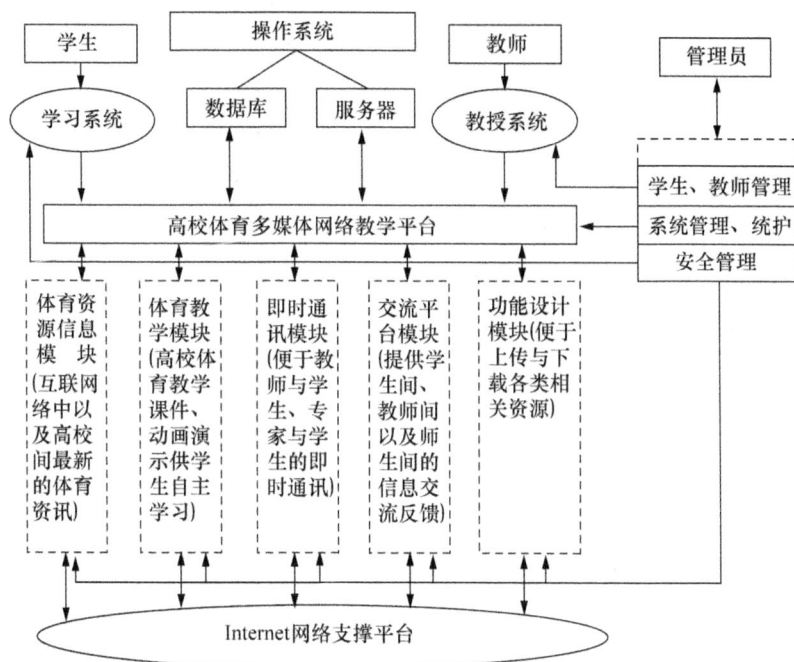

图 3-1　高校体育多媒体网络教学平台的支撑环境结构图

络课件、直播教学、授课录像（包含精品课程展示）、课程资源收集等子模块。通过体育教学模块，教师将授课的信息资源进行编辑上传，学生可以通过此模块进行体育课程的了解，进行自主化的体育学习。借助多媒体网络课件还可以对体育授课过程中所出现的难度较高的技术动作进行直观化的多媒体动画展示，以便于学生更好的理解与掌握动作要领。通过实施授课可以远程在线观看体育教学过程，其他体育教学资源相对滞后的院校也可以通过该子模块进行体育课程学习。授课录像有利于学生课后的复习与加强记忆。

3. 即时通信模块

即时通讯模块是实现教学过程中的教学信息即时沟通的主要系统，其可实现教师与学生间的即时信息沟通，及时为学生答疑解惑与在线指导，同时也是专家与体育爱好者进行指导交流的主要平台。

4. 交流平台模块

该模块主要作用是通过电子公告板、论坛中心、Email 以及在线交流软件实现对于体育运动知识的交流与探讨。

5. 功能设计模块

该模块是用于高校教师与学生上传与下载体育相关资源信息的地方。

三、多媒体网络教学平台在体育教学中推广的优势

（一）多媒体网络教学平台有利于体育教学中教学内容的直观化展示

在传统的高校体育教学过程中，体育教师对于技术动作的传授主要还是以通过动作分析讲

解和亲身示范来完成，但在这一过程中，许多具有难度的技术动作是在一瞬间内所完成的，教师在此方面的教学就会受到传统教学方式的制约，学生无法形象的领悟该技术动作的要领，多媒体网络教学技术在体育教学中的应用将很好地解决这一问题，通过多媒体技术进行影像的定格与慢放以及 FLASH 技术的应用，可以很好地呈现所要讲述的技术动作，使学生很快就能直观理解与掌握。在体育理论教学中，同样可以利用多媒体网络教学技术将一些文字化的内容通过多媒体进行展示，这样不仅使空洞的文字教学富有了新的生命，同时也提高了学生的学习兴趣。多媒体网络教学还可以很好地运用微格教学法，从而更好地进行教学指导。教师通过摄影摄像器材对学生上课的技术动作环节作为影像记录，然后通过上传到计算机设备上，运用多媒体技术制作成可以分解与慢放的影像在学生学习过程中播放，指导学生进行自我评价与集体评价，起到良好的教学反馈作用。

（二）多媒体网络教学平台有利于体育教学过程中教师与学生间的双向交流

多媒体网络教学的特点之一便是实时交通信技术。多媒体网络教学平台拥有很强大的信息资源共享功能，教师与学生间的及时沟通有利于体育教学的顺利进行。传统高校体育教学中，由于授课以班级为单位，学生人数较多，师生间交流受到一定程度的制约，而通过多媒体网络教学平台学生可以实现与老师在线交流互动。多媒体网络教学技术的支持可以让学生与教师实现远程的"面对面"交流，这样便可更好地提高教学双方的互动，提高教学水平与教学效率。表 3-2 显示了传统体育教学模式下师生间交流与基于多媒体网络教学平台模式下的比较。

表 3-2　传统教育模式与基于多媒体网络的教学平台模式的比较

教学模式	教师与学生的教学关系	教师与学生的对应关系
传统的教学模式	直接的、面对面	一对多
基于网络的教学模式	间接地	多对多

（三）多媒体网络教学平台有利于给学生提供个性化学习空间

传统高校体育教学的教学主体通常是围绕着教师、课堂与教材进行，由于受到学生数量以及教学时间的限制，高校体育教师的教学很难进行有针对性的个性化教学与教学指导，从而导致学生的自主化与个性化学习难以实现。通过多媒体网络教学在体育教学中的应用，学生可以通过多媒体网络教学平台强大的教学资源信息库来进行自主化的学习与个性化的选择学习，这样一来便突破传统高校体育教学对于时间与空间的限制，真正做到以学生为主体的个性化教学。学生可以通过个人的 PC 设备与网络连接，登陆高校的多媒体网络教学平台，打破传统的束缚，全面地进行体育相关知识的学习。

（四）多媒体网络教学平台有利于实现高校体育教学信息资源的共享与优化

多媒体网络教学在高校体育教学中的应用为高校体育教学信息资源的共享与优化带来了全新的改革创新。多媒体网络教学平台为高校体育教学提供了一个汇集世界各地先进学校、研究所、图书馆等各种信息资源的庞大的资料库。由于网上体育教育资源库的种类有很多种，包含体育教育新闻信息、各类体育教育统计数据、体育教研论文库等各个方面。在网上，教学内容、教材、教学手段和辅助教学手段、如何进行网络体育教育环境建设（如参观、实验）以及考试等都可以因人、因需而异，自主选择性强，实现资源共享。

（五）多媒体网络教学平台有利于提高体育教师的教学效率

在众多高校中，高校体育课程对体育教师的要求是比较低的，而在实际情况当中，很难存在某一位教师能对所有运动项目都有全面的理解、对技术动作的展示做到完美示范。体育教学的开展受到来自教师年龄、教师性别以及教师个人能力的诸多因素的阻碍。而多媒体网络教学平台的使用可以进行规范化的示范教学，从而保证学生接收信息的完整性和正确性。

（六）多媒体网络教学平台有利于打破体育教学地域性差异

由于我国经济发展的区域性不平衡，导致各地区体育教学的开展受到来自各方的限制。多媒体网络教学的应用可以很好地改善这一问题。通过多媒体网络教学平台间的资源共享，可以实现高校间的有效互动。借助多媒体网络平台的即时通讯，可以实现千里之外专家的"面对面"指导。通过远程摄像头的使用，可以更好地实现体育课程的远程教学。同样，各地区间的高校学生间也可以实现及时的沟通与探讨性学习。

第四章 数字化快速反馈系统在 高校体育教学中的应用

迎着扑面而来的全球数字革命浪潮,数字化体育亦应运而生了。本章通过分析数字化体育教学的形成与时代背景,阐释数字化体育教学的宏观特征与课程体系整合,深层解读数字化快速反馈系统在高校体育教学中的应用价值。

第一节 数字化体育教学的形成以及时代背景分析

一、数字化体育认识及相关建设

信息技术与体育全面结合,涉及体育的方方面面。

一方面,数字技术运用于体育是指通过全社会广泛地使用信息网络,加速体育信息资源的开发和利用,实现体育信息资源的高度共享,进一步优化体育资源配置,最终大幅提高全社会对体育资源的使用效率。体育信息网络化建设是通过多方努力,促使全社会广泛地使用信息网络,加速体育信息资源的开发和利用,实现体育信息资源的高度共享,优化体育信息资源配置,提高全社会对体育资源的利用效率的过程。

另一方面,值得关注的是,以电子竞技比赛为核心的数字化体育竞技运动已经崛起,成为当今影响全球的一大产业。随着国际范围内"专业高手"的不断涌现,电子竞技和电子体育项目也呼之即出。作为体育概念的延伸,电子竞技正处于蓬勃发展的阶段。在我国,电子竞技已经发展成广大群众喜闻乐见的一种体育运动,仅在成都市,电子竞技爱好者就超过100万人。近一段时间来,国内名目繁多的电子竞技大赛也层出不穷,有关部门也正在创建既符合中国国情、又与国际接轨的电子竞技大赛规则、规程和记分方法,以统一和规范中国电子竞技运动。2003年11月18日,国家体育总局宣布将电子竞技运动列为正式开展的第99个体育项目。

电子竞技不同于普通的电子游戏。电子游戏大都是以建造虚拟社会为目的的娱乐节目,而电子竞技则是以信息产品为运动器械的人与人之间的竞赛,这种竞赛是在体育规则的规范下进行。电子竞技项目有着可定量、可重复、精确比较的体育特征。

二、开展数字化体育的意义

数字化体育是体育、科技与时代发展的产物。在新的历史时期,体育事业蓬勃发展,信息技术日新月异,两者的结合造就了充满魅力与遐想的数字化体育,为体育打开了一片崭新的天空。这种数字技术应用的广泛性随着技术的进步、体育的发展、社会认知度的提升将会得到无限拓展。

三、高等教育谋求创新的时代要求

（一）创新是构建信息时代中国高等教育的指导思想

社会在不断发展，高等教育要通过不断改革来适应社会发展。信息时代的重要特点是不断创新，适应新的知识经济的要求，一方面必须对现有的高等教育进行创新，同时经过创新的高等教育必须具有鲜明的创新特点。因此，创新既是构建信息时代中国高等教育的指导思想，也是应对新的知识经济挑战的总体对策。

江泽民同志曾指出："创新是一个民族进步的灵魂，是国家兴旺发达的不竭动力。""一个没有创新能力的民族，将难以屹立于世界先进民族之林"。创新对一个民族、一个国家如此，对整个人类来说也是如此。

（二）构建信息时代的高等教育，迎接信息时代的挑战

改革我国的高等教育，就是要构建信息时代的充满创新活力的高等教育。实现高等教育的创新，构建适应新的时代要求的高等教育，是推动中国新经济乃至新时代中华民族复兴和国家富强的强大动力。

高等教育手段是高等教育实施的重要物质与技术基础，是高等教育过程的重要因素。我们在通常谈到教育的现代化问题，教育手段的现代化就是其中一项重要的指标。适应新的发展要求的高等教育过程的创新不能没有高等教育手段的创新。从现代社会特别是信息社会和网络时代发展的要求看，无论是提高教育教学效率与效果还是培养学生的能力和素质，高等教育手段的创新都是十分必要的。高等教育手段的创新特别是信息技术手段的引入和普遍使用是高等教育信息化的主要表现。

基于此，要实现高等教育信息化，就必须具备必要的信息技术设备，实现教学手段的数字化；普及信息技术知识，使师生掌握运用信息技术手段的技能，实现教育教学方式方法的数字化；选择和利用信息技术手段（主要是网络）所提供的信息，作为教学或学习的内容，并纳入正常正规课程，实现教学内容的数字化。信息技术所带来的高等教育的广泛而深刻的变化在日益显露。高等教育信息化的一个显著结果，就是它改变并扩展了高等教育的空间。确立高等教育信息化的观念，要正视这一正在或将要发生的事实，以积极的态度迎接这一挑战。高等教育信息化是当今信息时代高等教育的特点。因此，加速高等教育信息化也是高等教育迎接经济挑战的必然选择。

（三）高校体育教育创新理念

人类迈入了 21 世纪，迈入以"信息化"为主要特征的"知识经济"时代。以计算机为基础的信息技术迅猛发展，信息化已经渗透到人类社会的一切领域，并导致从经济到上层建筑、从生产方式到生活方式的深刻变革。教育属于上层建筑的范畴，它为经济基础所决定。作为马克思主义的唯物论者，研究教育创新和知识经济教育发展的方向时，不能不正视这一时代的基本特征。

目前，世界各国都在大力推进信息技术在教学过程中的普通应用，研究如何充分利用信息

技术提高教学质量和效益的问题，加强信息技术的应用已成为各国教学改革的重要方向，完全可以说，以电脑化、网络化、教学化为重要内容的"信息化"不仅是知识经济到来的标志，也将是知识经济时代教育的主要标志，离开了教育信息化，教育创新失去了载体；而没有这种载体的所谓"创新"，也不能适应知识经济时代对教育的要求。

教育部教育信息化的总体目标要求继续加强基础设施建设，构建国家公共教育信息化平台，加强信息技术在教学中的应用，推进多层次、多功能的资源开发、交流和共享机制的形成，提高各类社会成员的信息素养，满足人们随时随地终身学习的需求，提升现有教育质量和水平，为国家信息化提供人才支持和知识贡献。

毋庸置疑，体育教育作为教育的一个重要组成部分，是以一门学科而存在，也要适应"知识经济"这一时代的要求。而信息技术对体育教育的发展将起着巨大的推进作用，信息技术将影响体育教育的各个方面，体育教育的改革与创新需要信息技术的配合，体育教育的改革需要超前的规划和发展。

第二节 高校数字化体育教学的宏观特征分析

一、高校数字化体育教学的基本构成

采用现代信息技术的高校体育教学的构成有两个基本要素：一是现代教育科学，二是现代教育技术。现代信息技术具有许多其他教学手段所不能比拟的技术特点，这些特点对大学生的终身体育锻炼起着很好的辅助作用，如表 4-1 所示。

表 4-1 数字技术对体育教学优化的支持作用

支持技术 体育教学革新的特征	学生异质分组	基于绩效的评估	相关的课目任务	协同作业	交互式指导	学生探索	体育教师作为帮助者
电子数据库		√	√			√	√
电子参考工具			√			√	
超媒体	√	√	√	√	√		√
智能 CAI					√		√
智能工具					√		√
基于微机的实验室			√	√	√		√
微世界与模拟		√	√		√		√
多媒体工具与手段	√	√	√		√		√
网络及其应用	√	√					√
双向视听远程学习	√				√		√
电视摄录编系统			√		√		√
录影光盘与 CD-ROM					√	√	√
字处理及智能协作工具		√	√	√		√	√

依据表 4-1。例如：

（1）教学资源—数字媒体网络教学为学习和锻炼者提供必要的信息环境、丰富的教学内容和多样的主观形式。学习内容的非线性传递和丰富的教学资源可以为学生创造良好的信息环境，强大的数据库能够尽可能地满足学习者的极大需求，为他们提供多方位的信息资源。

（2）锻炼者—数字媒体网络的交互性有利于加大锻炼者的参与程度，帮助锻炼者协作意识的形成和学会协作学习。现代数字体育教学有助于激发学生的积极性、主动性，加大参与程度，使锻炼者始终处于主体地位。

现代信息技术给教学手段提供了现代化模式的框架，其构思基于以计算机作为储存、传输数字化教学内容的载体，以及以"网络化""智能化"的信息技术作为驱动载体高效率的储存、传输教学内容的动力。"数字化"是引发信息技术革命的契机，实现了"数字化"，图像、声音、视频、动画、文字材料等教学内容中的元素就能以一定数字格式输入计算机，从而达到借助计算机进行存储、传输的目的。网络促进了信息技术的腾飞，拓宽了信息技术传播时间。"智能化"的多媒体、超媒体、人工智能等，可以提高体育教学软件的功能，更好地协调教与学活动的互动性。当"智能化"与"网络化"融合一体，则现代化教学如虎添翼、相得益彰、功能奇妙。当今学生对于直观、形象、感染力强的客观事物的兴趣比较浓，乐于接受，现代信息技术中的数字媒体教学软件恰恰会满足他们的这种兴趣，并且能适应他们理性思维不强、学习持久力弱等特点。数字媒体教学软件的应用，引发学生的主体作用，开拓了知识领域，缩短了教学时间，提高教学质量，激发了学生的创造性思维。数字化体育教学范式可以促进教学效果，成为优化高校体育教学的重要手段之一。

二、高校数字化体育教学所起的作用

（一）提高高校体育教学质量，增进体育教学效率

现代信息技术将有效地优化体育教育环境，提高教学质量。借助数字媒体实施的体育教学能促进大学生知能发展，提高大学生掌握体育知识和能力的质量。

以往体育课教学由教师边讲边示范，学生已经对这种教学模式感觉枯燥与无味，而运用数字媒体教学就截然不同。学生面对的是一个神奇的世界，体育教学软件中教学画面的变换、声音效果的叠加、动画效果的处理，远远超出了体育教师的讲解与示范。授课时学生顿时会精神百倍、劲头十足、兴致盎然，课堂气氛异常活跃，以此激发学生更加浓厚的欲望，提高课堂教学质量，增强学生的锻炼欲望。体育课教学中重要的一点是如何把教材的重点与难点让学生理解，让学生掌握动作。而以往的体育课教学中，动作的重点与难点都要由教师反复讲解，一堂体育课中重复多次，遇到复杂迅速的动作，不利于学生观察和仔细了每一个动作细节。例如，在篮球三大步上篮的教学中，学生初学时，教师的讲解示范学生不一定能完全听懂、看清楚，对动作的了解多数依赖于观察，但是此项动作迅速连贯，学生不一定看清楚，分解教学又容易使学生产生错误认识，形成分解做动作的习惯，忽视了迅速连贯的特点。运用数字多媒体教学软件进行授课，就会避免上述存在的问题。教学中体育教师的动作讲解与示范直接播放给学生听与看，对于重点与难点进行反复慢放，并用特定的声音、图像显示，突出重点与难点，让学生直观、主动、立体、全面的掌握动作，提高教学实效。又如体育理论课《人体解剖学》神经

传导路径章节的教学历来就显得抽象难懂，常常借助标本进行教学，但标本是静止的、死的，只有助于形态结构的了解，若应用数字媒体将其神经刺激传导过程形象逼真地表现出来，教学效果、效率的提高是肯定的。可见，现代信息技术在高校体育教学中适时应用，不仅使大学生学到了知识，加深了对所学动作的理解、记忆和掌握，而且培养了他们的主动思维，观察学习的能力，提高了体育课的教学效率。大学生变被动锻炼为主动锻炼，符合锻炼规律、提高锻炼效率。

实践证明，采用数字媒体实施的体育教学生动、形象，感染力强，总是使学生在兴趣盎然的情境下去接受知识，易于激发学生的学习兴趣和内部动机，为学生全面理解竞技项目，充分感受体育乐趣，更加激发他们锻炼身体的热情而培养终身体育观念提供有利条件。这样实施体育教学对大学生知能发展的每个环节：感知、理解、记忆、应用等，都能起到有益的影响。它能使大学生对所学体育教材得到充分感知，能活跃大学生的思维过程，使大学生对所学体育教材易于理解、便于记忆。数字媒体的运用使体育教学充满了活力，有利于大学生身、心、智力综合能力的开发和培养。

（二）促进高校体育教学改革

实施数字化体育教学，能促进高校体育教学的全面改革。如下表 4-2 所示。

表 4-2　高校传统体育教学与数字化体育教学之特征对照表

传统的教学	数字体育教学
体育教师制导	大学生探索
说教性教学	交互性指导
单课目、脱离情境的孤立教学模块	相关的多课目延伸模块
个体作业	个体结合协同作业
体育教师作为知识施予者	体育教师作为帮促者
同质分组（按能力）	异质分组
针对事实性知识和离散技能的评估	基于绩效（面向过程）的评估

高校数字化体育教学的开展能帮助人们逐渐改变传统的教学观，实现体育教学思想上的两个转变：从单纯的重视教转变为既重视教又重视学；从单纯的重视传授知识转变为既重视传授知识又重视能力培养。能帮助人们逐渐改变传统高校体育教学的模式、内容，促进高校体育教学形式、手段从单一化向多样化发展，体育教学形式不仅有讲解与示范，而且有模拟与互动；体育教学手段不仅有传统工具，而且有多种多样的数字媒体技术设备。充分运用信息技术从事体育教学，可使高校体育教学更加科学化。

三、高校数字化体育教学的本质

从信息工程角度审视高校数字化体育教学，可以认为其实质是系统的体育信息工程，包括体育教学信息获取子系统、体育教学信息加工与整理子系统、体育教学信息输出子系统及体育教学信息反馈子系统。整个体育教学过程中，信息起着关键性的作用。现代体育教学呼唤教学创新，但创新不是闭门造车，更不是凭空想象，而是在占有大量信息的前提下重新审视以往的体育教学方法、内容、手段等，结合学生的个性特点及一定的教学环境寻求突破。

有了信息获取意识及一定的信息获取技术，获取大量的体育教学信息并不难，但并不是所有的体育教学信息都适用于一切教学环境，体育教学创新要根据自身的现有条件，包括教学环境、教学设备、学生特点、风俗习惯等。因此，对获取信息的加工、整理是高校体育课教学创新的关键。

体育教学信息经过加工、整理后，接下来就是信息输出过程，即形成信息产品。根据体育教学目标，修订体育教学计划，形成体育教学文件，通过体育教学实践，以创新的体育教学理念、教学方法、内容等和学生互动。

在整个教学信息传递过程中，信息反馈子系统是必不可少的。创新的体育教学方法、教学内容是否可取，学生能否接受，和传统体育教学方法、内容相比有何新意，哪些地方有待改进等，都需要经过该子系统来完成。

数字化体育教学过程和一般过程一样：它既是信息传递过程，又是认识过程和促进大学生身心全面发展的过程。现在刚开始有所理解并开始探索的这一个让人感兴趣的领域，就是如何把信息变成体育知识。利用这样一种技术，利用获取、收集和整理大量信息的能力来帮助我们从简单获得信息，发展到获得更深刻的理解、获得体育知识这一方面，这是还有待突破的一个非常激动人心的领域。而且将越来越多地看到，技术可以帮助人们获得更多的知识和更深的理解。而数字技术就正好打开了这扇可能性之门。信息技术应用在体育教育当中，目前还没有看到一个限定的边界。

数字化体育教学过程和一般体育教学过程的主要区别是：一般体育教学过程系统，是人—人系统。数字化体育教学过程系统，是人—机—人系统。体育教师在数字体育教学过程中，同样起主导作用。在体育教学中，无论是从体育教师还是从大学生的角度来说，人永远是最关键的因素，人和机这二者，人始终是主导者。信息技术在提高高校体育教育质量的过程当中，是一种工具，是一种资源，是一种手段，所以信息技术最重要的作用是可以提高教育者（体育教师）与受教育者（大学生）进行沟通的能力。

综上所述，高校数字化体育教学，就其本质来说，它是属于高校现代体育教学范畴的一种新的教学方式。但它不只是一种新的教学工具，不只是一种新的教学方法和教学形式，不只是新的教学内容传递形态，而是所有这些的综合，是一种新的教学方式。它也是一个过程，一个人机结合、高效优质地完成高校体育教学目标的过程。

第三节　高校数字化体育课程体系的全面整合

"课程整合"概念是在欧洲工业化大发展的背景下提出的，它的提出是为了克服因为社会的精细所导致的教育因素发展的片面化。在素质教育为大背景的今天，信息技术与课程之间的整合已经成为课程整合的新发展，具有时代意义。

一、课程内涵发展观

课程集中体现了教育的基本思想和教育观念，是实施培养目标、组织教育教学活动的最主要的依据。把各种著作中对课程各种定义进行概括，可以归为三类：课程作为学科；课程作为目标和计划；课程作为经验或体验。随着社会的发展，近来课程概念的内涵发生了重要的变化，出现了新的趋势，主要包括：从强调学科内容到强调学习者的经验和体验；从强调目标、计划到强调过程的价值；从强调教材的单因素到强调教师、学生、教材、环境四因素的整合。

以上课程概念的发展趋势是社会发展到信息时代对人的要求的变化而产生的。真正适应新时代的人应该是个性充分发展，学会学习、学会生存、学会做人的人，因而新的课程观更注重对学生全面的作用。研究表明，人具有把握事物的需要和能力，而认识客体自身是多种要素复合体或统一体，且与其他事物自然发生多维的联系，因此随着社会的发展课程也逐渐向整合的方面发展。

二、课程整合观

（一）整合的界定

"整合"一词在我国科学界和哲学界创用，译英美科学界和哲学界中的术语"integrate"，整合（integration）在英语中首先是一个普通词，主要含义是综合、融合、集成、成为整体、一体化等。最早将"整合"作为专门术语使用的是英国哲学家赫伯特·斯宾塞（1862年出版的第一原理）。以后，"整合"逐步演变为多学科共用的专业术语。在哲学意义上，"整合"是指由系统的整体性及其系统核心的统摄、凝聚作用而导致的使若干相关部分或因素合成为一个新的统一整体的建构、序化过程。它揭示的是事物自身内在的机制，它的理念是从事物自身出发，着眼于自身及其各个因素、部分，最终落脚于事物自身的存在和发展变化。实质上，整合就是指一个系统内各要素的整体协调、相互渗透，使系统各要素发挥最大效益。相应地，我们可以把教育、教学中的整合理解为"教育、教学系统中各要素的整体协调、相互渗透，以发挥教育系统的最大效益"。

（二）课程整合的内涵

理论上，课程整合（Curriculum Integration）的内涵指的是对课程设置、各课程教育教学的目标、教学设计、评价等诸要素作系统的考察与操作，也就是说要用整体的、联系的、辩证的观点来认识、研究教育过程中各种教育因素之间的关系。狭义的课程整合通常是指，考虑到各门原来相互分裂的课程之间的有机联系，将这些课程综合化。而广义的课程整合是指课程设置的名目不变，但相关课程的课程目标、教学与操作内容（包括例子、练习等）、学习的手段等课程要素之间互相渗透、互相补充。

（三）课程整合的本质

教育研究领域中，所谓的整合，首先是相对于分化而言，这里的分化包括了学校教学系统中要素、成分的分化；其次，它既涉及宏观上的学校教学系统中学生、内容的要素，同时也涉及微观上的认知、情感、技术、需要、兴趣、意志以及知识的各个系列等要素的成分；最后，整合是一个过程。

所以，从历史和发展的角度，课程整合的本质是使分化了的教学系统中的各要素及其成分形成有机联系的整体的过程。由于课程整合是一个"过程"，所以它的实践形式就是一种教学模式，在不同的历史时期有着不同的依托和丰富的存在形式。

（四）高校数字化体育课程整合的本质

信息技术是指信息产生、加工、传递、利用的方法和技术。随着人类对信息处理方式的变化，特别是计算机技术和网络技术的成熟、发展，信息技术有了根本性的革新。这次革新推动了社会跨越式的进步，并且改变着社会生活的方方面面。信息技术所带来的学习方式上的变革使它成为课程整合的一个切入口，而体育课程整合为了实现它的时代目标也顺应历史地选择了信息技术为依托。从时代的视野，信息技术与高校体育课程整合的本质与内涵就是在先进的体育教育思想、理论的指导下，把信息技术作为促进大学生自主学习锻炼的认知工具、情感激励工具与丰富的教学环境创设工具，并将这些工具全面地应用到高校体育教学过程中，使各种体育教学资源、各个体育教学要素和体育教学环节经过整理、组合，相互融合，在整体优化的基础上产生聚集效应，从而促进高校传统体育教学方式的根本变革，也就是促进以体育教师为中心的教学结构与教学模式的变更，从而达到促使大学生身心全面发展的目标。

信息技术拓展到高校体育教学领域，简而言之，就是信息技术与高校体育课程整合，不是简单地把信息技术仅仅作为辅助体育教师教学的演示工具，而是要实现信息技术与体育学科教学的"融合"。它要求突出作为整合主动因素的人的地位，并且以实现人与物化的信息之间、数字虚拟世界与现实世界之间的融合。

三、高校数字化体育课程体系整合的分析

（一）高校数字化体育课程的内在结构整合

1. 传统静态课程结构

现代教学中课程的内在结构是一个非常受人们重视的问题。传统的学校体育教学一直认为由教师、学生、教材、环境四个要素组成了体育教学过程。这四者由于相互之间发生交往而产生了六组双边关系，四组三边关系和一组四边关系。一言以蔽之，教学过程是一个相对稳定的封闭式的系统，它排除了外界的影响，抗拒改革。这种结构之所以说相对稳定，主要的原因仍然是教材是固定的，是法定的，是不允许随意更改的。学科的结构是指构成学科的基本概念及其相互之间的关系。什么是高校体育课程的学科基本概念，就是我们要认识的重点，它绝不仅仅是静态的教师、学生、教材与环境所能涵盖得了的。诸多动态因素如教师教学理论与观念的变化、师生的心理活动、教材的创新性、课堂体育的延伸等都关系到课程的结构变化。高校体育不仅在教材内容上发生过多次的变动，更为重要的是，受西方现代体育变革思潮的荡涤，高校体育的价值观与目标也在不断改变，从经验主义的教学指导思想，经过学科主义、体力主义而走向生涯体育指导思想，进而又提出了"运动文化论"的教育思想。同时对教学大纲的认识也有了动态的变化，从单纯的分类划分走向运动项目的开发。教学模式在学科的结构中表现出了动态特征，这种结构的变化不得不引起我们的关注。

2. 数字化体育课程的动态结构

高校体育教学以现代信息技术作媒介，通过对体育教学过程中几大要素间相互关系的调理，

实现体育课程信息化内在结构的整合，运动用现代信息技术进行体育教学具有相对稳定性、实践性、可操作性和灵活性。运用现代信息技术进行高校体育教学时教学模式的教师、学生、数字媒体三者的关系（如图4-1）。

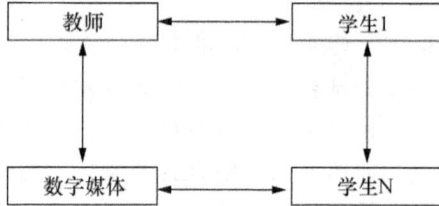

图 4-1　数字化体育教学中各要素的关系

从图中可以看到：在整个教学活动过程中信息是多种双向传输方式，即师生、生生、数字媒体生（数字媒体）、师（数字媒体）生（数字媒体）、生（数字媒体）数字媒体、师数字媒体。数字媒体的优势得到了充分的发挥，学生可以直接获取数字媒体上的信息，进行自主学习与锻炼，也可以通过数字媒体间接从教师、其他学生处获取信息，师生、学生之间进行信息交流。师生地位得到了充分的体现，学生可以从数字媒体上自行获取信息，自主学习与锻炼，师生、学生之间可以相互讨论协作学习与锻炼，教师可以通过数字媒体或师生之间的交流，组织、引导、帮助学生学习与锻炼。

（二）高校数字化体育课程教学模式的整合

1. 传统教学模式

教学模式是教学过程中诸要素相互作用而形成的相对稳定的组织结构和操作程序。从20世纪50年代苏联学校体育的理论引入我国起至今，一种四段教学模式可谓根深蒂固。现行无论是哪种模式其实万变不离其宗，是什么原因造成的呢？其实是陈旧的理论在指导我们的教学。过去我们对一堂体育教学课的理解是用学生生理心理变化规律、运动技能形成的基本规律和七大教学原则来检验的。一般认为不符合这些规律和原则的教学是不规范的，因而当前指导我们进行模式研究、更新和开发时，这些框架始终在约束着我们的思维，而我们的学者引入的教学模式概念又大多是其他课程适用的，缺乏体育课程的独特性。如程序教学模式、发现教学模式等，并没有从根本上去认识体育课程的特征。当然，教学模式本身就是学科指导思想、教学理论与教学实践的中介与桥梁，当前我们并没有很好地构建一套自己的具有中国特色的体育课程理论框架，因而也就没有了相应的中介与桥梁。

2. 建构主义教育观

近年来，随着心理学家对人类学习过程认知规律研究的不断深入，建构主义在西方逐渐流行。按照行为主义的观点，教学就是通过提供一定的刺激来激起预期的学生反应。建构主义教学观认为：教学中起作用的是方法也是媒体，且媒体与方法同样重要，因为没有适当的媒体，尤其是现代数字媒体，很难创设允许学生自由探索和建构的学习环境。也就是说，现代数字技术在教育中的作用具有不可替代性。建构主义学习理论是与我国倡导的创新教育密切相关的。

建构主义认为：世界是客观存在的，但是对世界的理解和赋予意义是由每个人自己决定的，即由每个人根据自己的经验来"建构"和"解释"的。由于个人的经验是多种多样的或有差异的，因而对客观世界的解释或建构也是多样化的，这就是建构主义对学习的基本观点。

建构主义也认为：学习是在一定的情境下发生的，知识也只有在一定的情境下才会有意义，枯燥、抽象的信息不利于学生对知识的建构，只有从真实情境出发，通过分析解决真实问题，才能促进学生对知识的获取与建构。另外，真实任务的完成情况如何也是评价学生学习结果的有效标准。

同时，建构主义还认为：个体与环境相互作用的过程中，所建构的认识因人而异，有的较全面，有的较片面，有的则完全错误。这就要求学生就某一问题与他人交流看法，通过交流，个体可以知道自己与他人的认识是否一致或兼容，可以看到他人如何处理同类问题，就是说个体必须在社会环境中检验和不断修正自己的认识，使之更符合客观规律。由此可见，建构主义认为只有合作学习才能产生真正意义上的学习。

进入 20 世纪 90 年代以来，由于多媒体计算机和基于 Internet 的网络数字技术所表现出的多种特性特别适合于实现建构主义学习环境，能有效地促进学生的认知发展，随着多媒体计算机和 Internet 数字网络应用的飞速发展，建构主义学习理论正愈来愈显示出其强大的生命力，其影响并在世界范围内日益扩大。

3. 数字化体育课程教学新模式

在现代信息技术环境下，进行创新性体育教学的教学模式可用图 4-2 来表现。

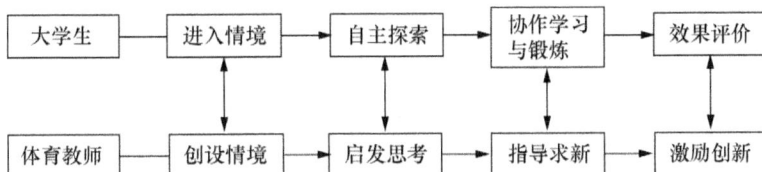

图 4-2 数字化体育教学创新模式

教学活动—数字媒体网络的交互性促进师生或学生与学生之间的交流，为学习与锻炼环境的营造、学习与锻炼团体的形成提供了极为有用的价值支持。学习与锻炼者在决定锻炼目标后，分析问题，利用信息工具获得相关资料并加以分类、综合、建构，通过网络与体育教师或服务器联系，或在学习与锻炼之间通过视频会议系统进行现场讨论，在表达自己观点的同时也应乐于听取其他学习者的异同点，慎重考虑后，对自己的原始资料做出调整，进行再整理，从而完成相关学习任务与目标。由于在整个过程中锻炼者可以通过网络多方面地取得相关信息，使有价值的资源得到充分利用，并可以得到体育教师的适当引导和启发，因此，锻炼的目标能更好地完成。现代信息技术的网络只是环境，探究只是手段，教学模式改革的目的在于培养学生的创新精神和实践能力，培养学生终身锻炼的习惯，形成良好的师生学习共同体。使学生的主体地位得到真正的确定，学习与锻炼的自主性、能动性、合作性得到发挥，最终促进学生身、心、智的全面发展。

4. 基于建构主义的体育教学设计

教学设计（Instructional Design 简称 ID），是 20 世纪 60 年代末至 70 年初在美国教育技术领域发展起来的一种教学系统方法，既是教育技术学领域中很重要的一个分支，又是教学科学领域中的重要组成部分。

目前国内比较统一的、权威的教学设计概念的定义是：教学设计是运用现代学习与教学心理学、传播学、教学媒体论等相关的理论与技术来分析教学中的问题和需要，设计解决方法、试行解决方法，评价试行结果，并在评价的基础上改进设计的一个系统过程。它既具有设计的一般性质，又必须遵循教学的基本规律。

建构主义教学设计强调学生及认知过程的主体，是意义的主动建构者，因而有利于学生的主动探索、主动发现，有利于创造型人才的培养，这是其突出的优点。下面我们将建构主义教学设计运用于体育教学，提出一种基于建构主义理论体系下的体育教学设计模式（如图4-3）。

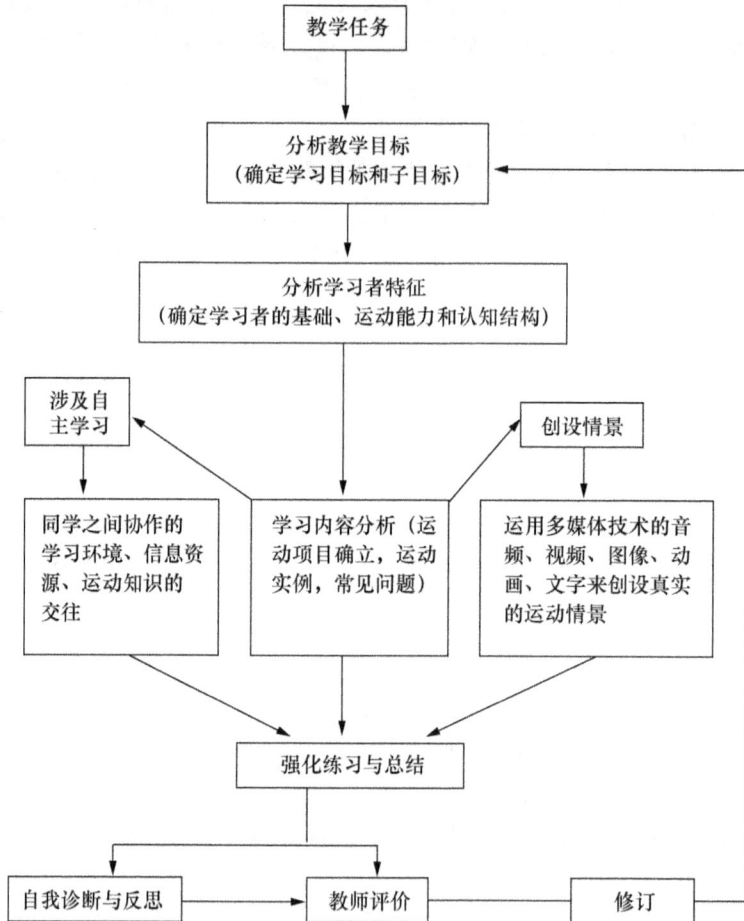

图 4-3

（三）高校数字化体育课程的交流

1. 数字鸿沟

目前我国教育发展的情况是尽管使用了统编教材，而因各地区经济发展不平衡、历史文化区域性特征突出等原因，体育学科课程的教学质量差异显著。我国社会信息化水平低，制约了体育信息化发展的进程；数字鸿沟呈区域间、城乡间、行业间三方面扩大趋势，体育信息网络化的互联网基础十分薄弱：这一现象若继续长期得不到改变，不仅大大延滞我国高等教育跨越式发展的步伐，而且势必降低我国的国际竞争力。

2. 资源共享

实施数字化体育课程整合一个非同寻常的突破体现在现代数字技术环境下利用远程教育教学课堂实现教学活动的超时空实时传输，使处于不发达或发展较缓慢地区的学习者同样可以接受国内外一流大学的一流教学，有望实现学校体育学科课程教学的平衡发展和共同提高，促进我国高校整体教育改革和教学质量的提高，充分实现资源共享。

资源共享是基于数字技术环境下，网络化时代，信息获取、信息处理、信息传输、信息应用的特征属性，是学校体育课程教学中建构知识框架、形成技能技巧、全面提高能力的重要因素，是全国不同地区、不同条件下高校体育学科课程教育教学协同发展，共同提高的信息源保证。而这些宝贵的信息文本、图表、图像、音像、电子类资料、教学设计类资源等，只有通过数字技术才可实现即时或延时共享，才可补充欠缺资料，节约重复占有资料的开支，才可缩减失控形成的思维延误，才可适时赶上专家、知名学者的课堂或学术讲座，实现远程体育教育。可以看出，依托数字技术加速学校体育学科课程教学资源共享是国际教育大环境发展的必然趋势和成功经验，我国加入 WTO 只能加快资源共享步伐，而不能有半点松懈。

第四节　数字化快速反馈系统应用于高校体育教学的意义

一、能够充分发挥教师的主导作用和学生的主体作用，提高教学质量

常规的体育教学，呈现一种"讲演式"或"操演式"的教学模式，其表现形态就是记忆水平的教学和模仿水平的操练，使得学生处于一种被动操练的地位。学生思维能力、智力素质和技能水平的提高都受到一定的影响。采用数字化快速反馈系统教学，能够突破传统体育课教学模式，实现多种教法的优化组合。充分利用现代教学技术网络电化教育方式的优势，使得理论讲解与动作练习能有机地结合起来。将每一个技术动作的概念、要领运用以声像并茂的形式传输给学生。提高了课堂有效时间的利用率，使教学传播的信息量增大，知识面拓宽，使学生开阔了视野，拓宽了思路。

学生在学习过程中有明确的学习任务，有直观生动的模拟步骤，学生在接受这些信息时，理解和掌握所学基本技术的有关知识，并立即转入实际操练，将这些知识在实践中指导自己的行动。这种师生共同参与教学的方式沟通了师生的感情交流，并反馈了教与学的信息，充分发挥了教师的主导作用和学生的主体作用。采用数字化快速反馈系统进行教学，使得学生学习的主动性与教师教法的合理性相一致，其教学效果必然会优于常规教学。

二、提高学生的学习兴趣，调动学生学习的积极性，对养成终生锻炼的习惯起到促进作用

任何一种教学活动都是在一定的师生关系中进行的。教师的教授，只有通过调动学生的学习主动性，激发学生的学习兴趣和求知欲望，才能取得较好的实际效果。

利用数字化快速反馈系统进行教学，用生动形象的画面、规范的动作视频演示、简洁易懂的解说，使学生对学习的内容、方法、步骤，看得见记得牢，理解得快。

利用数字化快速反馈系统进行教学，将枯燥无味的内容变成形象生动新颖的画面，大大提

高了学生的学习兴趣和分析解决问题的能力，使学生处于积极和主动的学习状态。实践证明，实验班学生在上课的时候学习气氛热烈，学习态度积极，学习兴趣浓厚。因此，此教学手段在提高教学质量和效率方面有着明显效果。

三、有助于建立正确的技术动作概念

经生理学家研究表明：用口述传输的信息，人们只能记住 15%；通过视觉传送的信息，人们可以记住 25%；通过视觉和听觉同时传送信息，人们可以记住 65%。常规教学法是由教师先讲解后示范，即使讲解和示范同时进行，信息传递也是不完整的。而利用数字化快速反馈系统进行教学，在聆听教师讲授的同时，可借助视频的直观画面和解说，使学生的视觉和听觉器官同时向大脑皮层内传递知识信息，教学信息是多通道的，使教学内容更容易记忆，从而有助于建立正确的技术动作概念。

四、能够更好地实施区别对待的原则

在传统的体育教学中教师只能凭借自己的教学经验或者教学内容的重点难点来指导学生的学习。由于学生在智力、身体素质、体育基础等方面的差异，每个人对每个技术动作的学习都存在差异，学生在学习过程中产生的错误技术动作也都不同。利用数字化快速反馈系统进行教学最大特点在于，在教学过程中学生和老师都能即时的看到自己的学习和教学过程。这样学生可根据各自的实际情况，了解自己技术上的不足，也就培养了学生观察问题、分析问题、解决问题的能力；教师根据每个学生的不足给出有针对性的指导，在教学过程中做到有的放矢。

五、能够较好地解决教学中的重点和难点

在常规教学中，教师的讲解、示范等容易受到时间、空间等众多因素的限制，两者难以同步进行。有些技术，还受到教师的年龄和身体素质的影响而无法完整示范。因而使得学生往往只能把握个别的或局部的动作概念，不能对所学技术有一个完整的印象，其效果总是不甚理想。利用数字化快速反馈系统进行教学，使学生能随时看到最新、最完整的技术动作。同时可以摆脱时空因素的限制，利用反复重播、慢放，在时空上再现已消失的动作过程，并能使短暂的动作过程在空间上定位，在时间上展开。使讲解、示范能恰到好处的结合，从而较好地解决了教学中的难点和重点。

六、可以快速提高教师的教学能力

体育课的教学和普通的课程教学是有很大区别的，这主要表现在技术课的实践性上。普通的教学是学生整齐地坐在教室里，教师站在讲台上通过语言、板书以及其他一些教学用具为学生讲解，传授学生知识。而体育课的教学是在室外进行，教师不光要通过语言的讲解还要亲自实践为学生做示范来向学生传授知识。这就要求教师不光有丰富的理论知识，还要有良好的示范能力。利用数字化快速反馈系统进行体育教学不光能让学生看到自己的学习过程，还让教师看到了自己的教学过程。这样教师就可以从录像反馈中找到自己的不足，改进自己的示范动作，更好地为学生讲解。

此外，体育课的课堂组织又大大区别于普通教学。体育课的教学是在室外进行，课堂气氛

相对其他课程来说要活跃，上课的学生相对学习其他课程的学生要自由、放松，这就要求教师有很好的组织能力。同时教师的讲解示范位置也是不固定的，这就要求教师能够找到正确的讲解示范位置，而这又是年轻教师容易犯的错误。如果仅仅依靠老教师的指导和年轻教师的自我改正，那么一位年轻教师要想成为一名优秀教师的过程是很漫长的。利用数字化快速反馈系统进行体育教学，可以使年轻教师通过录像反馈及时找到自己教学的不足，同时又为老教师指导年轻教师提供了依据，这样就可以快速提高年轻教师的教学能力。

第五章　VR 技术与 GIS 技术与 高校体育教学的融合

　　跟随时代的步伐，VR 技术与 GIS 技术走入了高校体育教学领域。通过了解 VR 技术以及 GIS 技术的基本信息，进一步推进虚拟现实技术、GIS 技术与高校体育教学的有效融合。

第一节　VR 技术常用基本知识简介

　　VR 技术在 20 世纪 80 年代以前主要应用在航空航天领域的训练领域，20 世纪 90 年代才开始向其他领域拓展并且有产品问世。1992 年，世界上第一个虚拟现实开发工具问世；1993 年，众多虚拟现实应用系统出现，如美国海军的训练计划（VETT）就是基于虚拟现实（VR）技术和虚拟环境（VE）的航海训练系统。1996 年，NPS 公司使用惯性传感器和全方位踏车将人的运动姿态集成进入虚拟环境中。2000 年前后，在许多领域里面都可以发现 VR 技术的身影。例如，在航空航天领域、军事领域、医学领域、电玩娱乐领域和教育领域以及交通运输领域等。

一、VR 技术常用的基本知识

　　从本质上讲，VR 是人们利用计算机和相关的媒体设备所创建的一个类似真实的虚构的环境或氛围。人自身既可以成为这种虚构环境中的一部分，也可以置身于其外，与虚构的环境互动交流。显然，这与传统的人机界面以及流行的视窗操作相比，VR 在技术思想上有了质的飞跃。VR 中的"现实"是泛指在物理意义上或功能意义上存在于世界上的任何事物或环境，它即可以是实际上可实现的，也可以是实际上难以实现的或根本无法实现的；而"虚拟"是用计算机生成之意。因此，虚拟环境是用计算机生成的一种特殊环境；人们可以使用各种特殊的装置将自己"投射"到这个环境中，并操作、控制环境，实现特殊的目的，即人是这种环境的主宰。还有人说，VR 就是一种先进的计算机用户接口，它通过给用户同时提供诸如视觉、听觉、触觉等各种直观而又自然的实时感知交互手段，最大限度地方便用户的操作。

(一) VR 技术常用的基本概念和主要研究内容

　　根据 VR 技术所应用的对象不同，其作用可表现为不同的形式。例如，将某种概念设计或构思可视化或可操作化，实现逼真的模拟现场效果，任意复杂环境下的廉价模拟训练等。该技术的主要特征有以下几个方面。

1. 常用的基本概念

　　（1）多感知性（Multi-Sensory）。所谓多感知性，是指除了一般计算机所具有的视觉感知之外，还有听觉感知、力觉感知、触觉感知、运动感知，甚至还包括味觉感知、嗅觉感知等。理想的 VR 技术应该具有一切人所具有的感知功能。由于相关技术，特别是传感技术的限制，目前的 VR 技术所具有的感知功能仅限于视觉、听觉、力觉、触觉、运动等。

（2）浸没感（Immersion）。浸没感又称为临场感，是指用户感到作为主角存在于模拟环境中的真实程度。理想的模拟环境应该使用户难以分辨真假，使用户全身心地投入计算机创建的三维虚拟环境中，该环境中的一切看上去是真的，听上去是真的，动起来是真的，甚至闻起来、尝起来等一切感觉都是真实的，如同在现实世界中的感觉一样。

（3）交互性（Interactivity）。交互性指用户对模拟环境内物体的可操作程度和从环境得到反馈的自然程度（包括实时性）。例如，用户可以用手直接抓取模拟环境中虚拟的物体，这时手有握着东西的感觉，并可以感觉物体的重量，视野中被抓的物体也能立刻随着手的移动而移动。

（4）构想性（Imagination）。构想性强调 VR 技术应具有广阔的可想象空间，可拓宽人类的认知范围，不仅可以再现真实存在的环境，还可以随意构想客观不存在的甚至是不可能产生的环境。

2. 常规研究内容

一个完整的 VR 系统由虚拟环境、以高性能计算机为核心的虚拟环境处理器、以头盔显示器为核心的视觉系统、以语音识别、声音合成与声音定位为核心的听觉系统、以方位跟踪器、数据手套和数据衣为主体的身体方位姿态跟踪设备，以及味觉、嗅觉、触觉与力觉反馈系统等功能单元构成。其中，虚拟环境处理器是 VR 系统的心脏，完成虚拟世界的产生和处理功能。输入设备给 VR 系统传输来自用户的输入，并允许用户在虚拟环境中改变自己的位置、视线方向和视野，也允许改变虚拟环境中虚拟物体的位置和方向；而输出设备是由 VR 系统把虚拟环境综合产生的各种感官信息输出给用户，使用户产生一种身临其境的逼真感。VR 技术的主要研究内容包括以下几个方面。

（1）动态环境建模。虚拟环境是 VR 系统的核心，动态环境建模技术的目的就是获取实际环境的三维数据，并根据应用的需要建立相应的虚拟环境模型。三维数据的获取可以借助 CAD 技术，更多的情况则需采用非接触式的视觉技术，二者有机结合可以有效地提高数据获取的效率。

（2）实时三维图形生成技术。三维图形的生成技术已经较为成熟，这里的关键是如何实现"实时"。为了达到实时的目的，至少要保证图形的刷新频率不低于 15 帧/秒，最好高于 30 帧/秒。在不降低图形的质量和不增加复杂程度的前提下，提高刷新频率是该技术的主要研究内容。

（3）立体显示和传感器技术。VR 的交互能力依赖于立体显示和传感技术的发展，现有的设备远远不能满足需要。比如，头盔式三维立体显示器有以下缺点：过重（1.5～2kg）、分辨率低（图像质量差）、延迟大（刷新频率低）、行动不便（有线）、跟踪精度低、视场不够宽、眼睛容易疲劳等，因此有必要开发新的三维显示技术。同样，数据手套、数据衣服等都有延迟大、分辨率低、作用范围小、使用不方便等缺点。另外，力觉和触觉传感装置的研究也有待进一步深入，VR 设备的跟踪精度和范围也有待提高、扩大。

（4）应用系统开发工具。VR 应用的关键是寻找合适的场合和对象，即如何发挥想象力和创造性。选择适当的应用对象可以大幅度提高生产效率、减轻劳动强度、提高产品质量，为此，必须研究 VR 的开发工具。例如，VR 系统开发平台、分布式 VR 技术等。

（5）系统集成技术。由于 VR 系统包括大量的感知信息和模型，因此系统集成技术起着至关重要的作用。集成技术包括信息同步技术、模型标定技术、数据转换技术、数据管理模型、识别与合成技术等。

(二) VR 技术常用的关键性基本技术

VR 技术是多种技术的综合，包括实时三维计算机图形技术，广角（宽视野）立体显示技术，对观察者的头、眼和手的跟踪技术以及触觉/力觉反馈技术，立体声或语音输入/输出技术等。下面对这些技术分别予以说明。

1. 实时三维计算机图形技术

相比较而言，利用计算机模型产生图形、图像并不是太难的事情。只要有足够准确的模型，又有足够的时间，就可以生成不同光照条件下各种物体的精确图像。但是，这里的关键是"实时"。例如，在飞行模拟系统中，图像的刷新率相当重要，并对图像质量的要求也很高，再加上复杂的虚拟环境，问题的解决就变得相当困难。

2. 广角（宽视野）的立体显示

人看周围的世界时，由于其两只眼睛的位置不同，所以得到的图像略有不同；这些图像在脑子里融合起来，就形成了一个周围世界的整体景象。该景象包括了距离信息。当然，距离信息也可以通过其他方法获得，如眼睛焦距的远近、物体大小的比较等。在 VR 系统中，双眼立体视觉起了很大作用。用户的两只眼睛看到的不同图像是分别产生、分别显示的。虽然有些系统采用单个显示器，但当用户带上特殊的眼镜后，一只眼睛只能看到奇数帧的图像，另一只眼睛只能看到偶数帧的图像，奇、偶帧之间的不同也就是视差就使人产生了立体感。

3. 用户（头、眼）的跟踪

人造环境中，每个物体在系统坐标系中都有一个位置与姿态，用户也是如此。用户看到的景象是由用户的位置和（头、眼）方向来确定的。跟踪头部运动的 VR 头套：在传统的计算机图形技术中，视野的改变是通过操作鼠标或键盘来实现的，用户的视觉系统和运动感知系统是分离的，利用对头部的跟踪来改变图像的视角，使用户的视觉系统和运动感知系统联系起来，感觉更加逼真。该设备的另一个优点是，用户不仅可以通过双眼立体视觉去认识环境，而且还可以通过头部的运动扩大观察视野。

4. 3space 数字化仪和 Spaceball 空间球

在用户与计算机的交互过程中，键盘和鼠标是目前最常用的工具，但对于三维空间来说，它们都不太适合。因为三维空间有六个自由度，我们很难找出比较直观的办法把鼠标的平面运动映射成三维空间内的任意运动。现在，已经有一些设备可以提供六个自由度，如 3space 数字化仪器和 Spaceball 空间球等，以及一些性能比较优异的设备，如数据手套和数据衣等。

5. 立体声

以使人能够很好地判定声源的方向。在水平方向上，我们靠声音的相位差及强度差来确定声音的方向；因为声音到达两只耳朵的时间，即距离不同。常见的立体声效果就是靠左、右耳听到在不同位置录制的不同声音而产生的一种方向感来实现的。现实生活中，当头部转动时，人听到的声音的方向就会改变；但目前的 VR 系统中，声音的方向与用户头部的运动无关。

6. 触觉与力觉反馈

例如，在一个 VR 系统中，当用户看到一个虚拟的杯子时，他可以设法去抓住它，但是他的手并没有真正接触杯子的感觉，并有可能穿透虚拟杯子的"表面"，而这在现实生活中是不可能的。解决该问题的常用方法是在数据手套内层安装一些可以振动的触点来模拟触觉（图 5-1）。

图 5-1　虚拟现实的专用设备

7. 语音输入/输出

在 VR 系统中，语音的输入/输出也很重要。要求虚拟环境能听懂人的语言，并能与人进行实时交流。而让计算机识别人的语音是相当困难的，因为语音信号和自然语言信号有其"多边性"和复杂性特点。例如，连续语音中的词与词之间没有明显的停顿，同一个词、同一个字的发音都会受前后词、字的影响，不仅不同人说同一个词的语音会有所不同，就是同一个人的发音也会受其心理、生理和所处环境的影响而有所不同。目前，以人的自然语言为计算机输入信号有两个未解决的问题。首先是效率问题；为了便于计算机理解，输入的语音可能会相当啰唆。其次是正确性问题；计算机理解语音的方法是对比匹配，而没有人的智能。

8. 形象跟踪技术

最近专家发明了一种形象跟踪技术。在 VR 系统中，用摄像机摄入人体动作形象，VR 系统的某些数据参数就会根据人体形象的改变做出相应的改变。例如，当人在摄像机前做踢球的动作时，屏幕上被摄入的人体形象就会踢出虚拟的足球。

（三）VR 技术常用的代表性设备

在 VR 系统中，有许多有趣的、功能不同的专用设备，下面选一些有代表性的设备予以简单介绍。

1. 头盔显示器（Head Mounted Display，HMD）

头盔显示器是可移动式显示器，是一种半投入式视觉显示设备（图 5-2）。使用时，用户可以方便地把显示器置于眼前；不用时，可以很快将其移开。HMD 使用小型的阴极射线管，它产生的像素数远远小于液晶显示屏的饱和值，因而可以得到色彩比较柔和、分辨率为 1280×1024 像素的彩色图像。

2. 数据手套

数据手套是一种输入装置（图 5-3）。它可以把人手的动作转化为计算机的输入信号，由很轻的弹性材料制成。该弹性材料可紧贴在手上，同时其上附着许多位置、方向传感器和光纤，以实时监测手的运动状态。光纤可以测量出每个手指的弯曲和伸展程度，通过光电转换，手指的动作信息就可以被计算机识别。

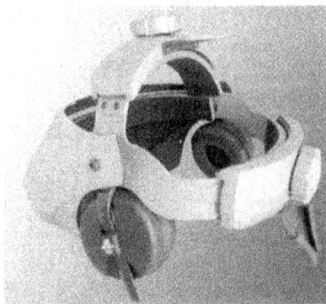

图 5-2　数据头盔

图 5-3　数据手套

3. 电触摸（Teletact）手套

电触摸手套是一种触觉和力觉反馈装置。它利用小气袋向手提供触觉和力觉刺激。这些小气袋能被迅速地充气和放气。当虚拟手接触到一件虚拟物体时，存储在计算机硬盘里的该物体的受力模型即被调用，并控制压缩机迅速对气袋充气或放气，使人手得到一种非常精确的触觉。

4. 数据衣

数据衣是为了让 VR 系统识别人的全身运动而设计的输入装置。数据衣可对身体上大约 50 个不同的关节，包括膝盖、手臂、躯干和脚等进行监测；通过光电转换，身体的运动信息即可被计算机识别，并通过 HMD 显示器或数据手套与虚拟环境实现交互。

二、VR 技术简介

VR 技术的本质是人与计算机间的通信技术，它几乎可以支持所有的人类活动形式，适用于所有人类活动的领域（图 5-5）。正如许多报纸杂志里介绍的一样，VR 技术在医疗领域也将大有作为。该技术可用于解剖教学、复杂手术过程的规划、为手术过程提供操作和信息上的辅助、预测手术的结果等。另外，在远程医疗中，VR 技术也很有潜力。例如，偏远的山区有了远程医疗 VR 系统，患者不进城就能够接受名医的诊治；对于危急病人，利用远程医疗 VR 系统还可以实施远程手术，医生对虚拟病人模型进行手术，手术动作通过卫星传送给远处的手术机器人；手术的实际图像通过机器人身上的摄像机传回医生的 HMD，并将其和虚拟病人模型进行叠加，为医生提供有用信息。美国斯坦福国际研究所已成功研制出远程手术医疗系统。

在航天领域中，VR 技术也非常重要。例如，失重是航天飞行中必须克服的困难，因为在失重情况下物体的运动状态变得难以预测。为了能在太空中进行精确的仪器操作，就要对宇航员进行长时间的失重仿真训练（图 5-6）。为了逼真地模拟太空中的情景，美国航天局（NASA）在"哈勃太空望远镜的修复和维护"计划中采用了 VR 仿真训练技术。在训练中，宇航员坐在一个模拟的具有"载人操纵飞行器"功能并带有传感装置的椅子上。椅子上有用于在虚拟空间中做直线运动的位移控制器和用于绕宇航员重心调节宇航员朝向的旋转控制器。宇航员头戴立体头盔显示器，用于显示望远镜、航天飞机和太空的模型，并用数据手套作为和系统进行交互的媒介。训练时，宇航员在望远镜周围就可以进行操作，并且通过虚拟手接触操纵杆来抓住需要更换的"模块更换仪"。抓住模块更换仪后，宇航员就可以利用座椅的控制器模拟在太空中的飞行。

当然，VR 技术的应用远不止以上这些。随着计算机技术的进一步发展，虚拟现实与我们的生活将日益密切。

有些人把 VR 技术称为"灵境技术"，认为它是 20 世纪末兴起的一门崭新的综合性信息技术。但情况并非完全如此。为了能够比较准确和完整地理解 VR 技术在体育领域的发展过程，我们对下面的一些实际情况作简要介绍。

（一）利用各种先进的硬件技术及软件工具进行的 VR 活动

从 20 世纪 80 年代以来，各行各业在进行技能或者技巧训练时，或者从事某些特殊环境下的训练时，都在利用仿真模拟设备，可以说，模拟环境的训练在早期主要是通过硬件环境的仿真进行的。但是我们必须承认，VR 技术也经历过这样一个阶段，即硬件模拟阶段。例如，国外从 20 世纪 60 年代、国内从 20 世纪 80 年代就开始建造飞机驾驶舱及其各种仪表的模型，然后用计算机来模拟环境的变化，让驾驶员进行操控练习。这样的 VR 系统就是要利用各种先进的硬件技术及软件工具，设计出合理的硬件、软件及交互手段，使参与者能交互式地观察和操纵系统生成的虚拟设备。而在体育领域中，人们在很多年以前就使用了固定自行车、划船器、跑步机、低压氧舱和高压氧舱等器械，进行体适能练习或者是生理功能习服性的训练，特别是最近十多年，已经有不少国家能够模拟高原的生存环境，实现"高住低练"，即在低压氧舱中模拟高原的环境，让运动员在其中居住，在正常环境下进行训练。但是客观地说，在体育领域利用硬件技术和软件工具进行模拟练习的水平还不是很高。上述各种模拟设备被广泛应用在航天展览、驾驶员培训等领域（图 5-4）。

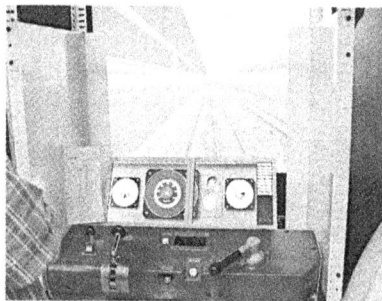

图 5-4　日本的模拟火车驾驶

不难看出，上述实例都建立在实用性很强的硬件环境基础之上。相比之下，我国的 VR 技术在硬件环境建设方面的发展速度和系统质量相对滞后一些。

国家体育总局体育科学研究所体育系统仿真实验室正在研发一种 VR 帆船帆板训练系统（图 5-5）。该系统将通过各种传感器采集来的现场数据，经过数学模型的运算实地驱动三维视景，构造出逼真的虚拟训练环境。这种环境既可以满足无训练条件（诸如无风无浪的条件）下完成训练任务，也可以针对特定运动员进行评价与分析。

（二）虚拟实景和虚景

许多人坚持称 VR 是计算机模拟的三维环境，是一种可以创建和体验虚拟世界（Virtual World）的计算机系统。虚拟环境是由计算机生成的，通过人的视、听、触觉等作用于人，使之

图 5-5 帆船模拟训练系统

产生有身临其境感的视景仿真；并认为它是一门涉及计算机、图像处理与模式识别、语音和立体声处理、人工智能、传感与测量、仿真、微电子等技术的综合集成技术。用户可以通过计算机进入这个环境并能操纵系统中的对象，实现与虚拟环境的交互功能。三维环境下的实时性和可交互性是其主要特征。这和前面介绍的内容多少有些差别。因此，有一些人对大型的环境或者硬件仿真要求并不高，主要是利用现代计算机的常规技术（包括数字图像处理、计算机图形学、多媒体、传感器等多个信息技术分支）架构虚拟实景或虚景。从这个意义上看，VR 技术分虚拟实景（境）技术（如虚拟游览故宫博物院）与虚拟虚景（境）技术（如虚拟现实环境生成、虚拟设计的波音 777 飞机等）两大类。VR 技术的应用领域和交叉领域非常广泛，几乎到了无所不包的地步。在虚拟现实战场环境，虚拟现实作战指挥，虚拟现实飞机、船舶、车辆驾驶、训练，虚拟飞机、导弹、轮船与轿车的制造（含系统的虚拟设计）过程，虚拟现实建筑物的展示与参观，虚拟现实手术培训，虚拟现实游戏，虚拟现实影视艺术等方面的应用和产业的形成都有强烈的市场需求和技术驱动。

下面主要介绍和人体以及与体育相关的虚拟实景和虚拟虚景技术应用。

1. 医学

在虚拟环境中，可以建立虚拟的人体模型（图 5-6），借助跟踪球、HMD、感觉手套等仪器，学生可以很容易地了解人体内部各器官结构；还可以模拟在各种极限情况下（例如，高山环境、超低压环境或超高温、低温等）人体的结构和生理变化。

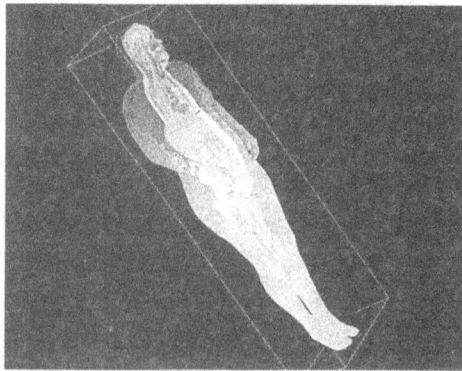

图 5-6 虚拟人体结构

2. 体育游戏

丰富的多维运动体展示技术与 3D 环境使得虚拟环境成为特别理想的视频体育游戏工具。利用 VR 技术制作的体育游戏可以用夸张的力量和速度实现人们在现实世界中难以实现的梦想。在这里，当普通人戴上头盔和数据手套以后，可以在虚拟世界挑战运动极限，世界拳王甚至可以冲击世界纪录。所以体育游戏的玩家不仅可以在虚拟世界里体验到竞技体育带给人们的刺激，还可以体会到获得成功的满足。英国 VR 中心利用真正的拳击选手，在其身上布置标志点、标志块或者连杆采集数据，建立虚拟的拳击选手，用来为游戏站制作拳击游戏。

3. 运动器材展示

多方位、多角度展示体育器材、装备是体育器材厂商经常采用的宣传手段，因此采用 VR 手段来介绍、推销体育用品是经常可以见到的（图 5-7）。

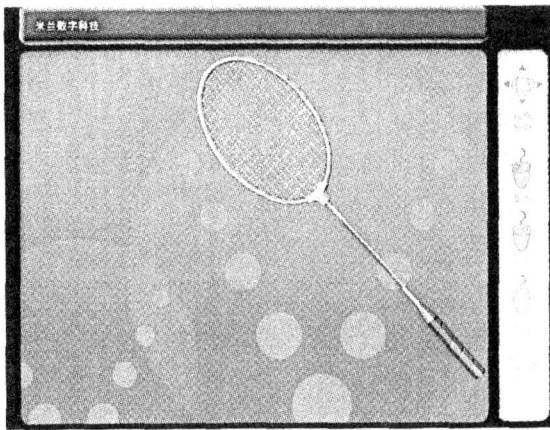

图 5-7　虚拟体育器材展示

4. 虚拟环境下的运动与训练

在运动训练领域中，运用 VR 技术是再正常不过的事情了。但是，很少会只使用单纯的 VR 技术，经常还要用到相关的运用与训练设备。例如，射击、射箭等设备简单的运动项目，利用虚拟实景或虚拟虚景技术是最常见的。另外，在模拟危险环境、模拟目前尚且不能达到的地点等情况下进行身体训练也是可能的。图 5-8 是拓邦公司推出的互动运动产品（虚拟乒乓球运动机）的原理框图。

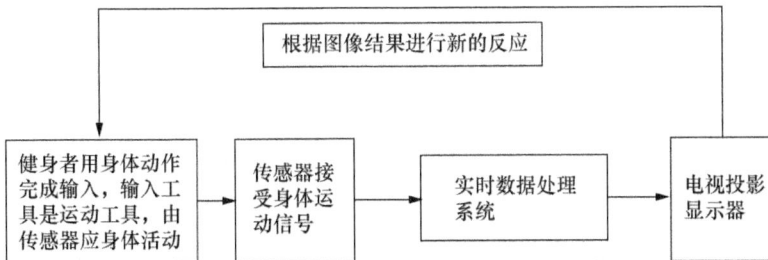

图 5-8　虚拟运动器材原理框图

5. 在医学生物科学领域的应用

国外利用虚拟人在虚拟环境中的运动从事人体运动学研究在生物力学研究领域已经比较常见；而在医学生物科学领域，利用虚拟人进行虚拟实景和虚拟虚景的试验也已不是秘密。

6. 体育场地设施管理培训

现代大型体育建筑物和体育设施中，不仅其土木结构比较复杂，水暖、电路、通风空调等线路也同样比较复杂。随着近年来全民体育的不断发展，为满足群众健身的需求，需要建设许多新的体育场馆，而新场馆的投入使用，又亟需大量体育场馆工作人员上岗。那么，为了加快对工作人员的培训速度，提高培训质量，建立虚拟实景的建筑物结构，水暖、电路和安全通道展示图是非常必要的。利用虚拟建筑物实景即可用于使工作人员或者其他人直观地了解建筑物的结构、水暖、电路和安全通道等的必要信息。

7. 体育场馆安全方案和紧急预案的虚拟技术方案

一次特大规模的体育赛事往往都会涉及许多安全保卫方面的策划和措施：一般来说，有涉及重要人物的入场和退场的通道设计、观众的进出场口和紧急疏散通道、方案的设计；紧急事件发生时观众、防护人员和车辆的疏散通行路线设计；急救运输路线和到医院、指挥中心等路线的空中和陆上交通管制、疏导等方案和消防方案设计。制定所有这些方案不可以仅仅停留在文字上，最形象有效的办法是制定虚拟实景和虚拟虚景。

8. 虚拟环境下的特殊体验

国外利用 VR 技术治疗恐惧症的情况。在体育领域同样有许多情况，人们不方便和真实物体直接接触。例如，深海潜水运动的环境是不方便直接接触到的，在平时的训练中利用虚拟环境技术就比较容易实现；再比如，洞穴探险类的训练中使用 VR 技术也是很有价值的。

9. 航空运动模拟训练

和汽车和船舶驾驶训练一样，使用 VR 技术进行航空运动训练也是经常采用的方法，其使用价值比想象的还更大些。人们知道，航空器实训和虚拟练习在费用方面的差距是很大的。所以虚拟航空器练习受到许多国家的重视。

10. 团体操演练仿真

随着计算机技术的发展，在 PC 机上实现 VR 技术已成为可能。它是用计算机模拟的三维环境对现场真实环境进行仿真，用户可以走进这个环境，可以控制游览方向，并操纵场景中的对象进行人机交互。据有关人士介绍我国研究人员正在研究开发大型团体操演练仿真系统。团体操演练仿真系统分为三个子系统：队形或图案设计系统、行为动作生成系统和团体操队形或图案变化仿真系统。队形或图案设计系统负责设计团体操各个章节的队形或图案。行为动作生成系统能够根据捕捉到的人体数据编辑团体操需要的动作。团体操队形或图案变化仿真系统的目标就是将虚拟人群的初始队形连续变换到目标队形：首先，团体操队形或图案变化仿真系统定义虚拟人的初始位置和目标位置，其次，对路径进行规划，最后，实现基于事件驱动的团体操队形或图案的变化仿真。

第二节　GIS 的属性及应用设备分析

地理信息可以通过一系列数据集来表达。GIS 是一个管理、分析和显示地理信息的系统。

GIS 还包含了一套用以处理地理数据的综合工具，以使用户可以从三个不同的角度领略 GIS 所描述的地理全貌。

一、对 GIS 属性的解析

（一）GIS 是数据库

首先从空间数据库的角度看，GIS 是一个包含了多种多样地理信息、与之相关的自然与社会科学信息的数据模型（包括要素、栅格、拓扑、网络等）和由时间因素构成的数据集的空间数据库。这种数字化多重表达方法和对空间数据的概括性表达方法的结合为进一步创建地理信息数据库奠定了基础。有学者从面向对象的角度出发，对地理要素的空间描述进行了阐述，图 5-9 在一定程度上已经成为地理信息数据库建设的基础理论。

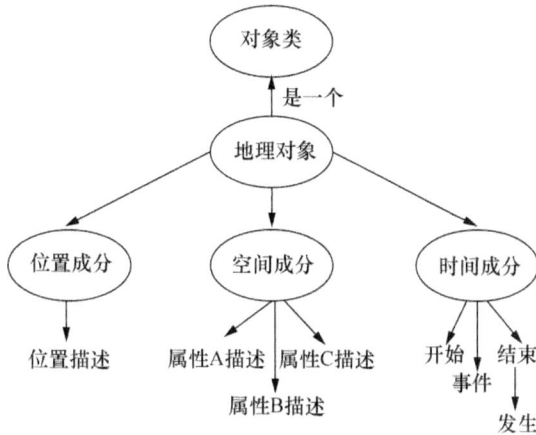

图 5-9　面向对象的描述

另外，人们还实现了对现实地理世界的概括性算法和分层表达地理信息的算法，从而进一步奠定了动态 GIS 的基础（图 5-10，图 5-11）。

（二）GIS 是智能地图

从空间可视化的角度看，GIS 是智能地图，同时也是用于显示地表上的要素和要素间关系的视图。底层的地理信息可以用各种地图的方式进行表达；而用这些表达方式可以构建"数据库的窗口"来支持查询、分析和编辑信息。

由 GIS 产生的数字地图也是用像素或点表示诸如城市或农村之类的信息，用线表示道路信息，用小块表示湖泊信息等。但是不同的是，这些信息都来自数据库，并且只在用户选择显示它们的时候才能被显示。数据库中存储着诸如这个点的位置、道路的长度，甚至湖泊的面积等信息。数字地图上的每一条信息都位于某一个层上，用户可以根据需要打开或关闭这些层。某一个层也许构成了一个地区所有的道路信息，另外的层也许表现了同一个地区所有湖泊的信息。当然，也许还会有一个层描述所有的城市信息。

有的专家提出：简单地说，GIS 系统是将描述"在什么地方"的信息与描述"这是什么"的

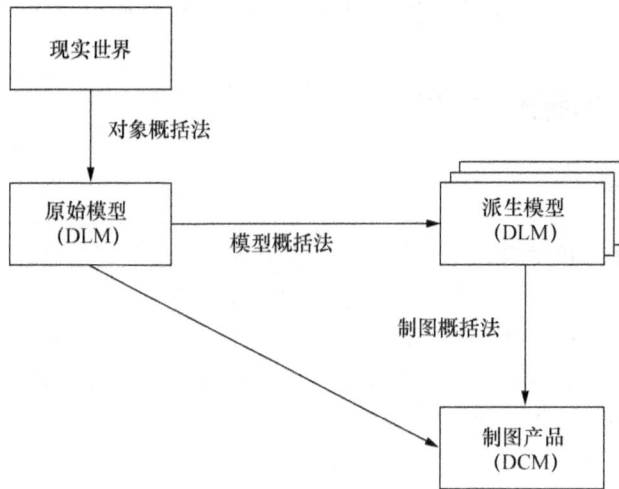

图 5-10 对显示世界进行概括的流程图

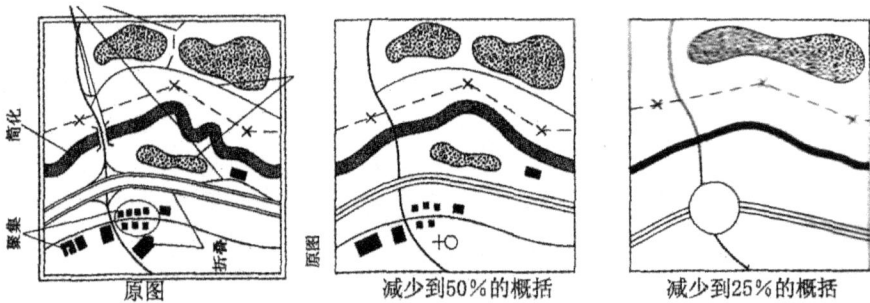

图 5-11 对不同比例地图进行概括的效果比较

信息连接在一起的制图软件。GIS 系统将描述位置（地方）的层信息结合在一起，通过这些信息可以使用户更好地认识这个位置（地方）。最近几年，国内外开发的局域性电子地图多数兼顾到了 GIS 系统特性，即不仅仅提供二维或者三维的地理空间信息表达，解决了"在什么地方"的问题，而且还提供了与地理空间信息相关的其他信息，解决了"这是什么"的问题。这类系统在智能电子地图的窗口上提供了足够的空间，允许人们在空间地理信息表达的同时，连接更多的其他信息，甚至可以嵌入活动的影像信息；这种思想为 GIS 在体育领域中的应用提供了丰富的想象空间和更多的自由度。

（三）GIS 是信息转换工具

从空间处理的角度看，GIS 是一套从现有的数据集获取新的数据集的信息转换工具。这些空间处理功能从已有数据集提取信息，然后进行分析，最终将结果导入数据集中。

真正的 GIS 绝不是一个单向的数据展示系统，在这些地理信息表达产品中，单向性的数据库展示产品居多，且几乎都自称为"某某地理信息管理系统"。因此，作者在此提请体育专业人士注意，在试图利用空间表达技术为体育专业管理服务时，不仅要考虑到 GIS 技术是一种表达技术，更重要的是要充分发挥 GIS 软件系统的数据处理和分析功能。

二、GIS 的硬件和软件

(一) 地理信息系统的硬件

GIS（地理信息系统）的硬件部分一般由计算机与一些外围设备组成。计算机是硬件的核心，用于数据和信息的处理、加工与分析。外围设备包括数据的采集设备，如数字化仪（图 5-12）、解析测图仪、扫描仪（图 5-13）、测绘仪器及光笔、手写笔等。数字化仪用来将地图的模拟信息转换成数字形式（矢量格式）；扫描仪用来扫描输入栅格数据，或扫描输入图像数据，再经计算机矢量化处理后成为数字形式；解析测图仪可从遥感影像上采集空间数据。数据可以通过以上这些外围设备以与计算机联机的方式输入，也可以由数字测图部门直接提供。GIS 的输出和存储设备也是标准的计算机外围设备。输出设备有绘图仪及高分辨率显示器等；而大容量硬盘、光盘则可用来存储大量的空间地理数据。

图 5-12　数字化仪照片

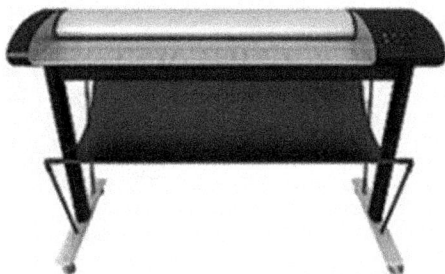

图 5-13　扫描仪照片

光笔由笔体、透镜组、光导纤维、光电倍增管及开关电路组成。光笔头部的透镜组将收集的光聚焦到光导纤维的端面上，由光导纤维将光引导到光笔另一端的光电倍增管上，光电倍增管将光信号转换成电信号，经过放大整形后输出一个电平信号，送给计算机。光笔具有定位、拾取、跟踪等多种功能，可用光笔在屏幕上拾取点和图形，也可以让光标跟踪光笔，在屏幕上直接作图（图 5-14）。

图 5-14　光笔

(二) 地理信息系统软件

GIS 软件开发的比较多，有国外出品的，也有国内出品的，还有一些是行业内部开发的专门软件。主要包括：ESRI 公司（Environmental Systems Research Institute Inc.）的 ESRI 产品系列；MapInfo 公司的 Mapinfo 产品系列；中国地质大学开发的 MapGIS 地理信息系统软件；北京超星地理信息技术公司开发的 SuperMap 系列软件产品；武汉 Geostar 等。上面列举的每一个产品实际上都是一个软件系统，由数种功能各不相同但是又互相关联的软件组成。图 5-15 就是 SuperMap 系列软件关系框图。

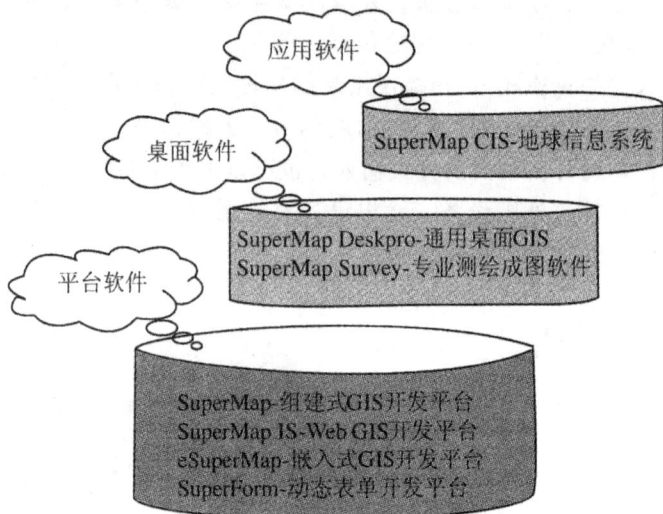

图 5-15　GIS 软件关系框图

　　这里仅向读者简单介绍一种比较常用的 GIS 软件；其他的软件系统尽管名称不同，但主要组成部分或者软件使用方面有许多地方是相通的。

1. Mapinfo 产品系列简介

MapInfo 公司出品的桌面地图信息系统软件——MapInfo。

（1）MapInfo Professional 是 MapInfo 公司主要的软件产品，它支持多种本地或者远程数据库，较好地实现了数据可视化，生成各种专题地图。此外，还能够进行一些空间查询和空间分析运算，如缓冲区等，并通过动态图层支持 GPS 数据库。

（2）MapBasic 是为在 Mapinfo 平台上开发用户制定程序的编程语言，它使用与 BASIC 语言一致的函数和语句，便于用户掌握。通过 MapBasic 进行二次开发，能够扩展 MapInfo 功能，并与其他应用系统集成为 MapInfo Professional 用户界面。

（3）MapInfo ProServer 是应用于网络环境下的地图应用服务器，它使得 MapInfo Professional 运行于服务器终端，并能够响应用户的操作请求；而用户端可以使用任何标准的 Web 浏览器。由于在服务器上可以运行多个 MapInfo Professional 实例，以满足用户的服务请求，从而节省了投资。

（4）MapInfo MapX 是 MapInfo 提供的 OCX 控件。

（5）MapInfo MapXtrem 是基于 Internet/Extranet 的地图应用服务器，它可以用于帮助配置企业的 Internet。

（6）SpatialWare 是在对象——关系数据库环境下基于 SQL 进行空间查询和空间分析的空间

信息管理系统，在 SpatialWare 中，支持简单的空间对象，从而支持空间查询，并能产生新的几何对象。在实际应用中，一般使用 SpatialWare 作为数据服务器，而 MapInfo Professional 作为用户端，可以提高系统开发效率。

（7）Vertical Mapper 提供了基于网络的数据分析工具。

2. MapInfo Professional 简单应用举例

MapInfo Professional 是一种可以供用户端对地图进行处理的很实用而且方便的桌面软件。

例如一幅图中打开的分别是标志性建筑、长途汽车站、高架桥和地铁线路四幅分离图，它们实际上是构成一幅地图的一些基本元素（要素）。

把上述四幅图形即四个图层合并成为一幅地图，这是所有图层叠加后的观察效果。用户不仅可以在图层上添加图形标志，还可以添加注释，也可以将图和网页的某一部分进行链接。制作好的地图可以转成其他格式的文件进行保存或打印，也可以制作成可在网络进行传输的图形文件。

通过上述极为简单的介绍，读者也许会理解一幅数字地图实际上是好多基本图层的组合。而基本图层可以是输入的，也可以是人们利用软件工具自己画的或者是添加的。基本图层里面可以进行文字写入，在地图上标注文字也是十分正常的。此外，人们在浏览地图时，如果对地图的图层进行管理，人们就会在相同地理位置的地图依次读到含有不同信息的图层。

第三节　虚拟现实技术在高校体育教学中的应用

一、虚拟现实技术专业性强

经常接触国内体育游戏领域的创编人员和计算机图形领域的专业人员，就会深深地感觉到，不论是计算机游戏还是 VR 软件的创作和编制都是十分专业的工作，并且分工也很细致。从事此项工作需要各方面的工作人员。例如，美工、程序师、引擎设计和制作、统编等一系列人员，绝非简单技术。因此，真诚地希望体育专业的读者能注意到这个领域的专业性，在需要使用虚拟现实技术时，尽量请专业技术人员给予指导和帮助，这样会起到事半功倍的效果。

二、建立实景为基础的全景虚拟图像

体育场地管理、大型赛会的安全保卫工作都需要了解体育设施的全景，因此全景虚拟图像或者数字地图具有很好的应用前景。2001 年以来，我国一些学者已经注意到这方面。"电子地图技术是集地理信息系统（GIS）技术、数字制图技术、多媒体技术和虚拟现实技术等多项现代技术为一体的综合技术，它是一种以可视化的数字地图为背景，用文本、照片、图表、声音、动画、视频等多媒体为表现手段，展示城市、企业、旅游景点等区域综合面貌的现代信息产品，有大众 GIS 之称"。有的学者采用了基于实景图像的虚拟现实技术，即直接利用照相机或摄像机拍摄得到的实景图像（Real World Images）来构造视点空间（View Point Space）的虚拟景观。该方法具有快速、简单、逼真的优点，正在越来越多地应用于旅游景点、虚拟场馆介绍以及远地空间再现等方面，非常适合于实现虚拟旅游。所谓视点空间，就是指用户在一个观察点所观察到的球空间，它由不同焦距的全景图像按其焦距关系构成，反映了观察者在虚拟环境中某一观察点所能观察到的不同精确程度的场景空间。观察者可以在视点空间进行 360°环视、俯视、仰视以及变换焦距等多种方式的观察。所能观察到的景观全集被定义为一幅全景图，对视点空间进行空间关联形成虚拟旅游系统。在观察时可以任意地转动观看，也可以改变视点，或是走近仔细观看。由于这些照片是相互连接的，所以只要照片有足够的精度就可以获得真实空间的感觉。同样，无论是在野外还是在复杂如迷宫的博物馆，通过建立以实景为基础的全景图像，就可以对周围进行观察，如果辅以声音，就可以获得更好的随意观察交互访问的效果。

三、用 Ulead 公司 Cool 360 软件制作全景图像举例

在比较了造景师 4.0、Panolama Factory 1.6 和 Cool 360 1.0 三个不同的全境图像制作软件之后，决定向读者介绍 Cool 360 1.0 软件的使用方法，主要原因是在国内 Ulead 公司的"我行我素"软件和 Cool 360 是捆绑销售的，买到"我行我素"软件时，里面就带有正版的 Cool 360，这对于使用者来说就比较经济实惠。下面是使用 Cool 360 制作全景图像的具体步骤如下：

第一步，打开 Cool 360。点击面板右侧工具"New Project（新建）"。这样在界面的中间就会出现一个对话框："New Project Wizard—Stepl of 3"，在这个对话框里面找到 prose，点击它为将来做好的文件安排一个存放地址或文件夹然后点击"确定"。

第二步，输入照片。在下面的提示框里面指出："请在本项目中至少加入两张以上的照片，请在指定的文件夹中选择然后点击 add（加入）或 add all（全加入）。

第三步，点击"下一步"，出现一个对话框，这个对话框主要是选择用来拍摄照片的照相机和相机的焦距。如果你的相机不在右下角列出的那些照相机里面，就选择"Custom（定制或标准）"然后点击"完成"。

然后点击"SAVE"，就可以把生成的图像保存在指定的文件夹里。看的时候，就可以在指定的文件夹里找到那个带有信封标志的"Cool"文件，双击它，Ulead Cool 360 Viewer 软件会自动进行播放。

第四步，关于 Cool 360 使用的备注。在利用 Cool 360 制作全景照片时，我们发现，一般情况下，需要提供周围 360°景色照片 18 张，每张照片的视角 20°，相邻两张照片的重合为 15%，利用这些照片可以制作令人比较满意的全景照，当然用两张甚至一张照片制作全景照片也不是不可能的。例如，有人就用四张照片合成过全景照，但是效果并不是很好。所以在这里，希望体育专业的各位同仁，在拍摄准备用于全景照片制作的图像前，充分了解自己的照相机。一般合理拍摄的视角大约为 20°。如果用的是变焦镜头，就可以通过适当的实验来验证自己照相机的视角大小。比如有人用的是 Sony M1，6 倍光学变焦的数码相机，实验表明使用数码变焦 3.1～3.3 范围时视角大约为 20°左右，不过读者最好自己通过实验来确定拍摄视角的大小。

第四节　GIS 技术在高校体育教学中的应用

GPS 是 Global Position System 的简称，即全球卫星定位系统。有关专家把 3S［GIS（地理信息系统）、RS（遥感技术）和 GPS（全球定位系统）］合称为地理信息的三大支柱技术。可以看出 GPS 本身不仅是 GIS 的数据源，它本身也具有重要的使用价值。通常意义上的 GPS 是指美国全球卫星定位系统。它通过接受美国发射的 24 颗卫星中任意 3 颗以上卫星所发射的导航信号，

经过计算，就可以在任何地点、任何时候准确地获得 GPS 接收设备和它所在物体瞬时的位置（包括：经纬度、高度、速度等位置）信息；如果和地图相结合，就组成了现代的 GPS 导航系统。GPS 最初只是运用于军事领域，目前 GPS 已被广泛应用于交通行业，实现车辆的定位导航、防盗反劫、服务救援、远程监控、轨迹记录等功能。据报道，目前仅国产的"灵图"GDP 软件用户就已经超过了 10 万户，由此可见，我国 GPS 装备的市场是十分广大的。在这个十分广大的市场中，绝大多数的个人 GPS 用户在使用时和体育运动相关。主要原因是绝大多数购买 GPS 产品的个人用户把 GPS 装备应用在体育旅游、越野、野外远足、长距离驾车旅行和登山运动中。

一、当前 GPS 产品的种类

目前比较常见的民用 GPS 设备有几种：车载 GPS 系统（笔记本加接收器 GPS 系统、PDA 内置 GPS 系统和 PDA 及手机配蓝牙接收器的 GPS 系统）、手持 GPS 系统和 GPS 防盗装置。一般来讲，手机式的和 PDA 内置 GPS 的系统内存比较小，读图的速度相对比较慢。也有一些高端的 PND 类型（PDA＋GPS）的产品，一般自带 1G 以上的硬盘，主频在 300MHz 左右，运算速度也比较快些。有些使用低端 GPS 产品参加汽车自驾游的人们曾经抱怨说：某种 GPS 产品的响应速度太慢，特别是在复杂的路口，几分钟都不能提供刷新的导航信息。

图 5-16 中，A 部分为显示器和处理器部分，B 部分为 GPS 接收部分。许多 GPS 爱好者喜欢自己买掌上电脑和 GPS 接收器，再购买国产的灵图"天行者 4.0"软件，使用的效果也很不错。

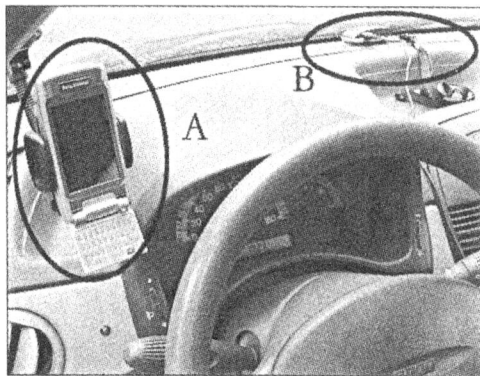

图 5-16　车载 GPS

图 5-17 三幅图像所示，当前尽管 GPS 的产品型号品牌很多，但是本质上可以分为三大类。

（1）显示器、处理器和 GPS 接收器集成在一起的产品，如图 5-20 所示。

（2）显示器、处理器和 GPS 接收部分是分离的：使用者可以自己选择自己喜欢的显示器和处理器部分。例如，买一个自己喜欢的掌上电脑或笔记本电脑，买一份自己喜欢的数字地图软件，在购置一套专用的 GPS 接收设备和相关的软件。这样做会给喜欢野外运动的人带来额外的乐趣。另外，在许多大城市的电脑商场，有专门的柜台负责咨询和销售这类产品。

（3）用来跟踪车辆，防止车辆被盗、枪的 GPS 设备，图 5-18，在这里不多作介绍。

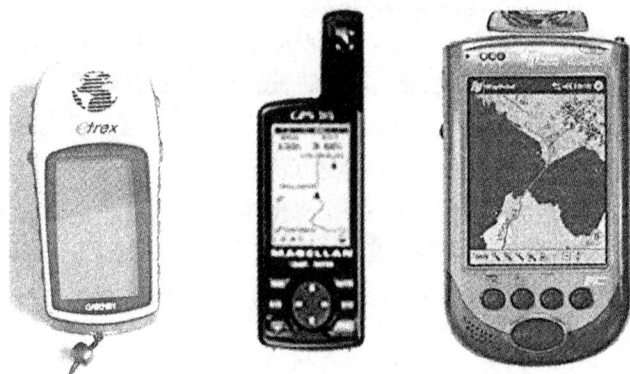

图 5-17　GPS 手持机

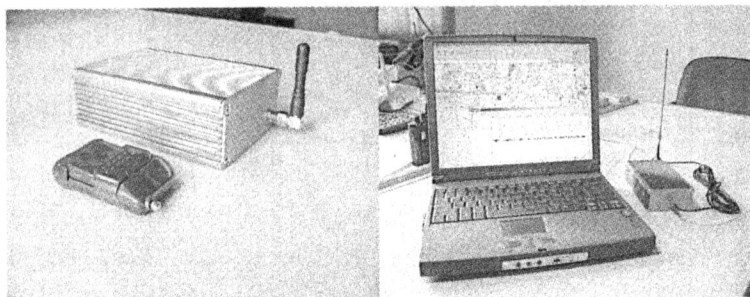

图 5-18　GPS 防盗报警装置

二、GPRS 与 GPS 相结合带来的机遇

GPRS（General Packet Radio Service）是"通用分组无线业务"的英文缩写，它是在现有第二代移动通信技术 GSM 网络基础上叠加的一个专为高速数据通信而设计的新的网络，其充分利用了现有移动通信网的设备，通过在 GSM 网络上增加一些硬件设备和软件升级，形成一个新的网络逻辑实体。GPRS 可以接入基于 TCP/IP 的外部网络和 X.25 网络，无线接口资源可根据业务流量和运营者的选择在语音和数据业务之间共享，从协议结构上提供了和 IP 网络的互通功能。GPRS 能向用户提供 Internet 所能提供的一切功能。GPRS 通讯的速率最高理论值可达 171.2kb/s，目前传送速率可达到 40~53kb/s。这就为在移动中的车辆提供了一个可以高速传输数据资料的必要的基础，并且 GPRS 的用户一开机，就始终附着在 GPRS 网络上，每次使用时只需一个激活的过程，一般只需 1~3 秒便即刻登录至互联网，比固定拨号方式接入互联网大致要快 4~5 倍。所以，利用这种技术人们可以将车载 GPS 上的位置数据或图像信号及时传输给中央控制室，也可将在运动的车辆中拍摄到的运动员实际运动的动作画面和位置信息同步的传输到大型赛会的指挥中心。实现真正的实时传输比赛的空间地理信息和运动员活动信息，并且还可以和控制中心进行双向交流。

三、体育领域应用 GPS 的事例

（1）GPS 应用的一般情况。一般情况下，在我国许多人把 GPS 和越野运动、汽车自驾游、登山运动、野外远足等体育活动结合起来。利用GPS设备的定位功能和导航能力，寻找甲地到乙地的最佳路径，在行车过程中寻找行进方向和路线；在野外旅行的过程中随时了解行程的基本信息、所在位置和周围村落、道路等固定物的距离、所在地点的高度等信息。最新版本的数字地图，甚至可以给出所在地周围加油站或大型商店、酒店的信息。

此外，有一些专业GPS公司，考虑的就更多一些，让GPS深入人们的生活，甚至设计了专供人们在跑步健身活动中使用的手表式GPS。图5-19就是一种新型的腕式GPS，可以在跑步时佩带。

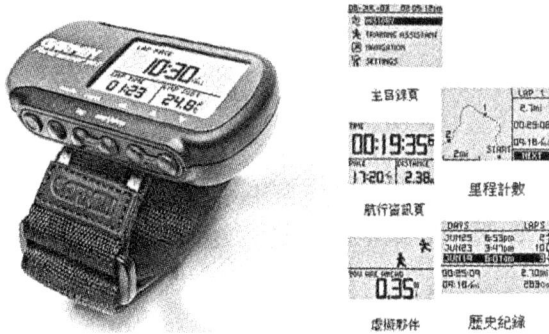

图5-19　腕式GPS，右侧是屏幕显示的内容

（2）作为体育专业人士，在考虑GPS应用的时候，往往会希望把GPS方法和重要的体育活动结合起来，使它能够发挥更大的社会效益和经济效益。

第六章 微格教学技术在高校体育教学中的应用

人们常说"他山之石可以攻玉",广大体育工作者正是看到了其他专业应用微格教学法培训教师的深刻影响,才开始考虑在体育教学实践中应用微格教学的基本方法。本章通过对微格教学常用设备、设计原理以及技术要求的进一步阐述,使高校体育微格教学能够有序组织,合理开展。

第一节 体育专业微格教学的常用设备简介

一、微格教学简介

微格教学(Microteaching)是师范生和在职教师掌握课堂教学技能的一种培训方法,又被译为"微型教学""微观教学""小型教学"等。微格教学是 1963 年由美国斯坦福大学的 D. W. 阿伦(D. W. Allen)和他的同事 W. 伊夫(W. Eve)首先开发设立的。阿伦和伊夫把微格教学定义为:"一个有控制的实习系统,它使师范生有可能集中解决某一特定的教学行为,或在有控制的条件下进行学习"。在斯坦福大学,微格教学原本是为师范生在当教师之前提供一个教学实践的机会而设立的。人们把微格教学描述为一个简化的教学实践。它在班级大小、课程长度和教学复杂程度上都被简化或缩减。英国的 G. 布朗(G. Bmwn)说:"它是一个简化了的、细分的教学,从而使学员易于掌握。"国内从事微格教学的学者认为:"微格教学是一个有控制的教学实践系统,它使师范生和教师有可能集中解决某一特定的教学行为,并在有控制的条件下进行学习和训练。它是建筑在教育教学理论、科学方法论、视听理论和技术的基础上,系统地训练教师课堂教学技能的理论和方法。"还有的人用一句话概括微格教学的特点就是"训练课题微型化、技能动作规范化、记录过程声像化、观摩评价及时化"。

体育专业微格教学在理论上一方面受到美国斯坦福大学 D. W. 阿伦等人微格教学理论的影响,另一方面直接受到体育专业教学方式的影响。人们都知道,直观教学是体育专业传授技艺和学习技能的重要教学手段,从 20 世纪 50 年代起,我国体育专业领域就有人把专业运动员在比赛或训练中的场面用电影摄像机拍下来,再放给运动员看,用以纠正运动员的动作。到 20 世纪 80 年代中后期,由于摄像机的普及,在专业运动训练领域,采用和微格教学近似的方法来纠正运动中的错误动作和技术的现象比较普遍,只不过当时没有叫"微格教学法"。

由于在体育专业的教学中也包括和文科、理科专业教学相近似的课堂教学活动,所以从 20 世纪 90 年代中后期起,在一些院校里就针对体育教育专业大学生在毕业教育实习前训练讲授中小学体育基础理论课的具体问题,进行过旨在提高课堂教学技巧的微格教学活动,后来这种微格教学活动逐渐被推广到体育专业多种课程的教学活动中。

图 6-1 是运用微格教学法，在体育保健学试验过程中做环形包扎的起始动作的示范。摄像机拍的是近景特写，重点在于表现环形包扎的细致动作。利用微格教学，让学生练习者进行"操作、评价、再操作"，以此来提高体育专业大学生掌握和运用体育保健技能的能力和水平。

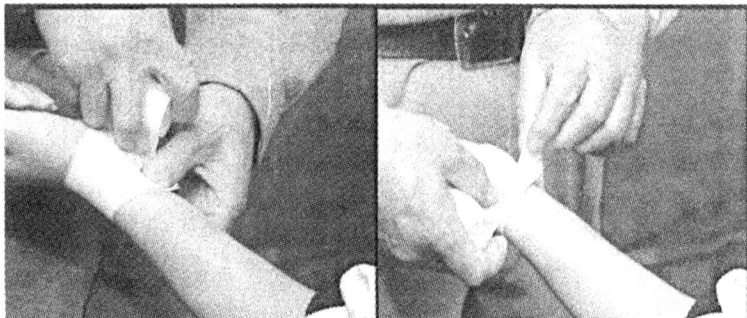

图 6-1　体育保健课程教学中的微格教学

二、微格教学常用设备

一般来讲，一个学校在设计室内微格教学系统时，主要目的是提高学校教学工作效率，加强师资培训力度，方便教学评估活动的开展。因此，可以采用网络多媒体技术和微格教学技术相结合的方案，采用远程节目播出双向控制技术和专业音、视频切换技术。

微格教学实验系统可分为三个主要部分：主控室（含节目编辑贮存室）、分析室、微格教室。其中主控室与微格教室及分析室之间的设备可双向控制。教师在分析室应该能够对主控室的录像机等节目播出设备进行控制，如"放像""暂停""快进""快倒""录像"等（可以使用多媒体对设备进行管理），这样教师便可以使用丰富的教学资料进行教学，教学手段也因此提到更高档次，教学必然会取得良好效果（图 6-2）。微格教室装有摄像和录音设备，教师和主控人员均可对微格教室实况进行录像，还可以只坐在分析观察室里观看微格教室的教学实况。上下左右都能转动的全方位云台，可以监视到教室每一个角落，能拉近、拉远的调焦镜头，可以把教师的特写、教室全景及关键的教学过程转播给分析观察室或者通过闭路电视监控系统传递给其他教室，也可以利用网络进行远程传递，另外，还可以通过录像记录下来，作为资料保存（图 6-3）。图 6-4 是某所院校装备的传统的微格实验室简图。

图 6-2　微格教学实验室的控制系统

图 6-3　布置在微格教师的摄像头和云台

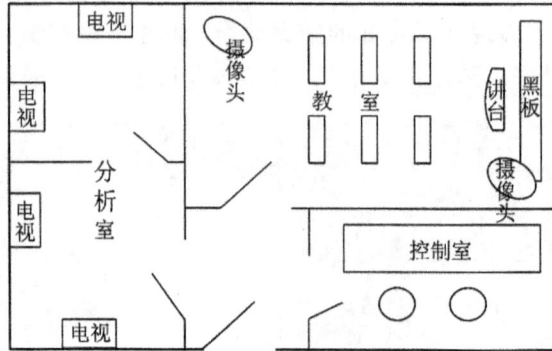

图 6-4　微格实验室（含教室）简图

图 6-5～7-9 所示是较为现代的微格实验室和设备的照片。

图 6-5　微格教室

图 6-6　评价教室

图 6-7　微格教学总控制室

图 6-8　微格录像服务器

图 6-9　视频非线性编辑系统和
流媒体课件制作系统

第二节　高校体育微格教学的设计原理与流程

一、高校体育微格教学的设计原理

（一）目标管理原则

体育教育专业使用微格教学方法进行教学或者运动技能训练时，要注意微格教学的教学设计必须以实现课堂教学目标为先导，以教学技能为实现目标的手段，进行微格教学方案设计。若偏离了课堂教学目标，不管运用了什么样的教学技能都是无意义的。同时，为达到预定的微格教学效果，受训者又必须熟练掌握并且灵活运用教学技能，明确教学技能的训练目标，这样才能更好地实现课堂教学目标。

（二）系统设计原则

微格教学包括了教师、学生、课程（教学信息要素）和教学条件（物质要素）四个最基本的教学系统构成性要素，涉及教学目标、教学内容、教学方法、教学媒体、教学组织形式、学习结果和评价等过程性要素及其相互关系，是包含各种教学要素的、复杂的、微观的课堂教学子系统。体育教育专业的教师要善于划分课堂教学的子系统，在子系统优化设计的基础上达到总体优化。换句话说，就是注意在微格教学设计过程中子系统技能训练和全系统技能训练的关系。

（三）反馈和评价原则

如果用形成动作技能的条件反射学说和控制论思想来解释体育专业微格教学训练和提高技能的本质，"就是利用多通道的反馈信息，根据条件反射的抑制原理，对已经形成的不良条件反射进行消退抑制、分化抑制、延缓抑制或条件抑制，促进生成良好的教学技能和运动技能。对于形成的教学技能和运动技能则经过不断地强化，在大脑皮层内形成深刻的感觉记忆划痕，最终形成完善的动作技能"。在微型课结束后，受培训者可及时观看自己的授课记录，并与指导教师、教练员和同学们进行讨论评价，从而获得提高教学技能与运动技能的对策。

二、高校体育微格教学的设计流程

（一）教学设计

我们依照微格教学的特点，把微格教学的教学设计分为五个阶段。图 6-10 从左向右五个栏目就是教学设计时要注意的 5 个阶段。

（1）根据体育教学大纲或训练计划，确定微格教学的内容并且制定分析方法、评分标准阶段。

（2）微型课教学内容设计，确定微型课主要关注的教学技能和运动技术。

（3）明确教师或教练员行为规范以及学生或运动员行为规范。

（4）微型课的实施。

（5）分析与评价。

上述五个部分的内容互相影响，而其中的反馈性调节环节是必不可少的。

在进行微格教学设计时，要根据目标管理原则和系统性原则来确定每一次微格教学实践课要解决的问题和目标，同时要明确需要解决哪几种重点教学技能或运动技能中存在的问题。

（二）教学技能综合训练评价

进行微格教学的目的就是要通过微型课教学对教学技能进行培训，特别重要的一点是对教

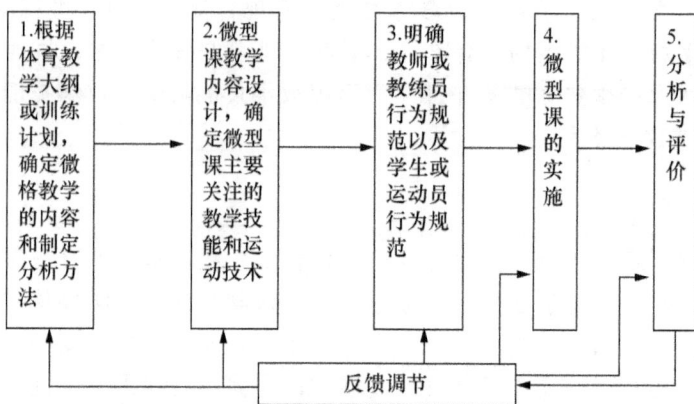

图 6-10　教学或运动技能训练的微格教学设计模式

学过程中所表现出的教学技能的合理性、技能组合的衔接、使用技能的应变能力等教师能力进行评价。在科学评价的基础上，通过反馈指导和改进教学方向与技能。表 6-1 是体育教育专业教学技能综合训练评价表，这个表是参考普通微格教学技能综合评价表制定的。

表 6-1　体育教育专业教学技能综合训练评价表

评价内容	评价标准			权重
	好	中	差	
选用教学内容符合教学大纲和教学目标				0.1
选用教学内容符合教学内容的要求				0.1
选用教学内容符合教学实际				0.1
教学技能之间兼顾合理				0.15
教学技能之间过渡自然流畅				0.15
教学技能之间组合合理				0.15
教学片段之间衔接自然				0.15
运用教学技能的应变能力				0.1

　　具体使用时，仅仅使用表 6-1 是不够的，因为任何一堂体育课都不会仅仅应用一种教学技能，即便是在一个教学片段里面也要应用几种教学方式。例如，在一堂体育课开始的 2～3 分钟左右的教学片断里就要包括整队、师生问好、口令、介绍课堂内容四个环节，教师就需要表现出课堂组织、口令、讲解（包括普通话能力）、基本体操中的步行、转身和教师的身体语言能力等。为了能够对微格教学中出现的相关教学技能进行及时、准确的评价，推荐使用表 6-2 体育教育专业进行教学技能评价表。

表 6-2　体育教育专业教学技能评价表（微格教学用）

微格教学评价人：		系别：		班级：			学号	
课题：		课题来源：						
教学目标：								
教学技能发生时间或顺序	教师的教学行为		应用的教学技能		评价			备注
				好	中	差		
评估与建议								

（三）体育教育专业微格教学教案

和其他课程一样，从事体育课堂教学活动也要事先编写教案。当然，采用什么样的教案格式并不是最重要的，重要的是教案要简洁、实用，为此我们设计了体育专业微格教学教案简图（表 6-3）。

表 6-3　体育教育专业微格教学教案（结构图）

微格教学评价人：		系别：		班级：		学号	
课题：		课题来源：					
教学目标：							
时间分配	教师教学行为		应用的教学技能		学生学习行为		
需要准备的教具室外教学时微格教学场地和设备、教具规划简图							

第三节　高校体育微格教学的技能要求

一、导入技能的运用

（一）导入技能的运用原则

导入的类型多种多样，但在设计和实施中均应遵循下列原则，才能导之有方。

1. 目的性

教师要明确导入技能教学的目的，无论采用何种导入方式都应该使设置的内容指向教学目标，服从于教学任务和目的，要围绕教学和训练的重点。通过导入教学活动，应该使学生初步明确将学什么，要解决什么问题，怎么学。

与教学目标无关的不要硬加上去，不能只顾追求形式新颖而不顾内容。不要让导入内容游离于教学内容之外，而是要使导入成为学生实现教学目标一个必要和有机的组成部分。

2. 相关性

导入的相关性包括两个方面：一方面是指导入内容的设计要与学生的年龄及思维特点相适应，尽量选择学生身边的情景，与学生的实际生活相关，这样才容易引起学生的注意和兴趣。另一方面是指在导入阶段要善于以旧抓新、温故知新，揭示新旧知识、技能的关系，使导入的内容与新课的重点紧密相关。如果导入与内容脱节，不管导入多么别致、精彩都不可能产生好的教学效果。

3. 趣味性

积极的思维活动是课堂教学成功的关键，富有启发趣味性的导入能引导学生发现问题，激发学生解决问题的强烈愿望，能创造愉快的学习情境，促使学生自主进入探求知识的境界，起到抛砖引玉的作用。教师在设计导入的时候，要根据教学目标、内容和学生的情况选择发生在学生身边的、能引起学生好奇的等学生感兴趣的材料。

此外导入的方式很多，设计导语时要注意配合，交叉运用。不能每一堂课都用一种模式的导语，否则就起不到激发学生兴趣、引人入胜的作用。

（二）导入技能的注意事项

教师在新上课或引导学生学习新的内容之间，要恰当地应用导入技能，把握好导入的时间，同时，要在导入的时间里充分调动学生学习的积极性，使学生尽快投入到新的学习中。

1. 把握导入时间

导入的时间要适宜。导入仅是一个"引子"，而不是内容铺开的讲授，故导入时间不宜过长，一般以 2～5 分钟为宜。导入时间过长，难免喧宾夺主，分散学生的注意力。

导入时的语言要力求简短明了，切忌冗长拖沓。因此在导入时一定要合理取材，控制好时间，用简洁的语言，力求做到恰到好处，适可而止。

2. 调动课堂气氛

导入是一堂课的开场白，是将学生由非学习状态转入本堂课学习的准备阶段。它往往有安定学生情绪，激发学习兴趣，把握学习目标，拉近与学生的情感距离的作用。要实现这样的作用，导入的设计很重要，同时教师在课堂上实施导入设计也很重要。

教师在开始导入的时候要注意观察学生的状态。有时上课伊始，学生的学习心理准备不充分，师生之间会有一定的心理距离；有时受气候或其他原因的影响，学生的精神状态或情绪不佳。这时，教师就要应用一些技巧，从感情上靠近学生、体谅学生，使学生尽快进入学习状态。

另外，教师的精神状态直接影响到学生的学习情绪。如果教师自己缺乏课堂教学的激情和热情，学生则会失去参与的热情。教师在导入的时候要根据导入的内容和学生的情况应用恰当的语音、语调、语气和措辞，以饱满的热情引导学生进入学习状态，最大限度地调动学生探求知识的主动性。

（三）导入技能的应用策略

1. 引入新方法，集中注意力

在课堂教学中，学生的注意力是保证听好课的首要条件，所以教学中教师应在学生集合后情绪尚未稳定、注意力尚未集中之前，运用适当的手段或方法使学生的注意力尽快集中到对体育知识、技能的学习上来。把学生的全部注意力吸引到所要讲述的问题上，为基本内容的学习做好准备。

2. 利用小游戏，激发兴趣

学习兴趣是一个人力求认识世界，渴望获得科学文化知识的积极的意向活动，只有对所学的知识产生兴趣，才会产生学习的积极性和坚定性。

3. 循序渐进，衔接新旧技术

导入的意义在于能承前启后，使学生有准备、有目的地进入新技术的学习，所以好的课堂导入应该起到复习已学的基本技术，引入新技术的辅助练习，在新旧技术之间架起桥梁的作用，从而为学生学习新技术铺平道路，明确目标，打下基础。

4. 巧设情境，愉悦情绪

激情入境，以境乐练，使学生情绪愉快地进入学习过程，为新课的展开创设良好的条件。

二、讲解技能的运用

（一）运用讲解技能的基本要求

1. 讲解要有目的性

讲解的目的要明确具体。教师要根据一节课的教学目的，明确每一段讲解内容的目的。"在知识上让学生学会什么，学到什么程度，在技能上让学生学会什么"，这是教师在讲课时要考虑的首要问题。教师一定要明确：讲解是启发学生思维，而不是代替学生思维。

2. 讲解结构要明确

要在认真确定教学目标、分析教学的重点和难点、明确新旧知识相互联系的基础上，理顺知识结构之序、学生思维发展之序，提出系列化的关键问题，从而形成清晰的讲解框架。这样易使讲解条理清楚，引起学生思考。

3. 讲解要突出引导性

在讲解过程中，要注意引导学生去思考、分析和概括，培养他们独立的、不轻易相信他人的意识。对任何事物、问题要有自己的判断和独立的认识，注重教给学生学习方法，使他们会学、善学、乐学。

4. 讲解要注意反馈调控

在讲解中，教师要重视反馈，通过观察学生的表情、行为和操作，留意学生的非正式发言或无意的技能行为，及时收集讲解效果反馈信息，及时调整、控制教学，并注意及时巩固、应用理论联系实际，以达到教学目标。

5. 讲解要有实例

例证是进行学习迁移的重要手段，它包括学生熟悉的生活实例和运用已学过的体育知识实例。例证能将熟悉的经验与新的知识与技能、原理和概念联系起来。举例的数量与质量（所举例子与概念之间的联系）要调整好，要做透彻的分析。

6. 讲解要有针对性和可接受性

课堂讲解要有针对性和可接受性，即教师要根据学生的知识水平、心理特点，采用学生能够接受的语言进行讲解。讲解的针对性与可接受性相辅相成、密不可分，只有考虑到学生的实际情况，教师的课堂讲解才是学生能够接受的。学生能够接受的课堂讲解，必定也是针对学生的知识水平、能力发展、心理状态等更具体实际情况而进行的讲解。因此，教师在讲解时应因人、因时、因地、因事而定，绝不能千篇一律，重复一个调子。

7. 讲解要与其他教学技能配合使用

实践经验证明：教师在讲解时必须和其他技能密切配合，才能提高讲解的效率。例如，在讲解时教师借助提问加强反馈；教师边讲解边演示；边讲解边示范都是常采用的方式。这样做，一方面可以借此提高学生的学习兴趣；另一方面使学生多种感官同时参与学习，提高学习效率。教师在讲解时可以通过语言声调、速度的变化吸引学生注意，进行强调。体态语言在教师讲解中的作用大，教师的一个手势、一个微笑都可以起到意想不到的作用。教师在讲解时还应该对学生的学习行为给予鼓励和肯定，以激发学生的热情。总之，教师在讲解时要采取多种措施，使学生"愿意学，学得会"。

8. 讲解语言要有趣味性与艺术性

讲解语言的趣味性要求教师上课时使用生动活泼、诙谐幽默的语言，结合教学内容，进行生动的叙述、形象的描绘。但是教学语言的趣味性应该注意分寸、界限和场合。教学语言的生动有趣还应注意避免流于庸俗、低级，甚至污言秽语，污染教学环境。教学语言的趣味性应做到生动有度、活泼有节。

课堂讲解的艺术性首先表现在讲解语言的语音美，即讲解要口齿清楚，发音准确，吐字清晰；音质悦耳，嗓音甜润优美，富于变化；音速适度、音高合理、语速恰当；其次，课堂讲解的艺术性还表现在讲解内容的意境美。课堂讲解语言要做到语言准确、简明、通俗，构成鲜明的意境美。

（二）运用讲解技能应注意的事项

（1）认真钻研教材，分析授课内容，确定讲解要点，避免面面俱到、模糊笼统地讲解。

（2）要考虑课前后之间、课与课之间、体育课与其他学科之间的联系，力争做到循序渐进、承前启后、相互渗透。

（3）选择符合授课内容的讲解类型，根据课的不同部分，所授教材的内容特点，变化讲解方式，集中、小组、个别讲解互相配合，体现讲解的多样性。

（4）讲解前必须明确讲解内容的范围、重点、难点以及与学生已知知识的联系，使讲解过程更集中明了，并且建立在一种知识发展的逻辑必然之中。

（5）讲解时，要在学生掌握的全部知识储备中将与解决面临的问题有关的部分抽取出来，作为引导、启发讲解的知识起点，促使学生运用已有知识对面临的问题进行思考。如果学生不能很好地解决问题，教师才作详细的讲解。

（6）教师要寻找最恰当的讲解形式，以便使讲解过程更有效率。

（7）讲解要简洁精练，抓住要点，保证学生有足够的练习时间。

（8）讲解要使全体学生都能听见，避免使用学生不懂的专业术语和词汇。

（9）讲解要与其他教学技能相结合，提高讲解的直观、生动、形象和趣味性。

（三）讲解技能应用的原则

1. 精讲原则

教学讲解必须遵循精讲的原则。精讲就是要做到内容精选、语言精练、方法精当、效果精彩。精讲就必须要做到简明扼要、提纲挈领、避免烦琐；精讲就要力求达到举一反三、闻一知十的效果。精讲之精，体现了讲解的水平，也直接关系到教学的效率。精讲并非只是数量的要求，更是质量的要求。精讲就要求讲得精彩、讲得精当、讲得明白、讲得科学，要在单位时间里达到量少而质高的水平。

2. 启发性原则

孔子说："不愤不启，不悱不发。"新课程下，教师的教学讲解必须更具有启发性。教师在讲解过程中的主导作用，绝不体现在代替学生去寻找答案上，而应体现在诱导学生自己去探索、比较、归纳、综合、解决问题上。讲解过程中，教师要以课程标准为指导，从教学实际出发。根据知识间逻辑顺序和学生认知顺序，有计划地设置有内在联系、条理清晰、层次分明、环环相扣、层层深入的问题系统，使学生的思路在教师的启发诱导下徐徐展开、不断深入，这种科学的讲解方法，会使学生在复习旧知识的基础上，加深对新知识的理解，这对发展学生的思维能力无疑是非常有益的。

3. 直观性原则

直观性原则要求教师在教学过程中为学生提供有关的事实、实物和形象，为学生学习新知识、形成新概念奠定感性认识的基础。直观教学能把抽象的事物具体化，容易吸引学生注意，激发学习兴趣，促进对知识的理解和记忆。

4. 针对性原则

由于遗传、环境和教育等诸多因素的影响，每个学生的个性互不相同，知识、能力、情感、意志和性格等都有不同的特点。教师要通过调查研究，既掌握全班学生的共同特点，如学生们的知识水平、接受能力和学习风气等，又知道每个学生的具体特点，如兴趣爱好、特长和优缺点等。这样教师才能针对不同学生的情况，从实际出发，因材施教，在统一授课的基础上，采取不同的讲解方式，传授体育健康知识和运动技能，教育不同的学生，使每个学生都得到进步。

5. 系统性原则

系统化的知识便于理解、记忆和应用。在讲解到一定阶段时，教师要致力于知识系统化，把零散的知识，通过归纳总结使其连贯起来，串珠成链、结绳成网，形成系统化的完整知识，这可以在一节课结束时、一个单元结束时进行。但是必须注意，在知识系统化的时候，既要照顾教学内容的全面性，更要主次分明、突出重点。

6. 适时反馈和调控原则

讲解由于主要是教师讲学生听，教师在讲解过程中要注意学生的反应，要使讲解的发展过程与学生的思维、理解过程同步，要有针对性和交互性。把握好体育课堂教学信息的反馈，及时控制和调整讲解的方法和进程，以达到讲解的良好效果。

7．艺术性原则

教学是一门艺术，而且不是一般的艺术，它是艺术中的艺术。教师讲解的艺术性可以从语音、语句和无声语言等方面来考虑。教师的讲解应能做到声音悦耳动听、语调抑扬顿挫、语句幽默风趣、表情丰富生动、举止优雅大方、讲解循循善诱，使听课的学生如沐春风、如饮甘霖，不仅学到了知识、提高了能力，而且增加了修养、陶冶了情操。

三、示范技能的运用

（一）运用示范技能的基本要求

1．动作示范要有明确的目的

示范是直观教学中的一种主要形式。教师在教每一个技术示范动作之前，要有明确的目的。为什么示范，什么时候示范，先示范什么，后示范什么，怎样示范，都要做到心中有数。在具体示范中要让学生观察什么，重点看什么，都要向学生讲清楚。例如，教授新教材时，为了使学生建立完整的动作概念，一般可先做一次完整的示范，让学生先观察，了解整个动作的形象、结构和过程，然后结合教学要求，把动作分解，用慢速或常速做重点示范。这样，完整的示范就为重点示范作了必要的铺垫，并使重点示范的动作更加鲜明、突出，以帮助学生较快地理解教师讲授的内容，达到预定的教学目的。

在教学的不同阶段，教师所采用的示范应有不同。教师无论采用哪种示范的方法，其目的一定要明确。以建立完整的动作概念为目的时，需要运用完整示范；以掌握技术动作的某一环节为目的时，可采用分解示范；以纠正错误动作为目的时，可采用正误对比示范。

2．示范动作要正确、美观

正确是指示范要严格按动作技术的规格要求完成，以保证学生建立正确的动作表象；美观是指动作示范的生动和诱人，以保证动作示范可以引起学生的学习兴趣。体育教学中，教师的示范动作应力求做到正确、熟练、轻快、美观，这样不仅可以使学生建立清晰的动作表象，还可以激发学生的学习热情，提高学习兴趣。

3．示范时机把握要恰当

体育教师示范的时机关系到示范的效果和课的连贯性。教师示范的时机是由学生的身体素质和学生对技术动作学习掌握情况所决定的。

（1）新授内容学习之时的动作示范。教师应通过正确的动作示范给学生建立一个正确的动作表象，让学生知道将学习的内容和了解一个初步的动作过程，同时可以激发学生的学习欲望。

（2）重难点突破时进行示范讲解。每节课都有重点和难点，如何突出重点、化解难点是课堂教学成败的关键，正确的动作示范和准确的讲解可以有效地突破学习中的重点和难点，以提高学生练习的目的性和实效性。例如，新授内容"山羊分腿腾越"的教学中，学生尝试练习后，教师集中进行正确的示范和要点的讲解，突破教学中的重难点，提高学生对动作的认识，增强练习中动作的正确性。

（3）学困出现时进行示范讲解，即大部分学生的学习出现明显的困难时或出现普遍的共性问题时。新授教学，学生往往会因为初学习而出现学习困难，对动作的掌握出现明显的困难点，这时就需要教师或学生重复的示范和教师（师生）的点评。例如，新授课内容"前滚翻交叉转体 180°"教学中，学生出现前滚翻交叉转体不顺、重心不稳等现象时，教师可以集中重复动作示范、讲解（或者选择动作好的学生进行示范，师生共同探讨），帮助学生解决困难和共性问题，提高学生练习的积极性和有效性。

（4）学习遇到"瓶颈"现象时进行示范讲解。我们经常会发现，学生的学习有了一个基本掌握后，会出现难以提升或更优化动作的阶段，这个现象称为"瓶颈"现象。一旦学生出现这个现象，就需要教师（或学生）的重复动作示范和更细致的、有针对性的讲解（师生点评），使学生明白"瓶颈"所在点和提升优化的手段，以有效突破"瓶颈"现象。

一般来说，示范的时机是有规律可循的，但也因教师及其经验的差异而有所不同，并非固定的、机械的，只有符合教学目的、教学对象且具有良好的教学效果才是适宜的示范时机。无目的、多余的重复示范，就会分散学生的注意力，降低教学效果。

4. 示范的位置和方向选择要便于学生观察

示范的目的是要给学生作范例，这就得让全体学生都看得到、看得清。因此，教师的示范不仅要规范，还要特别注重示范的位置和方向。

一般来说，示范的位置距离应根据学生的队形、动作的性质以及安全的要求等因素来决定，如在武术教学中，教授基本动作时，采用横队队形，教师就应站在横队的等边三角顶点方位示范；如果是复习套路，采用横队集体练习，教师就应站在队伍的左前方带领学生练习。又如跳远时，必须采用侧面示范，这样可以使学生看到怎样单腿起跳、踏跳准确的技术动作。又如跳远的教学，学生要观察起跳的难点技术，就应让学生站在跳远沙坑的两侧观察教师示范，这能使学生的视线始终随教师的示范动作移动。

5. 示范与讲解要有机结合

示范与讲解是体育教学中不可分割的一个整体，只有示范没有讲解，学生只能看到一个具体的动作形象；只有讲解没有示范，学生也只能获得一个抽象的概念，因此，只有将示范与讲解有机地结合起来，才能更好地发挥其作用。示范与讲解的配合方式有先示范后讲解、先讲解后示范、边讲解边示范、边讲解边示范边练习等。在体育教学中选用哪种示范讲解配合方式，应根据教学的具体情况、所学动作的难易程度及学生的年龄、心理特点等而定。例如，在学习侧手翻时，教师的示范使学生感知了动作的外部结构——"侧手翻的动作就像一个大圆形平面板直线向前转动"。然后，通过讲解，提出手脚依次落地要成一条线，翻转时空中的动作要成一个平面，这样学生就能模仿教师的动作，并领会"地上一条线，空中一个面"。由于把示范与讲解结合起来运用，学生就容易领会整个动作规格的要求，减少了那些不必要的教学程序，大大缩短了学生对侧手翻技术动作的认识过程。实践证明，在教学过程中，只有把讲解与示范结合起来运用，才能让学生对技术动作建立完整、正确的概念，形成正确的表象，从而提高练习效果。

在体育教学的过程中，可根据具体情况重复示范，并指出动作的重点、难点；或先讲解后示范、也可边讲解边示范。总之，在体育课堂上，讲解和示范必须密切配合，互相依存，互相补充。因此，老师在教学中，要始终贯彻"精讲多练"原则，使学生直观感觉与思维活动有机结合起来，产生良好效果，提高体育教学质量。

6. 示范的形式要多样化

示范要根据学生的实际情况，作重点完整示范、分解示范以及正常速度和放慢速度的示范。

如对新教材，教师就应先用正常速度示范一次完整的技术动作，使学生初步了解教材的完整技术结构后再根据该次课内容用慢速度分解示范，使学生了解动作的要领、要求等，建立一个完整的动作表象。例如，在初学武术少年拳第一套的教学中，应先用正常速度把整套动作示范一次给学生看，使学生初步了解少年拳第一套的技术动作结构，再根据该次课的任务，进行分解示范教学。另外，也可用直观教具进行示范，如录像、图解等，以弥补示范不足和增加讲解的实效性。还有在练习的过程中，教师应针对学生存在问题的具体情况，让掌握技术动作较好的同学进行示范练习，然后教师加以分析，必要时教师可模仿学生的错误动作加以对比，这样，正确的技术动作会在学生的脑海中产生更深刻的印象，从而提高了教学效果。

（二）运用示范技能的原则

1. 服务性原则

动作示范是为顺利实施教学，指导学习运动技能的一种教学手段，因此，运用时必须自始至终围绕着具体的教学任务、内容及要求，根据教学活动的进展情况，结合教学实践，按整体、个体的需要进行。

2. 可行性原则

动作示范的运用，必须根据教学任务的要求、内容和进度充分照顾到学生的自身条件，即学生现有的知识、技能及各自的认知能力等因素。同时也要考虑到教学环境和教学条件，所实施的示范动作必须要能引起学生注意并形成正确的学习心理定向，在可行的基础上进行。

3. 指向性原则

动作示范的目的是让学生在学习过程中获得一个立体、直观、清晰的运动表象，建立起正确的条件反射，进而促进分化抑制发展，建立正确的动作技术概念，消除心理障碍。因此，教师的动作示范必须根据学生的心理需要并结合实际，明确指向教学内容和需要解决的动作技术问题。

4. 针对性原则

动作示范的内容、形式、方法不同，所起的作用不同，得到的教学效果也不同。运用要根据学生实际和教学需要，有目的、有针对性地进行。

5. 实效性原则

动作示范要讲求实效性，要在示范动作规范、突出重点、确保质量的前提下，结合实际，选择好时机，使自己处于最佳的示范位置，控制好速率与节奏，确保全部学生得到有效的观察。

四、提问技能的应用

（一）课堂提问的原则

1. 目的性与计划性

课堂提问的目的是为教学服务，那种脱离教学目标，纯粹为提问而提问，搞形式无计划无目的的盲目提问的做法是不可取的。因此在教学中，教师要有明确的提问目的，把课堂提问设计列入备课计划中，作为教学活动的一个重要环节并贯穿始终。课堂提问必须要有计划性，教师要精心设计，有的放矢地提问，以真正达到提问的目的。

2. 准确性与有效性

课堂提问既要把握提问内容准确有效又要注意提问语言的准确有效。内容的准确有效是指提问内容要从教学内容出发，紧扣教材重点、难点设疑，充分考虑学生的认知水平和技能程度。提问语言的准确有效是指教师提问的语言表述要明白、确切，力求干净利落、恰到好处，使学生能迅速领悟到问题的关键。在提问时，教师语言还要力求亲切、富有感情，以利于吸引学生的注意力。

3. 启发性与新颖性

提问要使学生具有质疑、解疑的思维过程，以达到提高思维能力的目的。因此，首先提问要带有启发性，要能激发学生的好奇心和求知欲，使学生积极探索、主动参与。通过设疑、解疑过程，最终使学生实现知识和能力由"现有水平"向"未来发展水平"的迁移。其次，提问要具有新颖性，要求教师提问不能老生常谈，力求做到形式新、内容新，使问题具有吸引力，激发学生的学习兴趣。

4. 全体性与层次性

体育教学设置的问题一般是面向全体学生的，问题的设置既要考虑一定的难度和跨度，同时还要注意到学生的认知水平，所设置的问题应该能让大多数的学生经过分析思考后可以回答。因此教师提问要注意把握问题的"面"。除此之外，提问还要注意把握问题的"跨度"。教师应根据不同层次的学生，设置不同层次的问题。提问要遵循循序渐进的原则，做到由易到难、由浅入深，层层渐进。

5. 实践性

体育是实践性很强的一门学科。提问的主要目的是促进学生加深对动作、技术的理解。因此体育教学中，教师提问要与身体练习实践相结合，不能破坏体育课堂结构的严密性和完整性。也只有重视联系实践的提问，学生才能学得活，对知识、技能理解深刻，掌握牢固。

（二）体育课堂提问的常见错误及注意事项

在现代的体育教学中，课堂提问被广泛采用。由于体育教学本身的特点，在体育教学过程中的提问与其他课中的提问在形式上有几点不同：一是体育教学中的提问往往都采用简短的语言；二是体育教学中的提问不能占用太长时间进行讨论；三是体育教学中的提问以伴随身体练习的思考为线索；四是在体育教学中的提问分散在练习和讲解之中，但在开始和结束部分更重要。

1. 体育课堂提问的常见错误

在体育教学中，虽然很多体育教师很注重运用课堂提问来提高教学质量，但明显存在着"浅显"的问题，如"老师做得好不好呀"或者"这位同学做得好不好"。这类提问几乎没有任何教学意义，反而会有相反的教学效果。总的来说，提问中常见的错误有以下几种。

（1）提问缺乏针对性。一些教师课前没有精心钻研教材，没有根据学生实际创设课堂提问，上起课来经常信口开河，想到什么提问什么。这些随意提出的问题，有些过于简单，学生不用思考就可随口回答，教师往往采取"单一"的方式，"是不是""对不对"的判断和"是什么"的叙述型，结果只能发展学生的判断和记忆思维，却不能发展学生的发散思维，起不到激起学生思维的效果。

（2）提问语言不当。教师的提问在语言上拖泥带水，啰唆重复、含混不清、缺乏条理，学生听了不知所云，常常出现答非所问的现象。此外，还有些教师将提问当作一种"惩罚"手段，常采用指令性与强制性的语言，常常使学生感到压抑，甚至产生逆反情绪，不利于学生积极主动地参与解疑过程。因此，教师在设计问题时必须注重提问语言，做到措辞精练、言语亲和。

（3）问题设置过难。问题的设置既要考虑一定的难度和广度，还要注意到学生的认识水平。所设置的问题应该能让多数学生经过分析思考后可以回答。如果教师提出的问题过于深奥，学生无从答起，课堂出现冷场，教师或责备学生，或自问自答，这样的提问既浪费了宝贵的教学时间，又打击了学生学习的积极性。

（4）问题分配不恰当。在课堂教学中，教师往往对某些学生提许多问题，而对另一些学生从不提问，教师还有可能较多地提问他所偏爱的学生，甚至把提问集中在课堂某一区域的学生身上，如前排的同学。对教师来说，一种非常普遍的表现就是把所提的大多数问题分配给学习成绩较好的学生，因为这些学生的回答通常可以使教师比较满意。教师这些不恰当的分配，导致课堂不平衡的互动，使某些学生更多地受到教师的注意，别的学生却被忽视了。

（5）"期待时间"不足。许多研究表明，大多数的教师在提问时基本没有停顿，主要表现在两个方面：一方面，教师在提问后没有留给学生充足的思考时间就让学生回答，一旦学生不能迅速回答问题，教师就会重复刚才提出的问题，或者叫另一个学生回答；另一方面表现在学生作答后，大多数教师在学生回答后立即就会有肯定或纠正学生的回答，接着再提问或者让另一位同学再作答。这种不充足的期待时间不利于学生思考，也让学生失去了完善他们思路的机会。

（6）评价不恰当。在提问过程中，教师的及时评价是非常重要的，然而做好并不容易。有些教师不善于从多方面给出确认的反应，缺乏思维的导向，习惯性地依赖于说声"好"或者"不错"以示对学生回答的赞同，但由于单调乏味的简单肯定或否定，容易很快使问题变得毫无意义和效力。此外，评价不恰当还表现在教师的语言分寸感差，肯定少而否定多，不善于多角度地进行评价，在一定程度上影响了学生的学习激情和情绪。

2. 运用体育课堂提问技能的注意事项

针对以上常见错误，教师在运用提问技能时应注意以下事项。

（1）精心预设关键问题，教师要深入研究教材和学生的学习，突出重点、难点和关键点，增强提问的目的性和针对性。

（2）注重提问语言的准确有效，做到措辞精练、言语亲切，避免因理解问题困难而影响提问目的的达成。

（3）具有适当的问题水平，既要有面向各个能力水平学生的各种水平的问题，鼓励全体学生参与，也要对它们按难度、坡度合理安排，组成简明合理的问题结构。

（4）问题分布全面，教师应有意识地将问题在全体学生中分布，让更多的学生参与提问过程，使人人都有回答的机会和责任。

（5）合理的期待时间，教师在提问后要留给学生充足的思考时间，让学生认真思考、解答。

（6）及时恰当的评价，抓住学生注意力集中、思维活跃的时机，强化学生正确的认识，及时改正错误，激励引导学生的思维向纵深方向发展。

（三）课堂提问的技巧和策略

1. 优化环境

课堂教学气氛和学生的心理因素对学生回答问题的态度起着重要作用，因此必须营造良好的提问氛围，使学生保持积极的兴奋状态，积极参与、大胆发言。在课堂提问时，教师应态度温和、语言亲切，给学生一种亲切感，通过鼓励学生的表现欲、学习欲，营造最佳的提问氛围，切忌使用强制性的语言和态度提问。此外，教师还要注意与学生之间的情感交流，采取与学生一起思考的心情或协商的语气提问，鼓励学生做"学习的主人"，积极参与回答问题。这样长久坚持下去，学生参与课堂提问的积极性会越来越高，教师的课堂提问才会收到实效。

2. 精心设计

问题设计是实施有效提问的前提。一个恰到好处的问题可以提高学生的思维能力和思维积极性，促进学生全神贯注地进行思考，提高教学效果。反之，一个不严谨或不科学的问题，则会使学生茫然、无所适从，甚至严重阻碍教学的顺利进行。因此，要实现有效提问，必须从精心设计问题入手。

（1）明确提问目的。完成问题框架的过程，是促进学生学习和发展的过程，也是教师实现教学目标的过程。因此，设计什么类型的问题，怎样通过提问激发学生的运动兴趣和动机，发展学生的身体素质，提高运动能力等，教师都必须全面地考虑清楚。

（2）问题的设计既要合乎教学内容，又要考虑学生的实际情况。设疑、解惑的最终目的是实现教学目标，促进学生发展。因此教师要综合分析各种因素，根据教材的重点、难点和所要学习的主要技术原理，结合学生的实际情况，提出问题。在技术教学过程中，教师要善于提出或引导学生发现教学或学习中的问题，问题要紧扣技术原理这条主线，应在明确技术原理的基础上，将技术重点、难点与所要解决问题紧密结合。此外体育教学面对的是一个班集体，每个学生的认知水平和兴趣爱好各不相同，反应能力和思维能力也各不相同。因此教学中所设计的问题必须面向全体学生，在考虑问题难度和跨度的同时还应注意到大多数学生的认知水平。一般来说，问题的难度应与中等以上学生的认知水平相符，所设置的问题要可望也可及，能让学生"跳一跳"确实能摘到"果子"。

（3）问题的数量、顺序要合理。这里所说的数量合理，主要是指提问次数不宜过多，要尽量做到少而精、短而明，避免"满堂问"，做表面文章。体育课不同于一般的文化科学课学习，体育课的主要目的在于尽可能充分调动学生的身体活动，再加上体育课中学生的位置相对不太固定，如果提问的次数过多且每次都集合学生，势必影响学生身体练习的密度。顺序合理，主要是指问题的排列要符合人们认识事物的规律，同时也要依据知识本身的逻辑关系，各类问题的提出应遵循循序渐进的原则。设计的问题必须有一定的梯度，由易到难、由简到繁、层层递进、步步深入，将学生的思维一步一个台阶地引向求知的新高度。一般来说，知识、理解性问题为先；应用、分析性问题次之；综合及评价性问题最后提出。

（4）把握问题的难易程度。体育教学面对的是一个班集体，每个学生的认识水平和兴趣爱好各不相同，反应能力和思维能力也各不相同。因此，教师要综合各种要素，根据教材内容的重点和难点，结合学生的实际水平，有效把握问题的难易程度，提出可望也可及的问题。提问过于简单或过于抽象均不利于学生思维的发展，也会直接影响到教学的进程和效果。

3. 适时提问

问题是"死"的，学生却是"活"的，因此教师需要根据课堂情况随机应变，切实有效地把握提问时机。一般来说，好的提问时机包括以下几个方面：

（1）于教学过程的最佳处提问。教学过程的最佳处可以是以下几种情况：①当学生疑惑、不解、厌倦困顿时，抓住疑难点进行提问。如在前滚翻教学时，有不少学生翻不过去，或者翻过去不能蹲立，或者翻斜出垫，学生对此感到为难，这时教师可提出三个问题让大家思考：是什么地方做得不对才翻不过去的？为什么不能蹲立呢？是什么原因造成翻斜了呢？通过这些提问，使学生对造成动作失败的原因有了进一步的理解，从而解决了不知如何改正错误动作的难处。②当学生对动作概念理解带有片面性，认识不清时，抓住模糊点进行提问。如在教引体向上时，在如何理解"双手正握杠呈悬垂后，用力屈臂上拉引体至下颌过杠。引体时，不可借助蹬腿和摆动的力量"这些动作要领时，有不少学生认为：是仅靠上臂的力量来做引体向上的吗，如果真是这样，那会怎样呢？以此关键问题进行提问，然后再引导学生联系动作要领，并结合练习深入讨论，从而明白了不仅要靠上臂的力量，而且还要靠腹肌、背肌力量以及呼吸及杠的反弹力的配合来做引体向上，要求引体时不要借助身体摆动和屈蹬腿的力量。这样提问引导，既澄清了学生的模糊认识，又提高了思维能力。③当学生受旧技能影响无法顺利实现技能迁移时，抓住矛盾点提问。

（2）于教学重点、难点处提问。教学内容能否成功地传授给学生，很大程度上取决于教师对本节内容重点、难点的把握。经验丰富的教师在备课时往往注重对解决重点、突破难点方法的选择。而在重点、难点处恰当设疑则能起到事半功倍的效果。如在少年拳第一套的跳步推掌教学中，教师就可有目的地把"跳步推掌"这个动作所要解决的重点、难点问题向学生提出"怎样做到掌要直、肩要沉、劲要顺""动作要做到紧凑、连贯、轻巧有劲力的关键在哪里"等。这样提问，就能有效地激发学生的求知和求胜欲望，引导他们自主地进行一招一式的反复练习、尝试，从中悟出练好武术动作的方法、要领，达到预期的教学目标。

（3）于教学内容过渡处提问。在过渡处设疑不仅能起到以旧引新、承上启下的作用，而且还能够激发和维持学生良好的学习状态。教师应该在教学过程中用自己敏锐的眼光捕捉学生的信息，抓住每次提问的良机，巧妙设疑及时提问，只有这样才能有效调动学生的求知欲，促进教学的有效性。

4. 合理候答

首先，在教学提问中，教师应注重学生的思维过程，给学生留出充足的思考时间。教师只有有效把握提问后的期待时间，才能使提问的效果发挥到最佳。如果思考时间不足，学生则无法彻底理清思路；如果思考时间过长，则在做教学"无用功"。因此教师要根据问题的性质给学生留出适当的考虑时间。一般来说，假如要考察对已学知识的记忆，一般等待1秒左右为宜；对于探究性问题、需要学生合作交流的问题，就需要延长思考时间，一般可留3～5秒，甚至更长时间。实验表明，当教师把等待时间1秒又1秒地拉长，课堂就会出现许多有意义的变化，如学生的回答会越来越详尽，发现的问题会越来越多等。但如果等待时间超过10秒，说明问题太难，学生可能已经无从下手或者思维已处于不清晰的状态，就需要教师及时提示，帮助学生解困。

其次，在学生回答问题时，教师要善于倾听。如果说问是一门艺术的话，那么听也是一门综合艺术，它不仅涉及人的行为、认知和情感等各个层次，而且需要心与心的理解。当学生回答问题时，教师要将自己全部注意力放在学生身上，给予对方最大的、无条件的真诚关注，表示对学生的尊重和兴趣。如果教师表现出不耐烦、目光游离，学生的积极性就会受到影响。

5. 恰当理答

学生回答完毕后，教师及时准确的反应对学生保持回答问题的积极性有很重要的作用。而这种反应是在瞬间完成的，因此存在着很多技巧。首先，教师必须充分注意师生之间在心理特征、知识能力水平、生活经验、审美情趣等方面的差距，把握每一个学生的心理反应，时时处处都设身处地地为学生着想，表扬和鼓励他们积极思考、勇于发言。其次，对学生的回答要积极评价。在答案的取舍上要采取认真负责的态度，无论学生的回答多么不完美甚至完全错误，都要采用建设性评价，不要用否定性批评，同时及时给出正确答案。当学生的回答表达不清时，应适时帮助学生补充、完善答案。

五、结课技能的运用

（一）运用结课技能的原则

1. 主体性原则

在导入时，考虑学生尚未学习新知识和新技能，教师对学生不肯放手还情有可原的话，那么，结束时在学生已经掌握了新知识和新技能的情况下，教师仍然越俎代庖就不可原谅。主体性原则要求教师在结束时，最大限度地发挥学生的作用，能够让学生做的尽可能让学生去做，能够被学生替代的尽可能被学生替代。如让学生口头总结，让学生来提问，让学生来展示，提高学生学习的积极性、主动性，加深学生对所学内容的印象。

2. 连续性原则

结构完整的课堂教学应包括准备、基本、结束三部分，其中准备部分是课堂教学的起点，基本部分是课堂教学的核心，结束部分是课堂教学的终点。结束部分应与准备部分首尾一致，遥相呼应，使准备部分导入时提出的学习目标在结束时达成，结束部分应是基本部分的自然延伸，与基本部分保持一致。

3. 简洁性原则

结束部分一般占时 5min 左右，由于内容是学生刚学过的，教师不可能也没必要像上新课那样把内容原样重复一遍，而是应该用浓缩的形式概括、归纳本堂课的要点，做到评议简明扼要，正如白居易所说："篇终语清省。"结束应是点睛之笔，不应画蛇添足。

4. 多样性原则

每一种结束方式都有其自身的优势和不足，因此，在结束时教师应尽可能地将多种结束方式结合起来使用，形成各种组合，实现各种结束方式的优势互补，取长补短，提高结束的有效性。

5. 针对性原则

体育课结束时必须根据教学目标、教材内容和学生的年龄特点，有针对性地选择结课方式。如整理活动时根据课堂负荷大小、练习的部分，有针对性地放松负荷比较大的部位，选择适合学生年龄特点的整理活动，从而真正达到放松身心的目的。

(二) 运用结课技能的注意事项

1. 精心设计，追求实效

体育课结课时内容多、时间短，因此体育教师要精心设计课的结束环节，切不可认为结束部分只是简单的过渡，而忽视对结束部分的设计。结束部分设计包括整理活动设计、概括要点设计、总结点评设计、组织队形设计等，教师应根据教学内容的性质和要求、学生的认知特点和理解情况、具体的课堂教学情景、教学规律及教学原则与教学方法的要求，使学生在尽量短的时间内达到放松身心、领会要点、接受思想道德教育等目标，结课方式做到科学选用、高效突出、力求创新。

2. 语言简练，紧扣主题

结束时对要点的概括是为了让学生更快、更好地理解记忆，教师要抓住动作的重点、难点，采用准确简练的语言加以总结归纳，给学生以深刻的印象，不要把概括要点与动作讲解混为一谈。对学生的点评不要"胡子眉毛一把抓"，要紧紧抓住学生的闪光点、出现的最主要问题，言简意赅地进行表扬和批评，达到教育学生的目的。

3. 师生共评，激励为主

结束阶段教师要对课堂教学进行全面的、综合的分析评价，要给学生留有发表自己意见和建议的机会，使教师及时获得最佳的信息反馈，培养学生自我评价、相互评价的能力，评价必须正确、公正、全面、客观，方法要恰当，应以表扬、鼓励为主。

4. 组织严密，按时下课

教师要准确把握课堂教学的进程和时间，合理安排结束部分的内容，教学组织严密，避免因整队、讲解而造成时间上的浪费。此外，教师还应尽量做到按时下课。是否能按时结束课是反映教师教学计划、组织工作是否得当的标志之一。体育课既不能虎头蛇尾草率收场，也不能前紧后松，为拖延时间而随心所欲地生拉硬扯一些与教学内容不相关的活动来应付，等着下课。

5. 作业布置，系统科学

课外作业是培养学生终身体育锻炼的意识和行为的重要途径，教师要根据学生年龄、身体素质发展的敏感期、教学内容、季节特点等，有计划、有目的地布置课外作业，做到科学、系统、全面地发展学生的体能和技能，使学生养成良好的体育锻炼习惯。

第四节　高校体育微格教学的组织实施

微格教学是一项细致的工作，要有效地提高教师的教学技能，关键是要紧紧抓好微格教学全过程所包含的理论学习、示范观摩、编写教案、角色扮演、反馈评价和修改教案等环节。这些环节环环相扣、联系密切，削弱其中任何一个环节，都会影响培训的效果。我们应针对被培训者的实际情况，落实每一个实施步骤。如图 6-11 所示。

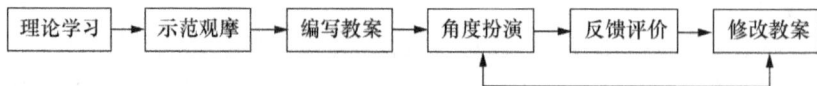

图 6-11　体育微格教学实施过程

一、理论学习和辅导

在微格教学实践和发展的过程中，融入了许多新的教育观念、教育思想和方法。如布鲁姆的"教育目标分类学"及"掌握学习法"，弗朗德的"师生相互作用分析"理论。具体实践中又有美国爱伦教授的双循环式和英国布朗教授的单循环式等。

微格教学培训是一种全新的实践活动，也有其深刻的理论基础，因此，学习和研究新的教学理论是十分必要的。理论辅导的内容包括：微格教学的概念、微格教学的目的和作用、学科教学论、各项教学技能理论。理论研究和辅导阶段要确定好教学的组织形式。通常在学习教学理论时，导师以班级为单位作启发报告，讨论和实践则以小组为单位。小组成员以 6 人左右为宜，最好是同一层次的教师或师范生。指导教师要启发小组成员尽快相互了解，对所研讨的问题有共同语言，互相成为"好朋友"。

二、教学技能分析

微格教学的研究方法就是将复杂的教学过程细分为单一的技能，再逐项培训。导师可以根据培训对象的不同层次和需要，有针对性地选定几项技能。一般说来，对于师范生和刚踏上讲台不久的青年教师来说，经过微格教学实践可以及早掌握教态、语言、板书等方面的基本技能；对于有一定教学经验的教师，可以通过微格教学实践，深入探讨较深层次的技能，有利于总结经验、互相交流、共同提高教学能力，以达到提高教师整体素质的目标。在技能分析和示范阶段，导师要做启发性报告，分析各项技能的定义、作用、实施类型、方法及运用要领、注意点等，同时将事先编制好的示范录像给学员观看。

三、组织示范观摩

针对各项教学技能，提供相关的课堂教学片段，组织学生进行示范观摩。观看录像后经过小组成员讨论分析，取得共识。这样，学员不仅获得了理论知识，也有了初步的感知。

(一) 观摩微格教学示范录像

(1) 教学示范录像片段的选择。在选择示范录像时要遵循两条原则：一是水平要高，二是针对性要强。示范的水平越高，学员的起点就越高；针对性越强，该技能的展现就越具体、越典型。

(2) 提出观摩教学示范录像片段的要求。在观看示范录像片段时，指导教师要先提出具体要求，明确目标，突出重点，边观看边提示。提示时要画龙点睛、简明扼要，不可频繁，以免影响学员观看和思考。

(二) 组织学习、讨论、模仿

(1) 谈学习体会。各自谈观后感：哪些方面值得学习；对照录像，检查自己的教学与其存在哪些差距。师范生注重前者，在职教师注重后者。

(2) 集体讨论。重点交换各自的意见，在要学习的方面达成共识。指导教师也要参加讨论，重点指导。

（3）要点模仿。示范的目的是为使受训者进行模仿。许多复杂的社会型行为，往往都能通过模仿而获得。实际上，受训者在观看录像时就已渗透着模仿的意义。这里讲模仿，主要是在指导教师指导下进行重点模仿。此外，指导教师的亲自示范或提供反面示范，对学员理解教学技能也会起到十分重要的作用。

四、角色扮演

（一）角色扮演的意义

角色扮演是微格教学的中心环节，是受训者训练教学技能的具体教学实践活动，在活动中每个受训者都要扮演一个角色，进行模拟教学。这样做改变了传统的"老师讲、学生听"的教学模式，给受训者以充分的实践机会，从而使师资培训工作上了一个新台阶。

（二）角色扮演的要求

要求主要有两个方面：一方面，扮演"教师"者要真实，按照自己的备课计划，在有控制的条件下训练教学技能；另一方面，扮演"学生"者要充分表现学生的特点，自觉进入特定情境。另外，在角色扮演过程中，任何人不要打断"教学"，让"教师"去处理教学中的"麻烦"，技术人员在拍摄过程中，不能对"教师"提出约束条件。

培养教学技能，必须通过真实的练习与训练，否则就难以形成技能。微格教学中的角色扮演，给学生提供了上讲台的机会，使他们能把备课时的设想和对单项技能的理解，通过自己的实践表现出来，同时进行录像。师范生由原来的被动听课者变为教学活动的参与者，充分发挥了学生的主体作用，体现了微格教学的优势。

在微格教学实习室内，有教师、学生和摄像人员。教师由接受培训的学员轮流担任，学生也由学员扮演。每节微格教学课的时间控制在 10 分钟左右。为了使"角色扮演"的效果更佳，微格教学实践应该注意以下几点。

（1）在角色扮演前，指导教师要向师范生说明有关角色扮演的规定。

（2）除了执教者和学生以外，减少模拟课堂上其他无关人员的数量，这样当执教者面对摄像镜头时能减少紧张情绪。

（3）扮演"教师"者要把自己当成一个"纯粹"的教师，要把自己置身于课堂教学的真情实境之中，一切按照备课计划有控制地进行教学实践活动，训练教学技能。

（4）扮演"学生"者要充分表现学生的特点，自觉进入特定情境。有时也可以让学员扮演一位常答错题的学生，以培训执教者的应变能力。"学生"最好是执教者平时的好朋友，这样初登讲台的执教者能获得一种安全感。

五、反馈评议

反馈评议阶段，首先由执教者将自己的设计目标、主要教学技能和方法、教学过程等向小组成员进行介绍，然后播放微格录像，全组成员和导师共同观摩。观看录像后进行评议，可以由执教者本人先分析自己观看后的体会，检查事先设计的目标是否达到，及自我感觉如何；再由全组成员根据每一项具体的课堂教学技能要求进行评议。评议过程由以下三个环节构成。

（一）学员自评

（1）照镜子、找差距。由教师角色扮演者分析技能应用的方式和效果，看是否达到预期目标。

（2）列出优、缺点。肯定成绩，找出不足之处。如果自己认为很糟、非常不满意，可以申请重新进行角色扮演和录像。指导教师可根据条件和时间，决定是否重录，尽量做到不挫伤学员积极性。

（二）组织讨论、集体评议

评议时应以技能理论做指导，分析优、缺点，进行定性评价。

根据量化评价表给出成绩，进行量化评价。

提出建设性意见，提出如何做才可能会更好。

指导教师要注意引导，营造一种学术讨论的氛围。

（三）指导教师评议

学习者对指导教师的评价是十分重视的，指导教师的意见举足轻重。因此，指导教师的评价应尽量客观、全面、准确。对于扮演者的成绩和优点要讲足，缺点和不足要讲准、讲主要的。要注意保护学习者的自尊心和积极性，要以讨论者的身份出现，讨论"应该怎样做和怎样做更好"，这样效果会更好些。

六、修改教案，反复训练

（一）学员修改教案

根据本人录像，参考技能示范录像和技能理论，对照评议结果，针对不足之处，由学员自己修改教案。

（二）进行重教

根据评议情况，学员进行第二次实践，重复上述过程。

（三）再循环或总结

是否再循环，可以根据培训对象的具体情况及课时安排而定。当然，在课堂教学过程中，各项技能是交织在一起的，任何单项的教学技能都不会单独存在。如培训导入技能，重点研究导入的方式、新旧知识的联系、情境的创设等问题。但导入过程必然用到语言技能，还可能用到提问、板书、演示等技能，只是对这些技能暂不考虑，只重点考虑导入技能的应用情况。

因此，当各项教学技能都经过训练并达到一定水平以后，指导教师应安排学习者进行各项技能的综合训练，也只有对教学技能进行综合训练，才可能最终形成教学能力。

第七章　慕课教学技术在高校体育教学中的应用

慕课（MOOC）是将网络、移动通讯、课程与教学论结合迅速发展起来一种新兴在线课程形式。将慕课教学技术应用在体育教学中，是高校体育有效教学的表现。本章通过初步分析慕课教学的内涵与特点、设计原理与过程，运用实例展示慕课教学技术在高校体育教学中的应用。

第一节　慕课教学的内涵与基本特点

一、慕课

MOOC（Massive Open Online Course）是以课程与教学论和网络以及移动通讯为基础发展起来的新兴在线课程形式。从大规模在线开放课程来看，它的关键点有"大规模""开放""在线""课程"。

"大规模"指课程的学生数量成千上万。学生的动机多元化，有的可能是为了得到证书，有的是为了从视频中寻找作业灵感，有的为了职业发展，有的也可能仅仅只是开阔视野。

"开放"指课程资源开放。学习这些课程的学生可能来自世界上任何一个国家，又使得学生身份多样化。

"在线"指学习者选择课程、学习教学视频、进行测验、完成作业、小组讨论等所有环节都要通过网络在线完成。

"课程"是实时交互的，学生的练习、测验能够即时得到反馈。这与通过函授形式、互联网形式授课的远程教育和近年来兴起的网络公开课都不同。

二、MOOC 的教学特点

MOOC 课程主要由三个部分构成：教学视频、课程测验、互动交流。

首先，MOOC 的课程内容通过短小精悍的视频呈现。MOOC 课程都是事先录制好的视频，长度大概在 2 小时左右。课程并不是一次性展示给学习者，而是根据课程的知识容量和教学目标的不同，分解为若干个小模块。每个模块都含有 15 分钟左右的视频讲座、测验、任务等。像游戏通关一样，完成一个模块才能进入下一个模块。

其次，MOOC 通过在线练习题来进行课程测验。在线练习题类型多样，涵盖选择题、简答、论述题等。在线测验不仅能够使学生了解自己掌握内容的程度，还促使学生主动地投入到学习中。每个教学视频中都会嵌入一些简单的小测验，回答正确就可以继续观看视频，回答错误则相反。嵌入式小测验就像老师的随堂提问，能够促进学生注意力集中。

最后，MOOC 课程中师生之间、生生之间都可以进行互动交流。MOOC 课程学生成百上千，甚至上万。对于大规模的学生，教师能够通过网络平台参与学生们的讨论，助教也会在论坛中对学习者一些共性的问题或者有意义的问题进行解答和反馈。

三、MOOC 的技术特点

MOOC 强大的数据捕捉和数据分析功能离不开大数据的支持、数据挖掘技术和学习分析技术的发展。MOOC 会跟踪并收集学习者数据，形成"学习大数据"。通过对大数据的技术处理，能够分析学习者特征，预测并提供学习者下一步学习需要的教学内容和教学形式，使得教学人员能够灵活设计课程内容和形式，满足不同学习者的要求。

（一）大数据技术

大数据是规模巨大的数据信息。教育领域大数据分为广义教育大数据和狭义教育大数据。广义教育大数据涵盖了人在教育活动中的一切行为数据；狭义的教育大数据指在线学习平台、学生管理系统和课程管理平台中学习者行为数据。

1. 大数据的特征

大数据的特征有：数量大、产生迅速、类型多样。

（1）数量大。大数据量的大小是一个动态标准：指超过典型数据库软件所能够捕捉、存储、分析管理的数据量。随着硬件和软件技术的进步，对大数据量的大小会有新的定义。MOOC 课程中学习者规模成千上万，远远超出传统课程，而且包含很多日志文件和文本，样本容量非常大。

（2）产生迅速。大数据是学习过程中产生的即时数据。传统采集的数据变量都是有目的地采集而来的，含有很多重要信息。相反，MOOC 中数据是即时产生的，有用的信息含量低，大部分采集的数据都没有什么研究意义。

（3）类型丰富详细。虽然大数据中信息含量低，但是非常详尽，很多在传统课堂中不能得到的数据都能够采集。学习者视频学习时间、论坛发帖质量和数量等各个学习环节的行为数据都能够被采集到。通过对大量信息的数据挖掘，能够提炼出一般的知识和规律。此外，大数据是覆盖所有人的数据，不需要像传统数据那样通过样本推断整体。

2. 大数据的技术支持

MOOC 课程会产生大量数据，大数据的采集、整理和分析需要计算机硬件、云技术和人工智能的支持。MOOC 是大规模在线开放课程，一门课程中有成千上万的学习者同时学习，学习进程中产生大量数据信息，包括作业提交、打分、讨论等。这些信息都是由计算机完成，由MOOC 服务器来记录和分析。互联网技术的发展和计算机硬件的支持为信息互动产生的大规模数据的存储、传递和分析提供可能。因为硬盘的存储容量、存储密度、传输速度等大幅度提高才能对大规模信息数据进行采集和处理。计算机技术，尤其是云存储和云计算的发展是更为重要的方面。云存储是利用分布式文件系统、集群技术、数据压缩技术、存储网络化管理技术、存储虚拟化技术等对大容量的数据进行传输，通过协同工作集中存储和共享各种数据信息（比如文档、图片、视频、音频等），保证系统稳定高效地运行。云计算平台能够提供弹性的、大量的计算资源，将大数据处理系统中庞大的数据拆分为无数的小部分，然后由系统通过分布式算法分别处理，之后将处理后的结果回传给用户。MOOC 服务商可以利用云计算在短时间内处理数以万计的信息，即用低成本实现与超级计算机一样强大的数据处理功能。

3. 大数据分析方法

大数据分析方法有数据挖掘、数据的可视化、机器学习等。

（1）数据挖掘包括监督式和非监督式学习。前者包括分类、估计、预测。预测模型是建立模型来预测产出变量，常用的方法有回归分析。在教育数据挖掘中，通过建立学生行为模式，利用已有数据信息（比如知识、元认知、动机、态度等）能够分析有效的学习顺序，进而预测学习者下一步的学习行为。

（2）可视化是分析大数据的一个非常有效的途径。传统的统计报表不能对数据量很大的数据进行清晰直观地反映。而可视化帮助人们在大规模数据中发现规律。标签云能够把文字加权可视化。字号越大的词汇表示其出现频率越高，字号越小的词汇表示其出现频率越低，帮助人们在大量的文字信息中识别最突出的概念。这个方法可以应用于课程讨论区各种帖子的分析。历史流能够形象直观地展示出多人都参与编写文档的过程。

（3）机器学习是一门多领域交叉学科，与统计学、逼近论、概率论、算法复杂度理论、凸分析、计算机等多门学科相关。机器学习理论是通过设计和分析算法让计算机能够自动"学习"。机器学习算法能够对已有数据进行自动分析，找出规律，预测未知数据的算法。它在很多行业有非常广泛的应用，诸如证券市场分析、检测信用卡欺诈、搜索引擎、计算机视觉、医学诊断、生物特征识别等。

（二）大数据为 MOOC 提供技术支持

MOOC 平台能够采集、管理、分析在线学习者数据，构建相关模型，分析已有学习行为，科学预测学习者学习趋势。大数据在 MOOC 中的应用主要体现在教育数据挖掘和学习分析。

1. 教育数据挖掘和学习分析的定义

（1）教育数据挖掘是让学习者学习行为模型化显示，分析变量之间的相关关系，预测学习发展趋势。学习分析是通过研究学习者知识、能力和需求，为教师和管理者提供有效信息，有助于为学习者提供更合适的教学内容。

（2）教育数据挖掘是将学习碎片化，对要素进行逐个分析。学习分析涉及心理学、统计学、信息科学、学习科学等，是一个跨学科的研究领域。学习分析侧重于监测学习表现、预测学习行为、发现学习问题，帮助教学者做出决策。

（3）教育数据挖掘强调新的数据分析方法和数据分析模型。学习分析侧重利用已有模型解释影响和组织学生学习系统的问题。

（4）教育数据挖掘侧重学生学习过程中系统自动生成的反馈，可以识别优秀学生和较差学生的差异，如测验通过率、论坛中讨论参与程度等。学习分析重视对学生因材施教。教师和学校通过学习分析，根据学生现有能力和水平设计灵活的课程内容和不同的课程形式帮助学生，对学习比较困难的学习者进行干预，为学习者提供反馈等。

2. 教育数据挖掘和学习分析在 MOOC 中的应用

教育数据挖掘是在数据建模的基础上，综合运用数学统计、机器学习和数据挖掘技术，处理和分析教育大数据，发现学习结果与各个学习因素之间的相关关系，预测学习者学习趋势。

2012 年，美国教育部发布的《通过教育数据挖掘和学习分析促进教与学》报告列出教育数据挖掘的几个目标：研究不同学习软件对学习者提供教学支持的有效性；整合学习者动机、知识和态度等各种信息，建立学习者行为模型；建构包含教学策略、领域模型、学习者模型等数据计算模型，促进有效学习。

　　学习分析涉及信息科学、社会学、心理学和学科科学的理论和方法，通过教育大数据的处理和分析，用已知方法和模型解释影响学习者行为的重大问题，评估学习者学习行为，为学习者提供人为适应性反馈。MOOC 中学习分析获取数据的主要来源是学习者，不仅包含学习者外显行为产生的数据（如参加考试、完成测验），还包括学生内隐行为中采集到的数据（如论坛发帖、在线交互、讨论区参与程度等）。教师学习分析的目标是追踪学生学习过程，分析如何教学更加有效。教师能够掌握全体学生和个别学生的情况，获得学生情绪状态、感兴趣程度和讨论参与度等可视化报告。教师可以根据分析结果，灵活调整教学内容，并且对学生学习过程进行干预等。从管理者角度来说，学习分析可以从一定程度上为管理者提供决策依据。

　　如表 7-1 所示，教育数据挖掘和学习分析主要应用于：学习者知识建模、行为建模、体验建模、学习者建档、学习要素和教学策略分析、知识领域建模、趋势分析、适应性和个性化学习分析。

表 7-1　教育数据挖掘和学习分析的主要应用

应用领域	研究问题	需要的数据
知识建模	学生具体掌握的知识（例如概念、原理等）	①测验结果的相关数据（错误、部分正确的、正确）；学习者完成题目花费的时间；错误率以及重复错误次数；经常错选的题目；是否需要提示和帮助；②学习者学完课程花费的时间；③过程性测验和总结性测试结果
学习者行为建模	不同类型的行为对学习结果的作用	①测验结果的相关数据（错误、部分正确的、正确）；学习者完成题目花费的时间、错误率以及重复错误次数；经常错选的题目；是否需要提示和帮助；②学习环境变化，产生的相关数据
学习者体验建模	学习者对学习体验的满意程度	①学生填写满意度调查问卷；②学生在后续学习过程中的学习表现
学习者建档	划分学生类别	学习者测验结果（正确、部分正确、错误）；学习者写出答案需要的时间长度；错误率以及重复错误次数；经常错选的题目；是否需要提示和帮助
学习要素和教学策略分析	学习过程中能够促进学习者学习效果的要素；有效的教学原理；课程设计与学习结果的相关关系	①学习者测验结果（正确、部分正确、错误），学习者在不同模块中的学习表现；②不同问题的关系，问题和能力之间的关系；③领域知识分类
知识领域建模	课程内容难易程度、课程内容呈现顺序变化与学习结果的相关关系	①学习者测验结果的相关数据（正确、部分正确、错误），学习者在不同模块中的学习表现②知识分类③各问题之间的关系，问题和能力之间的关系
趋势分析	学习行为与结果之间的相关关系；随时间变化的趋势	①学习系统中学习者学习行为相关的纵向和横向数据；②学习系统中，相对稳定的并且持续一段时间的学习者的基本信息
适应性学习和个性化学习分析	对学习者进一步学习提出的建议；对于后续选课的学生，改进课程或教学设计来提高他们的学习满意度；对学生的学习体验进行调整	①学习系统中学习者学习行为相关的纵向和横向数据；②学习系统中学习者学业和课程的数据，学习者反馈的数据

3. 大数据下 MOOC 的适应性学习系统

学习系统中包含了大量诸如学习路径、学习成果等学习者学习行为相关的数据。研究人员对相关数据进行采集、处理和分析之后，能够给教师、管理者等人员提供反馈，帮助教师教学、管理者管理和学生学习。图 7-1 是 MOOC 基于大数据的自适应学习系统流程图，主要模块如下：

（1）内容传递模块。管理和维护学习内容，支持学习者学习。

（2）学习者数据库，存储各种学习行为数据。

（3）预测模块。通过对系统内部学习者在线学习行为数据和学习者信息系统中数据整合、处理和分析，预测学习者未来学习行为。

（4）显示模块。将运行结果可视化并呈现给使用者。

（5）自适应模块。根据学习者的知识和兴趣，传送不同的学习内容。

（6）干预模块。教师、教学管理者和系统开发人员能够干预系统。

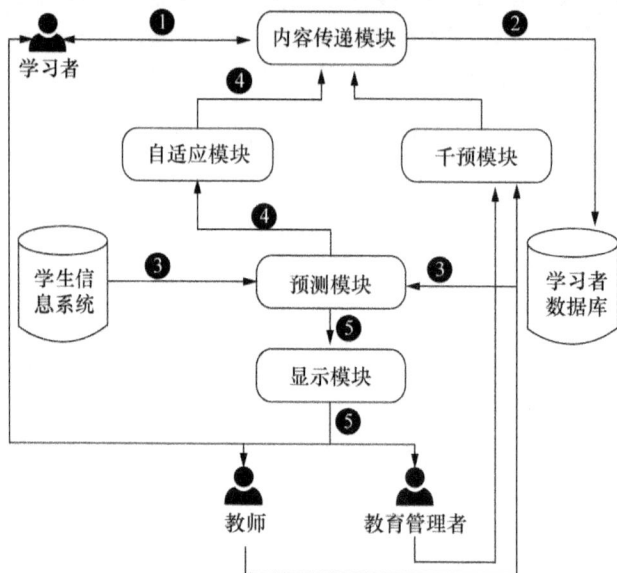

图 7-1　基于大数据的自适应学习系统运行流程

自适应学习系统运行流程如图 7-1 所示。第一步，生成学习行为数据，数据经过内容模块之后会标记上时间戳。第二步，行为数据会根据预先定义的结构存储在学习者数据库中。第三步，预测模块会根据不同目的，运用不同模型和工具，分析数据。第四步，自适应模块根据分析结果，将合适的学习策略和学习指导通过内容传递模块提供给学习者。第五步，预测模块中数据分析结果在显示模块中进行可视化处理，方便教师和管理者使用。管理者还可以通过干预模块干预系统。

第二节 高校体育慕课教学的设计原理

一、从教学角度分析 MOOC 教学设计原理

（一）教学目标研究

掌握教学理论强调设置明确具体的教学目标。掌握教学首先要具体化各学科的教学目标，制定规格明细表，确定每一个目标的层级关系和重要程度。美国著名的教育目标分类学家布卢姆提出，教学设计、课程组织和教学评价的基础是教学目标，可见教学目标在其教学理论中的重要地位。布卢姆认为教学目标包括三个方面：认知、情感和动作技能。这就将教学目标转为一个分层次的、可掌握的、可理解的、可测试的、符合逻辑的知识系统。它为分析教学提供了框架，为课程计划的制定、教育评价等提供了依据。在布卢姆的教育目标分类基础上，能够制定出各门课程的教育目标。根据这些教育目标进行教学、课程测验、教学评价等，都有助于学生取得良好的学习效果。

MOOC 课程制订了具体明确的教学目标。单元教学目标层次分明，便于学习者观察，避免了学习者由于目标的模糊笼统而产生茫然，对自己的学习能力产生怀疑。此外，预先设计目标有助于教师把握教学方向，规划教学进程。掌握教学中教育目标能够细化到具体的课程中。学生在学习之前了解课程的进度安排，有一个明确学习目标，有助于学生在课程学习前形成准备状态，发挥学生的主观能动性，对今后的学习产生积极的影响。

MOOC 每周安排特定的学习内容和讨论主题。课程中学生可以根据安排有计划性地参与活动，进行自主学习。教师会定期在课程主页或者邮件中告诉学习者课程安排、讨论主题和学习者需要参与的活动，及时提醒学习者进行测验和完成作业。学习者需要参与的学习活动包括：关注课程的更新、浏览课程通讯、观看教学视频、阅读各种文本资料；在论坛与教师和学习同伴互动，分享不同的观点，激发更多的想法和灵感；参加在线讲座，与教师和同伴讨论问题；根据自己的偏好选择通讯交流工具，发布信息；通过博客等交流平台分享自己的见解；制作各种音频、视频课件，发布资源。

综上所述，MOOC 教学目标明确，课程内容的学习和活动安排都一目了然，能够帮助学习者了解课程学习中自己每个阶段应该完成的任务和达到的学习状态，这些都体现出掌握学习理论重视教学目标的思想。

（二）教学内容研究

认知负荷理论认为教学内容的复杂程度和呈现方式能够影响学习者的认知负荷。

教学内容本身具有的元素种类、数量和复杂性都会影响学习者的认知负荷。认知负荷理论提出"冗余效应"，就是要求教学内容必须删除无关信息，只保留核心内容。在根据认知负荷理论分析国内传统教学发现，教学单元知识点繁多、内容艰涩的课堂，学习者认知负荷过高。教学十几分钟后学生就会出现注意力涣散的情况，阻碍学习者知识建构。而如果教学内容过于简单、教学形式单一，学习者认知负荷过低，又会造成教学时间的浪费。

在教学内容呈现方式方面，为了调动学习者的积极性，认知负荷理论提出"形式效应"。"形式效应"提倡教师在教学中要利用各种图文声像调动学习者的各种感官，避免各种信息在工作记忆中"拥挤和堵车"。排除"注意力分散效应"要求教学内容呈现方式整合。在各种呈现方式中，图表简单直观，信息量大，"冗余"信息少。图表能够利用学习者大脑中的认知图式，学习者操作少量的信息就可以学习，从而减少外部认知负荷。在"静态"内容呈现方面图表具有很大优越性，而对于"动态"的教学内容如科学实验操作，可以利用计算机模拟进行。这种学习方式能够降低学习者认知负荷，帮助学生理解、掌握与实验相关的各种理论知识。

MOOC 在教学内容制作呈现方面具有以下特点。

（1）教学内容短小精悍。MOOC 视频针对某一特定主题制作而成，将视频按照内容的逻辑顺序划分为一系列小视频。MOOC 视频的制作灵感还与视觉驻留规律有关。学习者注意力集中的有效时间一般在 10 分钟左右。MOOC 视频遵循视觉驻留规律，能够避免因视觉疲劳、听觉疲劳而影响学习者效度的情况。

（2）MOOC 整合图文声像各种方式呈现教学内容，让学习材料变得简单化，降低学习者认知负荷。MOOC 通过形象生动的图片、视频等调动学习者的学习兴趣，能够增加学习者相关认知负荷。在课程中对于重要的定义和观点会用文字写出来。对于一般内容的呈现除了文字、讲解以外还可以载入图片、引入小视频，让学习者在轻松幽默中理解和掌握。

综上所述，MOOC 教学内容精练，每个视频制作短小精悍，剔除了冗余信息，降低了学习者的内在认知负荷，避免学习者因认知负荷超载而降低学习效率。在教学内容设计方而通过图文声像等多种方式呈现教学内容，充分调动学习者感官，降低学习内容的难度，从而降低学习者认知负荷。

（三）教学模式研究

建构主义学习理论强调改变传统的教学模式。教学模式是"指在一定的教学理论、教学思想和学习理论的指导下，在某种环境中展开的教学活动进程的稳定结构形式。"建构主义理论强调以学生为中心，倡导学生从信息被动接受者变为知识主动建构者，教师要从知识单向传输者变为促进学生知识探究、积极建构的指导者和促进者。教师应该采用新的教学模式进行教学。传统的教学模式以教师为中心："教师利用讲解、板书等各种教学方法灌输知识，学生单方面地接受信息。"

建构主义强调的教学模式可以概括为："以学生为中心，教师担任组织者、帮助者和指导者，利用学习环境的要素调动学生的积极性、激发学生的首创精神，促进学生对所学知识进行积极有效地建构。"学生是信息加工者、意义的主动建构者，教师要创设良好的环境，提供丰富的学习资料和学习工具，鼓励学生进行交流互动，帮助学习者意义建构。教师变为教学的组织者，对教学过程进行指导；学生成为知识的积极建构者，对知识进行建构；教学环境中的各种工具也成为学生协作学习、主动探究的认知工具。

MOOC 课程并非教师主导，而是由分工明确的团队运行的。实际上，典型的课程团队不仅需要讲师、助教、教学论专家，还需要技术支持专家。这些人员分工协作，支持 MOOC 平台的运行。技术支持专家帮助制作视频，维护课程后台运行等。课程协调人组织课程活动，介绍课程情况、更新每周话题、发布活动通知等。教师的地位和作用也发生变化，发布话题和活动，协助学习者学习讨论、掌握学习进程。大规模的在线学习，教师是远远不够的，还需要助教协助完成任务。

MOOC 中教师成为课程的发起者和指导者。他们通常是具备丰富经验的专业人士或者本领域内的专家。教师在课程进行过程中需要完成很多教学任务：维护课程 WIKI；根据参与者的博客、讨论帖的精选等编制每日课程通讯；更新每日课程内容；在虚拟教室主持专家讲座；在虚拟教室回顾学习情况；参与并且引导论坛讨论。

MOOC 平台中以学习者为中心。平台中为学习者提供先进的学习工具、人性化服务，创造友好轻松的氛围。在这种环境中，学习者的学习欲望被激发出来，并转化为积极主动的学习行为。

（1）平台拥有简单清晰的界面和便捷的注册方式，方便学生选课。

（2）学习者在选定课程后，能够在文字和视频的引导下，快速了解学习支持服务功能和其他相关信息，掌握学习方式，并且通过学习计划明确所要学习的内容以及需要参加的活动。

（3）教师团队会通过主页和邮件通知课程进度、测验、作业、论坛讨论主题等。

（4）学习者在学习过程中有不懂的内容，可以随时在论坛或课外活动小组中寻求帮助，对于学习者普遍存在的问题会自动置顶，由教师或者助教通过视频或者文字等形式予以解答。

（5）学习者如果有放弃学习该课程的倾向，就会收到助教鼓励其继续学习的邮件。

（6）学习者在课程结束后可以通过社交网站与任课教师保持联系。如果条件允许，教师也可以通过举办见面会的形式与学习者交流。

（四）教学评价研究

1. 掌握学习理论

掌握学习理论重视过程性评价，以改进教师教学，促进学生学习。MOOC 以形成性评价为主，综合了多种评价方式，主要包括以下几个方面。

（1）内嵌式测试。MOOC 视频中含有大量内嵌式测试，学习者在正确回答问题之后才能继续学习。这样的测试主要以客观题为主，难度比较低，能够帮助学习者掌握重要的知识点，并且有利于集中注意力，保证学习的有效性。每个教学单元之后的测试能够使学生在学习之后立即掌握自己的学习情况，利于及时查缺补漏。

（2）课后测试。MOOC 课后的测试题主要是客观题，辅之以主观题。学习者作答之后立刻就能够获得反馈，并且得到讲解，帮助学习者了解自己的学习漏洞，掌握课程内容。例如，课后练习，在规定的次数内学习者可以多次练习，但是需要在截止日期前提交答案。

（3）平时作业。平时的作业含有很多主观题，评价方式包括教师评阅与学生互评。学习者不仅能反思课程内容，也能够与不同学习者相互交流，碰撞出思维的火花。同伴互评阶段：首先，发布作业，学习者进入作业区作答，可以在提交之前不断修改。其次，提交截止。超过作业截止时间就不能再提交作业，也不会收到同伴互评通知。然后，开始批阅。学习者随机收到一定数量作业，按照评分表标准打分。最后，批阅截止。截止后无法继续批阅，如果没有完成批改，学习者也无法看到自己的分数。

（4）期末考试。这是对学生整个课程完成情况的综合考核。不同 MOOC 平台期末考试的形式不同。Coursera 学习者可以通过全球测试中心进行期末测试。edX 中，学习者可以在家参加考试：校方在考试前会记录考生的输入频率和用词特征，便于考试之后对比。校方在考试期间会对考生的电脑进行锁定，通过摄像头远程监督。除此之外，考生需要了解"诚信规章"，保障遵守学术诚信。

（5）学习者完成学习并通过课程考核之后能够获得证书。证书的签订是对学生学习的肯定，也激励个人进一步提升。证书是学生完成课程的证明，对学习者认真学习、完成学业起到很好的督促作用，并且对学习者今后的工作或进一步深造也有一定作用。

多样化的评价不仅承认学习者的多样性和丰富性，而且给予学习者及时反馈评价，符合掌握学习理论教学评价和反馈的条件，使学习者及时掌握自己的学习情况，促进学习。已经有部分证据表明，参加 MOOC 课程学生的总体成绩要比传统课堂中参与同类课程的学生成绩要高。

2. 行为主义学习理论

斯金纳是行为主义学习理论代表人物。他提出程序性教学的思想，即将知识按照学科内在逻辑分为前后衔接、逐步加深的知识项目。学生按照这些项目的顺序逐个进行学习，在每学完一步之后都及时给予反馈，让学生马上知道自己的学习成果，即能得到及时的强化，使得学生能够顺利进行下一步学习，逐渐达到预定目标。在程序学习当中，学生能够根据自己的学习能力和习惯自定步调学习。

程序教学将教学材料分为前后衔接的小步子内容，学生按照顺序小步子进行学习，并且给予及时反馈。学生能够根据自己能力自定步调学习，逐渐达到预定目标。MOOC 团队在制作课程过程中也参考了程序教学法的理论。

（1）MOOC 中每个视频都被制作成小片段，每个片段之间的内容是相互衔接的。与传统课堂中长时间的讲授不同，这些 8~12 分钟的片段有利于学习者在零碎的空闲时间学习，逐步掌握某个主题。

（2）视频中还穿插着各种测验和习题，只有完成测验才能进一步学习。学习者可以通过习题来检测自己掌握知识的程度，为下一步的学习打下基础。如果做错了，系统会将这部分知识点所在的视频告诉学习者，便于学习者重新学习。这些都有利于学习者掌握知识，对学习者是一种强化，有利于学习者保持积极学习的状态。

（3）MOOC 视频中机器的反馈是即时的。例如，提交答案会即时产生结果，并且对回答做出分析和评价。传统课堂中教师只给学生一次测验的机会，而在 MOOC 中学生可以多次参加测验，有些习题甚至允许做 10 遍。同学之间还可以相互评价，这样学生能接触不同学习者的作品，在评价中学到更多的东西。此外，MOOC 使用数据挖掘技术，将学生的学习信息都记录下来，通过分析数据准确诊断学生的需求，预测下一个行为，提供有针对性的材料和学习建议。

（4）MOOC 学习者具有很大的自主性，这体现在学习者能够根据自己需要自主地选择课程、决定自己学习的速度、掌握学习的进度。

综上所述，MOOC 视频将教学内容小步子呈现给学习者；教学内容中嵌入了问题，学习者对材料中的问题做出回答，回答正确以后才呈现下一步的教学内容；MOOC 允许学习者自定步调进行学习，这些都体现出程序教学的思想。

二、从学习角度分析 MOOC 教学设计原理

(一) 学习者研究

1. 学习来源于内在动机

人本主义心理学重视学习动机的研究。马斯洛提出"需要层次理论",将人的需要划分成五个等级,最高等级是自我实现的需要。自我实现就是把人类自身中潜在能力转为现实物质的倾向。人从出生以来就对世界充满好奇,充满了对学习的渴望。即学习是人与生俱来的需要。这种与生俱来的需要在人幼年时期很少受到压抑,个体常常对外部世界具有强烈的好奇心。这时候人的学习不仅是适应环境的需要,更是满足自己精神需求和成长的需要。但是在学校学习过程中,学习者负担加重,考试接踵而来,很多学习者在不合适的教育中好奇心渐渐减少,自我实现的动机减弱。学习的兴趣被标准化考核、求职压力等磨灭,学习动机往往来自于家长的期望、教师的要求、社会的要求等外部压力。

MOOC 中学习者学习动机一般来源于掌握知识和能力、提升自我、启迪智慧等内在动机。MOOC 中课程的学习往往来源于自身需要,学习动机比较强烈,学习完成的情况就比较好。而学生选修这门课程可能是有兴趣,为了增强自我,但也可能是为了获得学分,顺利毕业。在这样不同的情况下,学习上的差异是不言而喻的,用罗杰斯的话来讲,前者就是实用的学习,后者更多的是考虑如何熬过这门课程,获得学分。罗杰斯还考虑到如果学习者学习是为了达到某种目的的时候,学习速度就会加快,MOOC 学习中学习者往往能够在短时间内学习完课程,获得密集的知识。

2. 注重学习者情感和兴趣

掌握学习教学理论认为情感的前提特征对学生学习有很大的影响。情感的前提特征指学习者对课程的态度、情意、兴趣、信心、毅力等一系列非智力因素的综合。

(1) 掌握学习理论鼓励学生相信自己,把自己当作具有学习能力的人。布卢姆认为学生在经历学习失败的经历之后,会对自己的学习能力产生怀疑,教师要注意鼓励他们,帮助他们寻求胜任感、信任感。学生如果在课程学习中成功经验少,那么他们在校内和校外都会拒绝学习,这是他们在学校方面受到挫折造成的。

(2) 毅力与学生的兴趣和态度有关。如果学生在课程学习过程中能够不断获得成功的经验或者得到学习奖励,那么他就愿意花更多的时间来学习。相反,如果他在学习过程中经常收到阻碍和挫折,那么他就会逐渐减少花费在课程学习中的时间。掌握学习认为如果教材合适,教学设计方法得当,为学生提供的学习时间充分,对学生的进步给予经常性的反馈,学生就会花费更多时间来学习,逐渐达到掌握的水平。

(3) 学生树立信心需要时间和过程。例如,当教师发现学生在学习过程中遇到困难的时候,就需要运用矫正手段,找到最适合该学生的学习方法。而且,教师应该在课下进行矫正工作,帮助学生达到学习目标,成功的经验会鼓励学生付出努力,进一步学习,完成任务,同时也给学习者树立了自信心。情感因素会直接影响学生学习内容时的努力程度,教学过程中要充分考虑到这一点。

(4) MOOC 重视学习者的情感和兴趣。MOOC 中的学习者不会有因为失败而被冷落的恐

惧。学生在遇到课程的难点和重点时可以放慢、暂停或者反复回看，通过延长学习时间理解课程内容，赶上学习进度。这样学生避免了失败的经验，自信心会大大增加。同时，也避免了传统教学中学生造成的一个知识点不理解，之后内容跟不上，因而怀疑自己能力的情况。MOOC学习中贯穿大量测验和评价，保持学习者持续的学习兴趣。过程性的评价给学生提供机会明白的自己不足，即时反馈让学生能够掌握自己知识点的漏洞，学生在学习中更多的是成功的体验。成功的体验会使得学生愿意花时间在学习中，对学习越来越有兴趣，从而激发了学生学习的内部动机。

MOOC重视情感需求和过程性评价，符合掌握学习理论。MOOC教学中关注学习者的情感需求，保证学习者寻求知识的兴趣，并激发出更多钻研的热情。MOOC中评价贯穿于整个教学过程，传统的集体教学并没有给予学习者相同的学习机会。MOOC在给予成千上万学习者相同的课程资源的同时，给每个学生都辅之以频繁的测试、即时反馈和帮助。这样不仅诊断出学生学习上的缺陷，能够及时发现自己学习中的问题，也为教师提供了反馈信息。

3. 以学习者为中心

掌握学习理论认为，教学的重心在于学生。教学需要找到大多数学生掌握所学学科的手段。在这样的思想指导下，教师要面向全体学生，向学生表明自己的信心，相信所有学生都能在学习过程中得到发展，绝大多数学生能够达到教学要求。以往的教学中容易形成一种观念，就是把学生的能力看成是一种稳定持久的东西，这种能力会贯穿学习者一生。布鲁姆对此提出不同看法：学生的学习能力能够通过后天努力来改变，通过有效的方法来提高。他认为学生是否掌握知识取决于学生是否能够找到正确的学习方法，并给予充分的学习时间。教师应该相信大多数学生都能掌握学习内容，所以应面向包括"差生"以内的所有学生教学，才能达到发展水平。

MOOC中学生成为学习的主体。MOOC学习者学习自主权大大增加，能够根据自己的情况安排学习。他们能够选择时间、地点学习，并自主控制学习内容和数量。MOOC有助于实现以学生为中心的教学和自主学习。

(二) 学习环境研究

1. 建构主义学习理论的特征

建构主义认为，学习环境是支持和促进学习者学习的场所。在一定情境下，学习者通过人际协作活动，对知识进行的意义建构就构成了学习。学习环境中"情景""协作""意义建构"这几个要素对学习有重要的影响。

①学习离不开社会文化情景。在实际情境下学习者利用认知结构中已有的经验同化新知识，或者通过顺应、改造原有认知结构来对新知识进行意义建构。

②协作学习对知识内容的理解有重要作用。协作学习是学习者为了完成学习任务，采用对话、商讨、争论等形式论证研究的问题。

③学习环境要提供各种信息资源和工具促进意义建构。在这个环境中，学习者可以利用各种工具和丰富的信息资源（比如视频、文字、课件、网络信息等）来达到自己的学习目标。在这个过程中，学习者与同伴之间相互支持和协作，共同进步。

MOOC提供生动丰富的学习情景。传统课堂中，教师不能给学生创造一个生动丰富的实际情景。在这种情况下，学习者在意义建构过程中会发生困难，不能顺利完成知识的同化和顺应。

MOOC 提供了生动丰富的学习情景，界面友好、交互式的学习环境有利于学生的主动发现和主动探索。学生在图文声像的多重感官刺激下更容易理解事物客观规律与知识的联系，建立新旧概念之间的联系。

MOOC 中学习者在教师指导下或者自发地建立起学习群体，进行协作交流。学习者通过对各种观点进行批判、不同理论进行辩论，并通过多样的协作活动来提高自己的沟通表达、逻辑思维能力。而且协作交流对学生批判性与创新性思维的培养、学生自尊心的提高，都有明显的积极作用。

MOOC 提供丰富的学习资料。MOOC 像一个超市，提供丰富的课程产品，学习者需要在多元化的产品中找到自己需要的课程来学习。用户可以选择注册课程学习，也可以仅仅上网浏览课程内容。此外，学习者可以通过不同设备访问这些课程，方便学习者进行移动学习、自主化学习。在线院校和培训学校也都可以运用 MOOC 扩充自己的课程资源库。

MOOC 提供多元化的学习工具。MOOC 充分利用各种技术平台为学习者提供课程资源。学习者不受技术工具的限制，可以利用自己熟悉的工具学习课程、参与活动。李青等人总结了 10 门 MOOC 课程的技术平台使用情况。MOOC 常用技术平台有以下几个方面：

①Blog，Wiki 和自建平台是 MOOC 组织课程的工具。

②Skype 和 Elluminate 中的在线讲座和互动交流是常用虚拟教室工具。

③谷歌讨论组、博客评论功能和 Moodle 教学平台论坛是 MOOC 常用论坛工具。

④Twitter 等可以快速发布信息、交换信息资源、进行互动，是课程资源分享工具。

⑤社会性书签网站、FaceBook 小组等是人际互动工具。

MOOC 为学习者构建形象生动的学习情景，有助于学生发生"同化""顺应"这一认知过程；MOOC 环境有助于形成学习共同体；MOOC 提供丰富的资料以及多元工具，促进了学习者的协作交流，这些都有助于学生对知识意义的建构。因而，MOOC 学习环境的设计也体现出建构主义教学理论的思想。

2. 掌握学习理论的特征

掌握学习理论认为，无压力的学习环境更有利于学生潜能的发挥，自由、安全、宽松的心理环境对学生的发展非常重要。教师教学不仅要让学生增长知识、提高技能，更重要的是激发学生对知识进行探索和研究的兴趣。人本主义认为每个学生自身都蕴含着巨大的能量，重视培养学生学习能力。社会在迅速发展，不合时宜的知识和技能会被淘汰，因而学生需要掌握应对变化、适应环境的能力。

MOOC 为学习者创造无压力的学习环境。传统课堂中教师是知识的拥有者，在知识和情感方面都处于权威地位，学生是知识、情感的接受和服从者。相比教室中紧张的学习氛围，MOOC 学习者的学习处于一个放松的学习环境。学习能力比较强的学生可以在看过教学视频之后掌握新知识，空出来的时间可以进一步学习，或者进行别的活动。学习能力比较差的学生能够将视频暂停、回放，放慢学习的速度或者重复学习，也不需要担心周围学生会嘲笑自己。宽松的学习环境消除学生的紧张感，能让学生全身心投入到学习当中，有利于学生潜能的释放，促进有意义学习。学生在学习过程中能够通过网络向老师提出问题，寻求帮助。学生不直接面对老师，也能够消除对教师的紧张感，有利于创造无压力的学习环境。

MOOC 学习环境开放、自主、灵活，为学生学习提供了便利。学习者可以跨越时间和空间的限制，自由地学习课程。MOOC 不仅提供在线论坛促进大家交流，而且激励学习者用博客、Wiki、社交网站等形式参与学习。MOOC 中开课时间（持续时间为 8～12 周），课后测试和作业提交的时间都固定。同时，MOOC 具有很强的灵活性，临时有事不能参与学习的学生可以自己观看视频，跟上课程进度。作业提交的时间也有一定弹性，一般持续 1～2 周，给学生提供了充分的时间。

（三）学习活动研究

建构主义的主要观点之一是学习具有社会互动性。

①学习是学习者在某种社会文化的影响下，掌握知识和技能的过程。这个过程需要在一个学习共同体中相互合作、互动来完成。学习者、专家、教师和助教等构成学习共同体。团体中各成员之间交流沟通、分享资源、完成任务、建立相互促进的人际关系、形成一定的文化规范。学习共同体的互动交流影响学习者的知识建构。

②社会建构主义认为意义可以与他人分享，意义的建构能够通过交流来完成。交流是为了验证或者检测自己的观点，从而获得认同。学习本质是一种社会性交流过程。在学习共同体或者知识建构群体中进行交流，共同分享经验、谈论感兴趣的话题，能够相互促进、共同进步。

③交流也是一种学习资源。这是因为知识的建构是个人化的，他人不能代替。反过来说，知识的建构会影响我们的经验，也影响我们对外界事物的看法。每个人不同，经验不同，有差异才有交流的条件，才有创新和发展的可能。

MOOC 平台中开展丰富的社会性交互活动，有助于学习者意义建构。

①学习者与学习材料互动。二者之间的互动体现在学习者参与课程视频的测试、进行课后练习和完成考核等方面。

②师生互动。MOOC 会对学生在论坛提出的问题进行筛选排序，对于比较集中且意义较大的问题，教师会通过视频或者文字整理的形式进行解答，并在已有教学资源的基础上引出更多内容。除了这种一对多的集中答疑的互动形式，一些教师还会提供每周大概两小时的论坛在线时间，提供一对一的互动交流。

③生生互动。MOOC 中学习者来自世界各地，各行各业，可能是公司职员、在校学生，也可能是领域专家。学习者在与不同人之间进行交流、质疑和解答过程中，通过思维的碰撞获得启发。

学习者会通过教材注释软件对教学资料进行注释，分享自己对教学内容的理解与感悟，不仅方便自己回顾复习，也为其他后续学习者带来一些启发。此外，同伴之间互评作业、Wiki 资源共建、通过博客、QQ 群、Facebook 等社交平台发布信息资料，也是学习者之间重要的互动方式。

综上，建构主义认为学习具有社会互动性，交流也是一种学习资源，学习者意义建构能够通过交流互动来完成。MOOC 提供界面友好的交互式环境，促进学习者之间、学习者与教师、学习者与材料互动，这些都有助于学习者意义建构。

(四) 学习本身分析

1. 有意义学习

罗杰斯认为意义学习包含以下四个要素：

①学习具有个人参与性。即学习者在学习过程中投入了大量认知和情感。

②学习是自我发起的，学习者具有内在学习的兴趣，这种兴趣是学习者学习的重要动力。虽然学习者从外界获得刺激，但是知识的发现、掌握和领会等都是来自于学习者内部。

③学习是渗透性的，全身心的学习。只有学习者投入到学习中，才能融入个体的真切的、体验的、全新的意义材料，成为人格结构的一部分，才会对学生发生深刻的影响，使得学生今后态度、行为、个性等都会发生变化。

④学习过程需要学习者自我评价。因为学习者本身最清楚自己的学习情况，而且自我评价使得学生了解自己的学习目标、学习准则，是对自发学习的一种负责的学习。

MOOC 学习是源于个体内在需求，遵循个体评价的逻辑。传统课堂灌输式教学过程中，必然会对学生灌输教师的价值观、社会的价值观念，使得学生本身不能发现所学知识对自身的意义。MOOC 中学习活动的设计与开展都是以学习者为中心，重视培养学习者兴趣，满足学习者的需求。MOOC 提供便捷友好的界面，支持学习者学习。同时，还建立讨论区，鼓励学习者建立学习圈子，相互交流讨论，注重学习者的情感需求，这些都有助于学习者全身心地投入到学习过程中。MOOC 中包含很多鼓励措施，保护学习者内在学习愿望。学习者在学习中可以自己选择学习内容和调整学习进度，这样学生就成为学习的主人，学生负责地参与学习过程，就会促进有意义的学习。MOOC 中自我评价是评价的重要一环。学生自我评价不是为了和别人比较，而是为了检验自己的学习情况，为了更进一步学习。学生要真正知道自己的学习情况，有没有达到预定的目标，如何进步，都需要进行自我评价。

罗杰斯认为有意义学习是自我发起、个人参与、渗透性的、学习者自我评价的学习。而MOOC 学习都是学习者自我发起的学习，并且在 MOOC 友好的环境中有利于学习者投入情感、行为。此外，自我评价也是 MOOC 中评价的重要部分，这些都渗透了人本主义有意义学习的思想。

2. 探究和建构性学习

建构主义知识观主要有以下几点：

①知识的复杂性：外部世界纷繁复杂，加之每个人的建构具有独特胜，因而知识是复杂的。

②知识的隐性：知识包括显性知识和隐性知识。显性知识指大部分理论知识是存在于个体内部或外部，能够表达和交流的知识。隐性知识指存在于个体内部，不能表达和交流的经验知识，二者在一定条件下可以互相转化。

③知识的建构性：知识不是主体对外部世界的被动反映，而是学习者对知识积极主动的建构。

④知识的社会性：知识本质上具有社会性，知识不仅存在于个体的大脑中，更存在于社会团体当中。知识是通过不同学习者与社会相互作用，在一定社会环境中互动、协作和交流来构造的。

⑤知识的情境性：知识不仅是互动的产物，也是学习者心理内部的表征。

MOOC 教师提供的课程知识并不是学习的中心，而是学习者知识探究和建构的出发点。

MOOC 提供的知识具有以下几个特点：

①汇集。知识是复杂多样的，MOOC 中知识内容是动态汇集的，课程将通过课程通讯或网页链接等形式将内容聚合起来，即为分布在互联网各个角落的丰富而复杂的信息提供了一个集合点。这些知识是无止境的，学习者需要根据自己的兴趣，发挥主观能动性来选择将要学习的内容。

②混合。MOOC 课程具有开放性和情境性，学习者把课内知识和课外知识，自己的知识与课程知识混合。根据建构主义观点，学习者已经在日常生活和学习中形成了自己的知识经验。学习者在新知识的学习过程中会基于已有的经验，依靠本身的认知形成对知识内容的解释。MOOC 中学习者在学习课程之后可以撰写博客、参与论坛讨论、分享新资源、通过 Twitter 发表意见等。

③转用。知识具有建构性，学习者可以转用课程资源和混合后的资源，积极主动加工外部信息，获得新的意义。在 MOOC 平台中，学习者可以根据自己的理解，在已有知识的基础上加工新的内容。

④推动和分享。知识具有社会性，学习者推动和分享知识，实际就是学习者与学习环境、社会团体之间互动交流的过程。MOOC 课程学习者在转用内容、分享自己创意的同时会引发很多评论。同时，这些新资源、新见解和新观点可能会被聚合到课程通讯中，引发其他学习者的学习和建构。

传统课程中，学习者的学习内容是预先计划好的，这样就人为地给知识探究限定边界。建构主义知识观认为知识是一个不断认知和建构的过程。MOOC 课程中，教学资源只是知识探究的起点，学习者提供的资源会进一步扩展放大知识界限，通过不同学习者的认知交互，从而形成新的知识。MOOC 学习者对知识的学习和探究反映了建构主义知识观的特点。

第三节　高校体育慕课教学的过程分析

一、MOOC 环境下高校体育教学过程需处理的几个关系

在对 MOOC 引入高校体育教学过程的可行性分析中，基于 MOOC 的特点以及高校体育教学过程的需求和特性，首先要解决的是如何正确地认识和处理以下几个关系。

(一) 资源选择和教学过程

建构主义认为，教学资源属于信息资源的范畴，其所支持的是学生的"学"，而非教师的"教"，所以说，信息时代下的教学资源应该是为学习者服务的。

传统的教学过程多为相对封闭和不变的系统，教学资源对教学过程的影响小、效果慢，缺乏对教学资源选择与教学过程的内在联系和互动性的关注，虽然这种现象对传统高等教育的影响一时还不明显，但是对于 MOOC 影响下的高等教育而言这种缺失则是严重的。实际上，教学资源是教师基于学习者的认知水平、兴趣爱好以及发展的需要而选取、开发和加工的，在本质上而言，它是为学习者服务的。因此，教学资源影响着"教"与"学"两个方面，也直接影响

着教学过程的构建和优化。

首先，教学资源的选择是确保教学顺利进行的基础工作，教学资源的不同将直接影响着教学过程中所要采取的方式和方法。在 MOOC 的定义中，"C"即代表着"Course"（课程），因此 MOOC 不仅可以作为网络教育的一种教育手段，而且蕴含了大量的教学资源。虽然目前参与、发布 MOOC 课程的多为名校名师，但仍存在部分质量略差的课程，如何在 MOOC 上选择优质的课程资源便成为将 MOOC 引入高校教学过程中首先要面临的问题之一。其次，高校教学中存在着不同的教学目标和计划，且不同学校学生的认知水平、兴趣以及发展需要也不尽相同，如何在海量的课程资源中选择一门既适合原定教学目标和计划、又能满足学生需要的课程，也是在教学过程中需要考虑的重要问题。

（二）自主学习和课堂学习

使用 MOOC 学习的重点在于学习者的自主学习，如果在 MOOC 引入到高校教学的过程中只注重于强调课堂学习，即在课堂上由教师的带领下学习 MOOC 课程，这种做法是不恰当的。一些学习者出于自身的原因，如电脑技能掌握不熟练、不能坚持进行课下自主学习等，会要求在课上播放 MOOC 课程进行学习。这样一来，不仅会削弱 MOOC 的特点和优势，同时也失去了 MOOC 的自主学习价值，造成教育资源和时间上的浪费。

MOOC 绝对离不开学习者的自主学习，但学习者的自主学习却并不排斥课堂学习，而且还要以课堂学习为补充。虽然 MOOC 在结构形式上注重师生互动、即时问答等环节，但是单纯的自主学习仍不能完全取代课堂学习。这主要表现在：无论如何改进，在师生关系的情感沟通上，网上视频学习的效果都不及课堂学习所产生的效果；MOOC 的网上讨论区很难完全解决学习者的问题。自主学习的局限性使网络后的课堂学习应受到更多的重视，自主学习和课堂学习应是一种互补关系。因此，在将 MOOC 应用到高校教学过程中时，必须防止两种倾向：一是只重视学习者的自主学习而忽视课堂学习的倾向，二是只重视课堂学习而忽略了自主学习的倾向。

（三）使用规模和教学质量

使用规模不仅包括宏观上高校整体教学过程中所引入的 MOOC 课程的数量和比例，也包括微观上在一门课程中 MOOC 教学方式所占的比例。传统的大学教学有着一套既定的教学计划，其中包括总目标、所需要学习的课程、课程分目标、所取得的整体效果和单门课程的效果等，虽然只是将 MOOC 引入到一门或者几门的大学课程中，仍必须要考虑的是所选课程的规模对整个大学教学和专业发展的影响。

在对 MOOC 课程进行选择之后，需要解决的问题是将多少门 MOOC 课程应用于高校教学，是只使用优秀的基础类课，还是引用专业技术课，抑或是两者都选择性的加以引用。具体到每门课程而言，是选用此门 MOOC 课程的全部内容，还是只在教学过程中使用一部分章节，都是使用规模所关注的问题。而之所以要考虑 MOOC 的宏观和微观的使用规模，是因为在大学教学中，不仅要保证课程质量，更要保证大学教育的整体质量。在将 MOOC 应用于大学教学过程中时应该坚持规模和质量的统一，在规模适度的情况下，把对教学质量影响的考虑摆在更突出的位置。

(四) 课程学习和学分认可

将 MOOC 推广到高校中需克服的一大障碍是学生从所修的 MOOC 课程上所获得的学分如何被现有大学认可。学分认可需要 MOOC 与大学所开设的课程内容和学分相一致，这种课程内容的一致性在解决了课程资源选择和课程使用规模的问题后可以大致相匹配，但是，真正把在 MOOC 中所取得的学分和现有大学应取得的学分对等仍是困扰一些高校的问题。

目前，美国高等教育委员会（Council of Postsecondary Accreditation，COPA）已认可了某些 MOOC 课程的学分，美国也有一些院校决定承认 COPA 所认可的学分，将 MOOC 课程与本校课程进行学分互认。我国在学分认可上也有了一定的进展，如香港中文大学在《烹饪的科学》课程上实行混合式教学，并为学生提供学分认可；杭州师范大学在 2014 年上学期将上海交通大学开放的在线课程引入正规教学，并实行学分互认制度；上海交通大学自主研发的"好大学在线"中文 MOOC 平台，也已于 2014 年 6 月 1 日后实现了上海西南片 19 所高校之间的 MOOC 学分互认等。

二、MOOC 对高校体育教学过程各要素的影响

近代以来，科学技术的发展和进步给人类的生活带来了巨大的变化，在教育上，重大的技术变革也不断地改变着教育过程和方式。下面用表 7-2 来回顾一下之前几次技术进步以及其为教育带来的影响。

表 7-2　技术变革对教育形式带来的影响

时间	技术	教育形式	特点
19 世纪 50 年代	印刷、交通、邮政	传统函授教育	纸质资料、无实时交互
20 世纪 20 年代	无线电	广播教育	纸质资料、有声音、无画面、无实时交互
20 世纪 40 年代	电视、录像	电视大学	纸质资料、视频课程、无实时交互
20 世纪 80 年代	卫星、计算机、网络	网络视频课程	实时网络传播、再现课堂、无实时交互

由上表可以很清楚地看到，技术的进步改变着教育的形式、模式和特点，就大学教学来看，课程和教学资源的集散方式、易获得程度、媒介手段、丰富程度、呈现方法都随着技术变革发生了改变。但同样可以发现的是，技术变革影响下的高等教育发展到今天，也仅仅是大学课程的衍生部分，并没有对大学的教学过程——特别是师生关系、教学方式等内容产生实质的影响，究其原因是这种教育形式并没有师生的实时交互，导致其学习群体并非是大学中的学习群体，因此没有引起教学过程的实质性变化。

由历史的分析可以看出，印刷、无线电、电视、录像、网络等都并没有给高等教育带来真正的变革和革命，而被寄予厚望的 MOOC 能为高等教育带来什么样的改变呢？下面将从高校体育教学过程要素的角度入手，分析 MOOC 为高等教育带来的影响。

(一) 教学目的

教学目的是指在一定的社会和经济条件下、为满足社会需求而确定的目标，教育的外部规

律决定着任何教育形式都不能缺少教育目的，也必须实现教育目的。而小范围的、聚焦到学科、课程甚至每一节课所要完成的具体目的时又可以被称为教学目标。

教育目的与教学目的是普遍与特殊的关系。教育目的是国家培养什么样人才的总要求，反映社会成员在教育上总的需要。教学目的是教学领域里为实现教育目的而提出的的要求，反映的是教学主体的需要。教育目的引导着教学目的，教学目的必然受制于教育目的。通常，教育目的要转化为教学目的，使社会需要具体化为教学主体的需要。

教学目的在传统的教学过程中占据了核心位置，不仅为一切的教育教学活动指引出发点和归宿，又为测量和评价教学活动质量提供标准。然而，在对建构主义学习理论、人本主义学习理论等进行了探讨后，可以发现在新的理论范式中教学目的的重要性已不被认可，甚至被认为不再有必要。建构主义学习理论将学习者的意义建构看作教学活动的首要目的。在此影响下，教学过程的起点也不再是教学目的的创设和分析，而是如何为学习者创设有利于意义建构的情境。"意义建构"已成为教学活动的中心，无论是学生的自主思考、协作学习还是教师的支持和引导，应全部围绕这一中心展开，都应为学习者完成和深化意义建构过程提供有利条件。

值得思考的是，在实际的 MOOC 应用过程中是否应该遵循建构主义学习理论对于教学目的的观点，在 MOOC 教学的教学过程中，教学目的的创设是否还有必要？

可以肯定的是，如建构主义学习理论所言，学习过程中的知识意义建构无疑是十分必要的，但是用"意义建构"完全取代"教学目的"，完全将教学目的排斥在外则有失公允。"意义建构"和"教学目的"并不是两个相互对立的方面，而是可以相互支持的。因为"意义建构"的对象是当前所学的知识，而当前所学的知识是由若干知识点组成的，这些知识点的重要性各不相同：有些是基本概念和原理、有些是现阶段只需了解无须深入掌握的知识、有些是需要深刻理解和掌握的知识等，其中需要进行意义建构的只有那些需要学生深刻理解和掌握的知识，所以一味地用"意义建构"代替"教学目的"显然是以偏概全、不恰当的。教学目的在新型教学过程中仍是必要的，因为教学目的可以区分和界定教学内容的层次和要达到的程度，为意义建构提供更好的发挥平台。在预设教学目的的过程中，需要避免那种忽视学生的主体性、教师以"灌输"的方式传授所有的（包括应由学生自主学习和建构的知识）知识，忽视为学生的意义建构创造有利的教学环境的做法。

传统的教学活动过程是一个封闭的系统，采用了简单的线性模式，只重视教学的目的，而忽视了教学过程中人的特性，将师生的能动性排除在外，也将教学活动中其他偶发因素排除在外。这种对教学目的的过分强调和对教学程序的严格遵守导致了教学过程的僵化，使课堂教学变得沉闷而机械。所以说，教学目的并不是导致教学过程僵化的首要原因，而是对待教学目的的态度影响了教学过程。

MOOC 上大量的课程资源为学习者提供了多样的学习环境，强调学生的能动性和自主性，为师生互动和生生互动提供了便利，都使教学过程变得更加复杂和多变，但是即便在这种情况下，教学目的仍然有必要。引入了 MOOC 的教学过程中的教学目的的设定应充分考虑到 MOOC 学习环境的特点，重视对学生自主学习能力的培养和意义建构能力的形成，重视学习过程，灵活对待既定的教学目的。如果条件需要，教师可依据学生的掌握情况和过程反馈及时调整教学目的。

（二）教师和学生

尊师重道被看作我国的传统美德，从古至今，世代相传。新中国成立之后，受苏联教育家凯洛夫的教学理论影响，进一步加固了教师的绝对权威地位，使师生关系变得僵硬和固化。师生关系的不和谐使得教学变成了整齐划一、呆板、毫无灵活性的过程，既不利于学生个性的发挥，也不利于创新人才的培养。传统教学过程中的师生关系尚亟须改变，而在 MOOC 引入到高校教学过程之后，必定需要，也将会导致师生关系产生巨大变化。

1. 教师角色和功能的转变

MOOC 的快速发展使教师遭受了巨大的挑战。MOOC 意味着学生可以自主地在网上学习一切课程，因此，有些人发出了这样的质疑和恐慌：MOOC 是不是会让传统教师无立足之地。可以确定的是，传统的照本宣科、满堂灌的教学形式在 MOOC 引入课堂后会被迅速抛弃，但尽管如此，MOOC 的出现并不能取代教师的作用，而是要求教师的功能和角色进行转变。

主讲人变为指导者。MOOC 所能提供的课程资源无论是质还是量都优于传统教师所能提供的。由于 MOOC 的完成过于强调学生的自主性，但学生大多对学习目标和学习过程存在一定的认知局限，所以需要教师按照教学目标去组织学习，包括如何保证 MOOC 课程的完成率，如何激发学生的学习兴趣等。此外，虽然 MOOC 平台上提供了多种多样的沟通交流方式，但是其大规模性注定了学习者不一定能够得到针对性的疑问解答，且线上沟通不能代替线下交流，这也需要本地教师在线下对学生进行指导、支持和答疑，组织学生面对面的沟通与交流。

更关注评价。MOOC 课程中采取了在线练习题、同伴评估法、自动打分系统等方式来评价学生的学习状况，教师应时刻关注评价反馈，为学生提供有针对性的指导支持，并以此来决定下一步的教学方案和教学内容。

知识学习者。面对层出不穷的新知识、新理论，为了适应新形势和新变化，教师必须适应学习者的角色。教师所要学习的不仅包括新的学科知识、综合知识，找出适应新挑战的教学方法，还要掌握与现代教育技术相关的网络信息技术，以促进学生的学习。但值得注意的是，教师的关注点更多的应该放在由技术引发的对学习本质的思考，这样才能真正地建立起师生的网络学习合作关系。

2. 学生应具备的能力

MOOC 使得学生可以"控制"并选择他们的学习工具，他们的地位已经由被动的知识接受者转变为了知识学习的主体。但现实问题是，MOOC 的完成率相当低。大多数学习者并不一定能够按照自身的知识需求和认知结构来系统、有计划地安排自己的学习过程，选择合适的学习内容和方法，而且在大规模群体教学中学生受关注程度较低，学习动机不足、学习需求不明显或者自制力差等问题都有可能导致学习的终结。所以为更好地适应 MOOC 的学习节奏，学生应具备以下能力。

独立自主学习的能力。有本地教师指导的 MOOC 课程学习虽然不需要学习者自己选择学习内容，但是仍需要学生自主支配大部分的学习时间，并有意识地去强化所学的知识技能，具有及时测试并得到反馈的意识，在独立的学习过程中也应该具备主动与教师和其他学习者进行交流、沟通、进行协作学习的能力。

组织能力和自我控制的能力。MOOC 的课程学习模式导致学生大多在课下完成学习活动，这就意味着学生的学习过程缺乏教师和其他规章制度的监督，完全依靠学生的自我控制。因此这需要学生拥有较高的组织能力和自我控制能力，这体现在：自定学习目标、自定学习进度、自选学习内容、自定学习路径、自己决定参与讨论和协作学习时间等。

互动式学习的能力。MOOC实现了师生互动和生生互动的实时交互，这意味着学生不仅可以向任何一位提供网络服务的教师请求指导、提出疑问，和共同学习的学习者进行沟通和交流，这些反馈都将是即时的、无延迟的，这使得互动学习可以扩展到世界各地，并且随时都可以发生。MOOC课程上有时也会要求线上学生的合作，与不知底细的学习者进行沟通、协作学习，这都对学生互动学习的能力提出了较高的要求。

（三）教学内容

在将引入MOOC后教学内容的组织形式和传统的组织形式进行比较后得出，MOOC作为知识的一种载体形式，其改变必然将引发教学内容形式的变化。

首先，传统形式中的教学内容，多以文字、平面图案等方式呈现，形式单一是其最大的劣势。而MOOC采用的视频、超文本等的混合结构则有利于人对信息的储存、记忆和反复查阅，使学习者在自主学习中更加得心应手。

其次，传统的教材从组织编写到实用修订再到被确定为教科书，必须经过好几年的时间，而且在大学里一本教材大都会用上三到五年。目前高校教学中存在的一个顽疾是滞后的教材内容无法得到及时更新，原本应在课堂中出现的较新、较前沿的科技成果却无法呈现。而每一门MOOC课程都是在课程发布前一个月内录制好的，其内容融合了该门课程最近的研究成果，并且运用了文字、图像、声频、音频、视频、动画等多种素材，授课教师按照不同的教学内容、计划和进度组合使用教学素材，来满足学习者的不同需求。

再次，传统教学过程中的教学内容是预先设计好的，学生只能按照学校预设的结构来建构自己的知识结构。随着大量MOOC课程进入公众视野，学习者可以充分享用学习自主权，根据自身需求和兴趣爱好额外选择课程，自行完善知识结构，进行自主化、个性化的学习，从而更好地挖掘和发挥个人潜能。

最后，MOOC课程综合利用了视觉、听觉等效果，并穿插以实验等形式，使教学内容更加形象、逼真。MOOC课程的片段化和模块化要求授课教师将每一部分的教学内容压缩到短短8～15分钟，无论是语言还是内容都得以最大限度上的精练，极大地提高了信息传递的效率；随时可以暂停、回放的视频模式，大大减少了网络教学中信息传递的错误率。这种运用多种感觉通道进行信息加工的手段，也大大缩小了语言和文字之间信息转换的困难。数字化的教材还为教学内容带来了无损使用、公平分享、方便快捷等特点。

（四）教学环境

高校教学环境是为保障高校教学活动的顺利进行而必不可缺的各种客观条件和事物，以及其客观事物作用和效能的综合。MOOC的数字化教学情境能够使高校教学环境变得轻松愉快。学习情境的创设使枯燥的知识理论更加通俗，并且生动形象，有助于学习者的接受和理解。MOOC课程中所运用的融合多媒体技术和手段，为学生在视觉和听觉上提供了刺激。MOOC视频将问题引入到教学过程当中，通过对数字化教学情境的创设，引导学生深入到问题解决的情境中去，激发其好奇心，带动学生的学习兴趣，从而引导学生积极主动的自主完成知识的形成、发生、发展。

（五）教学方法和手段

教学方法和教学手段作为教学过程的基本组成部分之一，其选择和运用受到了教学媒体和教学手段的制约。作为一个新兴的教学媒体，MOOC 被应用于高校教学过程中，势必革新高校的教学方法和手段。

首先，传统教学过程中仍存在"填鸭"式教育，学生只是被动地接受知识。将 MOOC 引入高校教学过程后，其打造的是一个研讨型的课堂，MOOC 不仅有着完善的线上讨论模式，而且各高校还可以根据 MOOC 课程组织线下讨论小组或讨论活动，教师由灌输者转为引导者，将单纯的讲授法变为启发式教学。

其次，MOOC 打破了传统教学过程对时空的限制。多样化的沟通手段为授课以及师生的交流提供了更加便捷的条件，当学生在学习过程中遇到困难时，所能求助的时间、地点、对象不再局限于课堂和教师。学习的时间和广度随着 MOOC 的出现大大加深，而整个教学过程也突破了对时间和空间的严格要求，延伸到课下、课外、到学生的一台台个人电脑，甚至延伸至学生的手机上。教师则可以全程陪伴，在任何时间和地点，只要有网络，时时刻刻都能为学生解惑答疑，或是上传相关教学内容和背景材料以丰富学生的学习过程。

再次，传统教学模式中师生缺乏互动。许多教师在课堂上只单纯通过语言来传授知识，虽然有时会穿插一些视频、案例等，但学生往往只关注视频，并不关注看完视频之后教师所讲授的知识。在教学过程中，教师也很少提问题，而偶尔提问也无法引起学生的探究兴趣。MOOC 为师生、生生互动提供了良好的平台，教师也可通过使用微信、QQ、博客等与学生进行交流讨论，实践表明教师以特殊的"网友"身份参与信息交流，会增加学生的信任感与亲和力。这种网络社交的沟通方式能够让学生通过自主思考对知识形成独立的见解，使学生获得学习成就感，进而加深学习兴趣，而浓厚的学习兴趣又有效地推动了师生之间的进一步交流。实践证明，信息技术可增加教学过程中师生的交流，更易引发学生的讨论，从而使互动更加深入。因此，MOOC 通过引用先进的信息技术，使师生更易在教学过程中进行交流，引发学生讨论，深入互动。

最后，MOOC 为教师突破教学载体的限制提供了应用条件。学习者的知识来源将不只局限于教师，学习者可在广阔的网络环境下，根据兴趣、爱好寻找适合自己进度、时间、风格的学习资源。因此，信息技术大平台的支持将有益于充分发挥学习者的主体作用，调动学习者的主动性，从而改变整体教学效果。MOOC 以其自身的优势，使情境教学法、任务驱动教学法、启发式教学法等教学方法的应用成为可能。随着 MOOC 平台的不断发展，人们会通过 MOOC 发掘更多可利用的、科学的教学方法，使其更好地服务于教学。

（六）教学反馈

教学过程是教与学信息不断交流和影响的互动过程，保证互动顺利进行的主要因素是教师是否能快速地获取被反馈的内容并做出合适且及时的反应。也就是说，整体教学系统的优化是一次次反馈来实现的：反馈调控决定了一个系统的高效性和稳定性。若缺乏了反馈，教学系统的发展将停滞不前。

教学反馈是指将教学过程中分别产生于教师的教和学生的学所输出的信息重新输回的过程。教学系统的发展离不开教学反馈，它是对教学成果的展示、判断，通过反馈能够有助于完善教学体系、为教学进度安排提供客观、合理的参照标准，更好地实现预期教学目标。

在传统的教学过程中，人们往往着眼于从教师到学生的传输过程，忽视从学生将信息转达给老师的反馈传输过程，必将造成主通道的阻塞甚至失灵。现行的课堂模式就是无回路的、缺乏教学反馈的、效率低下的传输形式。

MOOC 平台为学习者提供了即时交流的平台，学习者可以在此平台上根据自己的视角和学习体验提出相应的课程建议，发表自己对课程的看法。此外，教师为每节课程内容都布置了作业和课后测试。平台和课后测试的存在使教师能够迅速了解到课程的不足和缺陷，可以使教师直接而准确的发现学习者的困难和问题，给出针对性的调整和解答。

四、MOOC 对高校体育教学过程各阶段的影响

高校体育教学过程是教学系统动态发展的过程，也是课堂教学有序实施的过程。一般教学过程分为准备、实施和评价三个阶段。这三个阶段在整体教学系统中相互作用、互相影响，构成了教学动态运动过程。所以，在探究 MOOC 对我国高校体育教学过程的影响时也需要从这三个方面分别进行分析。

(一) 准备阶段

准备阶段的重点工作是教学设计。教学设计是依据教学目的的规定和学习者的知识结构，合理组合教学各要素，以形成适合于课堂教学的教学方案。

在高校的教学中运用 MOOC 之后，在教学的准备阶段除了需要确定课程目标、制定计划、选定教材和确定考试方式之外，还对教师有了更高的要求。

首先，教师需要确定在课堂上使用 MOOC 课程的形式。教师应根据所讲授课程的性质，如专业课还是通识课、必修课还是选修课、校选课或是专业选修课等来决定使用哪种形式的MOOC 引入形式。

其次，根据学生的认知和能力水平、学习特点和个性需求，教师需要从不同高校提供的同一门 MOOC 课程中选择出最适合本校选课学生发展和知识建构的课程。

再次，根据已经决定的 MOOC 课程以及课程使用方式，结合课时长短，灵活确定教学节奏和教学方法。不同的课程使用情况运用到教学过程中会产生不同的教学节奏和方法的组合效果。例如，采用颠倒式课堂意味着教师更多地需要准备的是课上讨论、答疑或重难点的深度讲解；而嵌入式则要求教师负责课程的基础教学，并将自己的教学内容和节奏与 MOOC 在线课程能够无缝连接，并有意引导学生关注、使用 MOOC 所提供的交流平台与其他学习者进行沟通，以拓宽学生的认知范围和视野。

总之，在运用了 MOOC 的大学课堂中，教师的课程设计意味着不仅要设计教师讲课的内容和手段，还需要统筹规划学生学习、交流和沟通的内容。也就是说，教师不仅要准备课上活动，也要准备课下活动，需要区分在学生学习的 MOOC 课程中哪些知识是学生可以自己理解的，哪些内容需要教师的指导，哪些内容需要通过反复练习才能掌握，哪些理论需要组织讨论才能明

晰。大学目前普遍被人诟病的一点在于不少课程所布置的习题不多，教师也不关注学生在学期中的知识掌握程度，全部依靠自觉，而学生也习惯于考试前临时抱佛脚，"反正考试及格就行了"，学生如是说。而 MOOC 的课程虽然每节课时间短，却都穿插有习题，督促学生对刚刚学习的内容进行思考和自查，这一点也是教师在课前准备阶段需要思考并借鉴的。

（二）教学实施阶段

教学过程的实施阶段是整个教学活动中的重中之重，在这一阶段，教师以准备阶段所设计的教学过程为指导，运用教学策略开展教学活动。实施阶段不仅是准备阶段的后续阶段，也验证和评价了准备阶段工作的效果。

经过准备阶段的教学设计后，教师已经对教学的流程有了一个大概的认知。在将 MOOC 应用到大学课堂后，教师在教学活动实施过程中需要特别注意以下几点。

首先，教师应找准定位。上文分析了 MOOC 对教师和学生角色的影响，教师将从知识传授者变为学习支持者，这意味着教师应改变原有的观念态度，摒弃"三中心"——课堂、教师、教材的观念，在具体的教学活动过程中表现为着重帮助学生学习，为学生构建有益于意义建构的教学环境。

其次，处理好课上学习和自主学习的关系。MOOC 使用方式的不同使得课上学习和自主学习的组合方式千差万别。嵌入式的 MOOC 学习模式多是在课上播放 MOOC 视频，而颠倒课堂式则强调学生课下的自主学习。而抛开使用方式带来的差异，从本质上来讲，无论运用哪种 MOOC 的形式，都要面临自主学习和课上学习这对矛盾的困扰。教师在对课上活动进行安排的时候，应着重于问题答疑以及组织学生讨论，而不是"满堂灌"，将知识一股脑地传授给学生。

最后，灵活安排教学活动。虽然 MOOC 课程的发布者都会列有目录或者大纲，但由于 MOOC 视频是由其他教师边录制边发布，而不是提前准备好的，所以难免存在不确定性，如视频教师根据在线学习者的反馈情况临时更改课程内容，或因各种原因取消视频发布等，都需要本地教师在教学过程中随机应变，根据教学过程中出现的问题进行灵活应对。

第四节　高校体育慕课教学课程应用分析

目前在国内外 MOOC 平台上开设的课程中，关于体育科目的课程还非常少，最先进行尝试的就是清华大学孙葆洁老师开设的《足球运动与科学》课程，在国内体育教学领域以 MOOC 课程形式讲解足球运动相关知识的还是第一人，是值得肯定与学习的。羽毛球运动的 MOOC 课程只在《体育与健康》课程中作为一个章节由华东师范大学体育与健康学院陈泷老师讲授，虽然这门课程的选课人数空前达到一万以上，但一个学科的知识仅用一个章节来讲，只能让学习者对羽毛球运动有一个大概的认识，还不能真正学习到羽毛球运动的精华，所以制作出一门具有全面知识的羽毛球 MOOC 课程，应用于羽毛球教学中，来满足广大羽毛球爱好者的学习需求，这是值得教育工作者去探究的领域。本部分基于以上的分析研究，将分为三个部分来论述，第一个部分通过优势因素的分析推出羽毛球课程在 MOOC 平台开展的可行性，第二部分阐述若在 MOOC 平台上开设羽毛球课程所需要具备的条件因素，第三部分尝试对羽毛球 MOOC 课程进行单元教学视频资源的制作。

一、开设羽毛球 MOOC 课程的优势因素分析

通过以上两门案例课程的分析，对中国的 MOOC 平台、MOOC 课程设计特点以及 MOOC 整个运营模式有了一个全面的了解。结合 MOOC 平台特点和羽毛球运动项目特色，开设一门羽毛球 MOOC 课程所具备的优势因素分析如下：

（1）已成功开设课程的先例优势。《足球运动与科学》课程作为体育学类的独立课程已经在中国的学堂在线 MOOC 平台开设数次，每一期课程的报名人数很多；羽毛球项目虽然只在《体育与健康》课程中以一个章节大概 2 个小时学习任务下开设，但这一举动也是此项目开辟的先河，一万人以上的选课人数证明这门课程是有吸引力的。

（2）项目特点优势。足球运动与羽毛球运动同属于球类运动，但以项群训练理论分别属于同场对抗类项目和隔网对抗类项目。孙葆洁教授的足球运动 MOOC 课程自开设以来，每一期的选课人数都在 2000 人以上，深受足球爱好者喜爱。相比足球运动，羽毛球运动的场地比较小，更利于 MOOC 课程的拍摄工作；羽毛球运动在室内开设，课程的设计以及拍摄工作可以不受天气的影响。

（3）群众基础性优势。据调查显示，大众最喜爱的健身运动，除了跑步之外就是羽毛球运动。羽毛球运动不受空间、时间限制，可在室内室外开设，入门快，锻炼身体的效果显著，深受广大健身者喜爱。羽毛球在高校也作为基础体育课开展。

（4）MOOC 平台学习者特征优势。清华大学教育研究院在线教育研究组于 2013 年 6 月至 7 月组织了一次网络问卷调查，总访问人数为 641 人。调查显示：中国 MOOC 平台的学习者以城市的年轻人和大学生居多，学习者地区分布主要集中在东部沿海经济发达和中西部经济比较发达、高等教育资源相对丰富和人口较多的省市。而据研究者调查得出，羽毛球运动虽然属于大众健身项目，却需要有一定的经济基础来支撑，且沿海城市开展羽毛球项目的氛围好，结合 MOOC 平台学习者的特征，可以得知羽毛球 MOOC 课程将是一门受欢迎的课程。

（5）羽毛球教学模式改变以及项目推广的迫切性。目前高校羽毛球教学存在教学过程中难以满足不同基础层次学生的学习需要、体育场地器材远远不能满足学生的需求、教师片面追求竞技效应忽视了学生的主体作用等亟须改变的现状，而教学模式还是以课堂教学为主，网络远程教育也处于探索阶段，羽毛球教学视频也需要随着羽毛球运动员体能的提高和羽毛球技术的改变进行更新。而 MOOC 是符合时代背景的课程教学模式，有望改变原有羽毛球教学模式存在的问题。羽毛球运动自 20 世纪初传入中国以来，随着发展慢慢开启了"中国时代"，2002～2012 年间实现了"汤姆斯杯"五连冠的伟业，中国代表亚洲地区可谓是羽毛球强国，但羽毛球运动在世界上的影响力还不够。例如，"劳伦斯杯"被人称为体育界的"奥斯卡"，去参加的都是体育界优秀的运动员，羽毛球双满贯得主"超级丹"——林丹，在羽毛球项目上是明星级运动员，在 2012 年作为唯一一位被邀请的中国运动员参加颁奖典礼，结束后林丹的感受是羽毛球运动需要在世界上推广，因为全程没有一位记者提问关于羽毛球的问题，而相比于网球的时速，羽毛球才是世界上时速最快的运动，却没有被受到足够的关注。究其原因，其一是项目特色决定的，相对于欧洲地区高大身材来说，移动不够灵活，第二就是语言的障碍，能够双语教学的羽毛球教师还太少。而 MOOC 平台是趋于全球性国际性的互动平台，羽毛球项目可以通过这样的课程方式进行推广，让世界上更多的人了解这项运动，进而通过这项运动达到竞技竞美、休

闲娱乐、强身健体的目的。

二、开设羽毛球 MOOC 课程的条件因素分析

MOOC 课程并不是像传统课堂课程一样，只需要学校开课、学生选课、教师备课、开展教学、教学反馈这个过程，也不是如网络课程一样，录制课堂教学视频，将其放到网络终端，供学习者观看，它是有完整师生互动、生生互动的在线教学过程，课程视频的制作更具有"人本性"和"艺术性"的一种课程。而要成功开设一门优质 MOOC 课程，得到同行的认可，受到学习者的喜爱，这是一件"复杂的工序"，需要很多条件，也是开设羽毛球 MOOC 课程的困难所在，分析如下：

（1）学校的支持。这是前提条件。目前，MOOC 课程绝大多数是由知名高校开设的高校课程，而 MOOC 平台的搭建是高校之间的合作开办，也有第三方公司承办，高校可以申请加入的形式，但还没有以个人名义搭建的 MOOC 平台开设一门 MOOC 课程，MOOC 平台上的课程简介里对课程以及教师的介绍模式一般为"××学校的××教师的××课程"，而不是"××教师的××课程"。MOOC 平台与高校的搭建，开设学校特色的 MOOC 课程，这也是 MOOC 不同于其他网络课程的其中特点之一，但随着 MOOC 的发展以及优秀教师的优质课程的受欢迎度，授课教师将会以个人名义搭建 MOOC 平台呈现一门优质课程，或者个人搭建网站呈现课程，如"可汗学院"早期的视频呈现，这将是未来 MOOC 平台的一种发展趋势。所以在这种背景下，开设一门羽毛球 MOOC 课程，首先需要校方的支持，学校对 MOOC 课程的重视程度决定是否可以迈出第一步——搭建 MOOC 平台。

（2）资金的投入。这是保障。制作一门 MOOC 课程的经费投入是普通网络课程的几倍甚至几十倍，少则几万多则几百万。资金的投入可以是校方的支出，也可以是投资方投资。校方的支出途径有校方财政直接支出、政府教育基金、捐助的教育基金等几种形式，而投资方的投资是一种新的走势，有些企业看到了 MOOC 的潜在价值，预估了未来的发展走向，冒险投资尝试，宣传自己的产品，争取达到"双赢"局面，如 2013 年优酷与 Udacity 达成独家官方合作，丰富了优酷平台分类的同时，也提高了网站浏览量，就是一个很好的例子。有一部分研究 MOOC 的专家提出建议，在 MOOC 课程信息里插入广告以保证制作资金的来源，但这种提议褒贬不一，既要使学习者感受到在观看教学视频而不是在欣赏影视作品，又要保证制作出一门有审美感的教学作品的资金来源，在纯粹知识领域和商业化模式之间找到平衡，这当中的利弊需要慎重权衡。

（3）优质师资。这是制作羽毛球 MOOC 课程的"软实力"因素之一。何谓优秀，标准不同分类就会不同。制作羽毛球 MOOC 的教师，要在羽毛球领域里有很深厚的造诣、精湛的技艺、扎实的理论基础，最重要的是有一定的知名度。在业内得到认可，受到羽毛球爱好者的喜爱，这自然就达到了很好的课程宣传作用，预估注册学习的人数就会多，课程受欢迎度就会高。最好是要有一定的录课出镜经验的，也就是说，录制过教学短片，拍摄过教学视频的教师，因为 MOOC 课程对教师的要求很高，教师需要直视镜头，放松自如，得体大方，没有录课经验的教师难免会紧张，出现面部表情单一、肢体动作不协调、语言表达不清楚的情况。MOOC 课程录制过程很艰苦，课程片段设计要求精准，一个知识点可能需要反复的录制，需要教师具有耐心品质和奉献精神。

（4）优质课程资源。这是制作羽毛球 MOOC 课程的另一个"软实力"因素。一门成功的 MOOC 课程，不是只靠知名高校的平台，也不是大肆地宣传，而是高质量的课程资源。每一位学习者都是有判断能力的，注册以后，课程质量不高，可以退课。若选课人数较少或者退课人数较多，将面临停课的局面，也说明了一门 MOOC 课程的失败。优秀的羽毛球教师，用心制作出优质的羽毛球课程，是成功开设羽毛球 MOOC 课程的保障。

（5）强大的团队。这里的团队除了上述优秀的羽毛球授课教师团队之外，还包括了视频制作团队以及助教团队。这些团队的人员组成、职责分工在 MOOC 的构成因素部分里都已经详细陈述过。制作团队里最好有体育运动经历的人，这样在与授课教师交流课程设计、教学场景布置以及后期视频制作形式时会有共鸣。这不是一个简单的视频制作，是关乎教育资源的传播，所以无论是团队的哪一位成员都需要具备责任心和无私奉献精神。

（6）满足课程需求的硬件设备。硬件设备可以校方自己筹备，也可以制作团队提供，这取决于课程视频资源的录制是由校方完成还是请制作团队来完成。羽毛球课程根据教学需求一般可以分为理论部分与技术实践部分，因此会涉及室内录课与场地录课，综合以上因素，可以总结所需求的硬件设备有：演播室和摄录设备两种。演播室可以根据不同的授课内容搭配不同的背景，当然也可以实地取景，如书店背景、咖啡厅背景、会议室背景等，摄录设备包括摄像机、三脚架、录音笔、采光灯、反光板、无线话筒、录屏软件等最基本的设备。

三、羽毛球 MOOC 课程的设计

（一）羽毛球 MOOC 课程的理论基础

对一门课程的设计不是凭空捏造的，要有一定的理论依据。从教与学的角度来看，教育学、教育心理学等相关理论是课程设计的理论支撑，而从课程视频的拍摄与制作呈现形式角度看，电影学、美学等专业领域的相关原理是课程设计的依据，总结为联结主义学习理论、认知主义学习理论、建构主义学习理论、影视创作理论。

（1）联结主义学习理论。联结主义学习理论认为，一切学习都是通过条件作用，在刺激和反应联结之间建立直接联结的过程。经典的联结学习理论有巴甫洛夫的经典性条件反射理论、桑代克的尝试错误说、斯金纳的操作性条件反射理论等。羽毛球运动包含了理论与技能两部分，学习者需反复观看，认真完成课下作业，所以在设计羽毛球 MOOC 课程的时候可以在观看视频的时候嵌入知识点小测验，布置课下观看比赛视频的作业，都是对知识的强化，体现了联结主义理论的观点。

（2）认知主义学习理论。认知主义学习理论认为，学习不是在外部环境的支配下被动地形成刺激反应联结，而是主动地在头脑内部构造认知结构。经典的认知学习理论有苛勒通过"大猩猩实验"的完形顿悟说、托尔曼通过"白鼠迷宫实验"的符号学习理论、布鲁纳通过对"生长"问题的研究得出的认知发现学习理论等。羽毛球 MOOC 课程的学习体现了学习者的自主性与积极性，没有学分的压力，不受教师的说教约束，完全是出于自身对羽毛球运动的热爱，在学习的过程中探索，形成自己的知识认知结构。

（3）建构主义学习理论。建构主义学习理论是在行为联结与认知主义的基础上进一步发展的理论，主张世界的客观存在性，每个人对事物的理解都是由自己决定，强调探究式和合作式学习形式。羽毛球 MOOC 课程可以设计讨论区，供大家沟通学习；还可以设计互评环节，自身需要评价 5 位左右的学习者的作业，同时也可以看到同伴对你作业的评价，通过这种方式激发自己学习羽毛球的主动性，还可以相互学习、拓宽视野、扬长避短。

（4）影视创作理论。影视创作是利用电影电视手法对摄像机拍摄的视频画面进行特效处理和镜头组接，形成具有一定顺序或逻辑的完整视频作品。蒙太奇艺术手法是影视创作的核心理论，对羽毛球 MOOC 课程设计的主要作用有若干个镜头画面经过组接可以清晰地表达一个完成的意思，比镜头单独存在时拍摄的羽毛球视频画面更丰富，使声音与画面相互结合，构成特殊的声画结合形象，产生全新的课堂效果。

（二）羽毛球 MOOC 课程的构成因素

MOOC 是一种新颖的教学模式，除了具有授课教师、学习人群、教学视频等传统网络教学模式的基本组成因素之外，还包括了测验与考试、证书与评定、线上线下互动等因素。结合羽毛球运动项目特色，我们从"团队"这个维度来分析，可以将羽毛球 MOOC 课程的构成分为授课团队、制作团队、助教团队和投资团队，每一个团队的职能构成了一套完整的羽毛球 MOOC 体系。

首先是授课团队。顾名思义，授课团队就是课程的传授者。一门羽毛球 MOOC 课程的授课团队人数不等，1 至 5 人。羽毛球 MOOC 授课团队的主要职能是制定羽毛球教学大纲，进行知识点拆分，编写出镜讲稿，进行课程视频资源录制，制定随堂练习题、期中期末考试题及答案，在线答疑解惑，线下交流互动等。授课团队贯穿 MOOC 的整个设计、制作与运营过程，是整个羽毛球 MOOC 课程的核心力。

其次是制作团队。羽毛球运动项目实践部分多于讲解部分，课堂呈现形式相较于学科理论课堂多样化，课程为了达到好的效果，呈现高的教学质量，就需要专业的制作团队。制作团队的出现使羽毛球 MOOC 课堂与传统课堂区分开来，传统课堂只需要教师一人备课，在课堂上呈现自己的教学形式，而制作团队使准备一节课的人数的数量与分工更多样化与明确化。制作团队人数在 5 人以上，包括制片人、灯光师、化妆师、剪辑师、场记、摄影师等，而各自的职责也不一样，比如制片人就会和授课团队一起根据羽毛球课程特色和教师的讲课风格来制定整个课程的拍摄方式，而后期的剪辑就要将课程以每个学习单元 15 分钟以内的视频时长呈现出来，加入动画元素等增添效果，摄影师就要负责录制羽毛球视频资源，采取一台摄像机或者一台主机、两三台分机的形式等。制作团队是羽毛球 MOOC 课程的幕后团队，缺一不可。

再次是助教团队。助教，就像我们传统课堂的班长或者小组长。助教团队的人数一般在 2～5 人之间，根据课程的每一个阶段的需要可酌情增加。助教团队在羽毛球 MOOC 的设计、制作与运营的三个阶段的职能不同。在设计与制作阶段，一般负责资料收集，负责和授课教师、制作团队一起设计课程的呈现形式，负责将制作好的课程资源上传到 MOOC 平台，负责字幕与习题的校对。在运行阶段，助教团队主要负责关注论坛，进行答疑，课程出现问题及时与主讲教师反馈，课程的推广工作和学生的线上线下互动。助教团队是羽毛球 MOOC 课程的后勤保障。

最后是投资团队。MOOC 平台是一个教育平台，制作羽毛球 MOOC 课程需要学校的支持，而资金的投入，一般的形式是教育基金的捐助、融资、企业合作等。Edx 系统研发团队组建之初便争取到高达 5000 万美元的基金支持；2012 年 6 月，比尔与梅琳达·盖茨基金会为麻省理工学院的 edx 提供 100 万美元捐赠，用于支持他们分析 MOOC 课程学生网上学习的数据，以开发建立全新的计算机类课程在线学习模型等。投资团队是羽毛球 MOOC 课程的资金保障。

以上四个团队的分工合作构成了羽毛球 MOOC 的整个体系。若把羽毛球 MOOC 课程的构成因素比作制作一部电影的话，授课团队就是编剧与演员，制作团队与助教团队就是制片人和后勤工作人员，投资团队就是出品人，而学习者就是观众。整个构成体系环环相扣、缺一不可。羽毛球 MOOC 课程的构成因素总结如下表 7-3 所示。

表 7-3　羽毛球 MOOC 课程的构成因素

团队因素	团队人数	团队职能	角色功能
授课团队	至少一人	制定羽毛球教学单元，进行知识点拆分，编写出镜讲稿，进行视频录制等	灵魂思想
制作团队	5 人以上	录课、化妆、后期剪辑等	幕后制作
助教团队	2～5 人	负责资料收集、字幕与习题的校对、课程的推广等	后勤保障
投资团队	不等	资金的投入	资金保障

（三）羽毛球 MOOC 课程大纲的设计

基于以上对案例课程的学习分析，得出了 MOOC 课程的设计特点，依据上文的设计理论，再结合羽毛球运动项目特色，本部分将设计羽毛球 MOOC 课程教学内容，并与《体育与健康》之第九周"羽毛球运动"课程进行对比分析。

（1）羽毛球 MOOC 课程大纲设计。MOOC 课程时长一般设置在 10 周左右，每周一次课，每次课时 2 小时左右，每周教学内容可以被分成若干个部分，每一个部分的视频在 15 分钟左右。基于以上羽毛球 MOOC 课程设计的理论基础，将羽毛球 MOOC 课程拟定名为《羽毛球运动理论与实践》，课程大纲设计为周次、上课时间、授课教师、课程内容、课程单元视频、单元作业、作业提交截止时间几个方面。拟开展的《羽毛球运动理论与实践》课程共设计了 14 周，前 13 周是课程内容的安排，最后一周为测验考试。每一周的课程内容可以分为 1～6 个视频单元片段，每一个视频单元定为 10 分钟左右，知识点拆分细致又精练。单元作业测验是主观题，主要目的是使学习者可以根据自己所学发表自己的观点，而不是死记硬背知识点，要有创新性。测评有互评环节，综合同学之间的打分取平均分。期末考试的设计有主观题和客观题两种，目的在于巩固知识，强化记忆。

（2）《羽毛球运动理论与实践》MOOC 课程与"羽毛球运动"MOOC 课程对比分析。《体育与健康》之"羽毛球运动"MOOC 课程，是国内 MOOC 平中台对羽毛球项目 MOOC 课程的首次尝试，是值得肯定的，为后人的研究提供了很大的参考价值。本研究在此基础上，从课程内容设计、课程视频制作形式、课程测评设计等几个方面进行了更细致化地设计，以期满足不同的学习需求。如下表 7-4 所示。

表 7-4 羽毛球 MOOC 课程对比分析

项目	《羽毛球运动》MOOC 课程	《羽毛球运动理论与实践》MOOC 课程
课程周次	1	14
课程内容	羽毛球的起源与发展、羽毛球技术欣赏、羽毛球运动与健康、羽毛球运动规则与技战术理解	带你了解羽毛球运动、羽毛球单打技术及应用、羽毛球双打技术及应用、羽毛球基本战术理论与实践、羽毛球技战术训练方法、影响羽毛球击球质量的因素、讲一讲"发力"问题、对羽毛球"感觉"的培养、羽毛球专项体能训练方法、羽毛球比赛中常见的心理问题及调节方法、羽毛球竞赛规则、羽毛球运动员及教练员职业素养
课程视频形式	视频＋文字＋图片	视频＋文字＋图片
课程测评形式	单元作业（2 道主观题）、单元测验（2 道单选题＋2 道判断题）	单元作业（主观题）、期末考试

从上表可以看出，本研究设计的羽毛球 MOOC 课程内容涵盖范围宽广，不仅包含羽毛球的起源发展、基本战术，还包含了羽毛球比赛常见心理问题、解决"发力"问题方面、球感培养方面等；知识点拆分细致，不硬搬教科书，针对常见问题给出讲解；课程视频制作准备素材充分，除了录制视频素材之外，还可以加入优秀运动员比赛视频，PPT 素材，镜头之间衔接顺畅；课程测验形式新颖，以主观题为主，鼓励学习者发散思维；适宜学习人群多样，在校学生、运动员、教练员、业余羽毛球爱好者等各取所需。

（四）羽毛球 MOOC 单元课程制作——以"击球拍面"单元课程制作为例

由于制作 MOOC 课程需要团队合作，需要学校与平台合作，制作费用昂贵以及后期制作水平要求高等因素，对羽毛球 MOOC 课程的制作只尝试了单元课程教学视频资源的制作，结合羽毛球项目特点，融合 MOOC 课程的设计特点，体现出羽毛球 MOOC 课程的独特之处。基于以上《羽毛球运动理论与实践》课程的大纲设计，选取第六周课程《影响羽毛球击球质量的因素》的第四单元——"击球拍面"来进行课程视频的制作。制作"击球拍面"单元课程主要有以下几个部分："击球拍面"课程文稿设计、"击球拍面"课程视频录制、多媒体 PPT 制作、"击球拍面"单元测评设计、录像视频剪辑制作、"击球拍面"课程剪辑制作。

第一，"击球拍面"课程文稿设计。课程文稿的设计是制作课程的第一步，也是中心思想。MOOC 课程的文稿就像剧本一样，整个文稿包含了主讲教师的台词、录制视频的数量、PPT 制作数量、视频剪辑的顺序等。"击球拍面"课程是第六周课程《影响羽毛球击球质量的因素》的第四单元课程，击球拍面是影响羽毛球击球质量的其中一个因素，这个单元课程设计的教学目标是通过介绍击球拍面的不同可以击出不同线路、不同弧度、不同质量的球，让学习者认识到击球拍面的重要性，进一步在平时的练习中能有意识地运用不同的拍面击出不同线路的球。依据此教学目标，"击球拍面"课程文稿设计的主要脉络为：首先，主讲教师要为大家介绍什么是击球拍面，为大家演示击球拍面的不同分类，有正拍面和斜拍面之分；然后为大家讲解运用正拍面、斜拍面时可以击出哪些线路的球，分别示范讲解、录像视频动画演示。其次，通过运用采访羽毛球爱好者的方式，说出对不同击球拍面的感受以及困惑之处，加深学习者的认识。最后，通过 PPT 演示本单元的总结，给学习者巩固重点。"击球拍面"课程知识点拆分细致、精练，设计计划时长在 10 分钟左右。

第二，"击球拍面"课程视频录制。由于专业摄录设备费用昂贵，所以在拍摄此单元课程时用了一台有摄像机功能的单反相机，通过人工的伸缩镜头和跑位取景，保证了最基本的画面和音质清晰。在羽毛球场地实景授课。拍摄时共用了四人，一位主讲出镜老师，一位负责录课，两位进行技术动作示范。

MOOC 课程的视频呈现形式主要有八种，分别是出镜讲解、手写讲解、实景授课、动画演示、专题短片、访谈式教学、对话式教学、虚实结合。出镜讲解是指授课人的形象出现在镜头画面当中；手写讲解的其中一种方法是将摄像机架在桌子上，把镜头朝向桌面，在桌面上铺好纸张一边讲解，一边录下整个手写推导的过程实景授课是主讲教师对实景进行现场讲解、示范和指导学生作画，通过实景授课，使得学生加深理论与实践的认识；动画演示生动活泼，易于理解；专题短片信息量大，视角丰满能够调动学习者学习的兴趣，提高知识讲解的效率；访谈式教学则是将访谈类电视节目的形式应用在了在线课程当中，主讲教师以主持人的形式，通过访谈循序渐进地让受访者将知识寓于对话当中，让授课内容更加富有故事性；对话式教学与访谈式教学比较类似，可以两位或多位老师出镜；虚实结合将真实的现实环境作为一个背景层，把一些虚拟的对象用后期制作的手段呈现在一起。

"影响羽毛球击球质量的因素之'击球拍面'"课程，理论讲解部分居多，但也会有实践例证出现在镜头中，在本单元视频的呈现中根据课程特点将会采用出镜讲解、实景授课、动画演示、虚实结合、访谈式教学这五种形式。

"击球拍面"课程共拍摄了 11 段视频，其中 9 段视频是主讲教师的出镜镜头，2 段为采访对象视频。整个视频录制的核心思想是突出羽毛球运动项目特点、画面清晰、讲解示范到位。取景定位在室内羽毛球场地，光线明亮。出镜人员以身体的上部三分之二为主，直视镜头，面带微笑，语速适中，给学习者一种亲近的直观感受。在讲解示范部分，镜头拉近到出镜教师的拍面位置，且采取了正面示范和侧面示范两种方式，使学习者能清晰地观察到不同拍面的细小变化。

第三，"击球拍面"课程多媒体 PPT 制作。根据"击球拍面"课程的需要，共制作了 4 张 PPT 演示，分别为正拍面斜拍面一张、运动员持拍击球两张、单元小结一张。PPT 演示的主要目的就是使学习者能对课程内容有一个整体的较直观的感受，在视频制作时可以结合教师的讲解，使所讲解的知识点更清晰明了。

第四，"击球拍面"单元测评设计。"击球拍面"单元课程共设计了两个测评环节：一个是以嵌入式练习题的方式，安排在主讲教师介绍完正拍面、斜拍面可以击出不同类型的球以后，多项选择题，题目为"运用正拍面可以击出下列哪些类型的球?"，答案设定四个选项，A 项为后场正手杀球，B 项为后场正手劈吊球，C 项为正手网前推球，D 项为正手后场高远球；另一个以课后单元练习题形式，主观题，题目为"结合自身实例，谈一谈你对击球拍面的认识"。

第五，录像视频剪辑制作。根据课程内容的需要，选取了肖杰教授的羽毛球动作示范录像和 2012 年林丹、李宗伟伦敦奥运会决赛视频录像。利用视频剪辑器，剪辑了肖杰教授的四段录像，分别为正手后场高远球、正手后场杀球、正手后场吊球、正反手前场推球，主要用来演示正拍面斜拍面击出的不同类型的球；选取了林丹、李宗伟的比赛录像，主要是这段录像的球路变化多，利用了拍面的不同变化击出了不同线路不同弧度的球，使学习者能结合自己的需求，在平时多加练习。

第六，"击球拍面"课程剪辑制作。制作课程所需要的素材大致都已经准备齐全，只需将素材经后期制作就可呈现出课程视频，但这正是制作 MOOC 的最大难度，同时也是其区别于其他形式课程的特色所在。MOOC 课程视频画面丰满、形式新颖、元素多样、知识精练，犹如一档"电视节目"。运用"会声会影"X8 版本视频制作软件，将录制的视频、剪辑的录像视频、多媒体 PPT 素材、嵌入式练习题等这些素材元素，按照所学 MOOC 课程的设计规律、制作 MOOC课程理论基础以及设计的"击球拍面"文稿，尝试制作了一个时长八分二十三秒的 MOOC 课程视频样片，供以后的研究者参考，在后期的研究中，将搭建 MOOC 平台，完善羽毛球 MOOC课程体系。

第八章　现代教育技术革新下高校体育教学新型师生关系的构建

师生关系是教学工作顺利开展的前提与基础，因此现代教育技术革新下的新型师生关系建立至关重要。本章将逐层阐述传统师生关系与现代师生关系，分析现代教育技术在体育教学中师生关系的构建价值，探索现代教育技术革新下新型师生关系的构建路径。

第一节　传统的高校体育教学主体的角色分析

在古代，教师一直是受人高度尊敬的职业。《尚书》云："天降下民，作之君，作之师。"即是把"师"的地位与天、地、君、亲并称，并写在同一牌位供众人朝拜，教师的地位之高可见一斑。再到我们熟知的"传道、授业、解惑"都可作为几千年来教师这一职业给我们带来的深刻印象。教师对学生来说，不仅是知识的传播者，也是道德的示范者；其自身的职业观念较为模糊，往往是当时有着明达声誉的文人与思想家。时至今日，尊师重教的师生伦理观在现代教育实践中依然盛行。

在封建时代，师生关系从实质上来看近似于一种伦理道德关系，师生关系多表现为"师尊生卑"。贯彻到师生当中，便是一种尊上卑下的区别，教师代表着规则、道义与权威，师生双方关系严重不平等。譬如，"程门立雪"作为一个师生话题的千古美谈，赞扬了杨时、游酢在求学过程中对教师程颐保持谦卑且不畏艰险的意志，也同样反映了在当时师生交往互动中，教与学几乎是单线式，并且教师是这段关系中的主体——若将师生比作自转与公转的行星，学生则需要围绕以教师为中心的星球"公转"。

而封建社会破产之后，封建的师生伦理失去了植根生长的土壤，学校教育制度化成为主流。然而，学校与社会的"桎梏"并没有因为封建伦理的坍塌而被打破，只是这层"桎梏"由无形变为有形，发展成为班级化管理——学生被分到各个班级接受教育和管理。这种教学规模上的裂变，引导着师生关系随之逐渐向"制度化"转变。

在教师教育机构出现之前，个人对教师职业的选择相对自由。随着私学兴盛，书院就是其中的重要发展方面，历史中不乏重视教师培养的事例。例如，张謇努力兴办学堂，以"堪为人师而模范之"为办学目的。而1903年，通州师范（南通师范学校）开学，为我国第一所师范学校，标志着中国师范教育的开端。

随着现代学校的建立，教师被培养成为专业人员，班级授课制开始流行。师生的数量比例在发生深刻的转变，教师与学生之间的联系不再如过去那样稳定化、专门化，而是"一对多"或"多对多"，分科教学的实施又致使了教师数量的增多。于是，学生摆脱了依附于教师的局面，就联结的亲密程度而言，教师专业化在一定程度上引发了师生关系的疏离，是教师对学生的权威控制力骤降以及学生对教师依赖程度日渐式微。

接着，近现代学校实用主义之风盛行，功利主义倾向也开始抬头。教师角色逐渐转变为人们口中的"教书匠"，学生为获取知识接受教师的文化教育，教师为取得薪资进入学校工作，师生关系在制度化的同时也呈现出了功利主义的倾向。

在传统价值的影响下，我国传统师生关系具有如下特点：第一，教师的教学方式比较专制，教育的主体是刻板而绝对的，教师常常忽视学生的主动性；第二，教师在职业追求上，以"传道授业解惑"为己任，教师自身努力成为学识的权威与掌握真理的传播者，对学生来说是一种施与者的形象；第三，传统的师生关系中，虽然师生地位有别，但双方对师生关系的重视度很高，往往将这段密切的关系维系一生；第四，教师在生活中需起到道德的示范表率作用，是教师身份带来的社会压力，也是德行礼仪的重要部分。

第二节　现代教育技术革新下高校体育教师角色的再定位

师生关系的形成与发展是影响教学效果的一个极为重要因素，因而建立一个适应时代发展、适合教育制度的新型师生关系是教学工作顺利开展的前提与基础，以现代教育技术为平台建立师生关系是研究师生关系的一个新的方向。教学理念、教学目标、教学模式的千变万化都离不开良好师生关系的铺垫。

一、现代教育技术环境下的新型教师

在谈论师生关系前我们首先要意识到没有教师素养的提升，就难有教育质量的进一步提高；没有教师精神的升华，就难以对学生精神解放进行引导；没有教师的主动发展，就难把握学生主动发展变化的方向；没有教师的主动创造，就难开发学生的创新思维。所以要建构适合现代教育技术发展要求的师生关系，首先要树立新型的教师观。而在现代教育技术环境下，建立新型的教师观应把握以下几方面的问题。

（一）重新认识教师的角色定位

现代教育技术环境下的师生关系应该是民主、平等、合作型的师生关系，这些特点就要求转变师生角色，教师应由过去的主导者转变为师生平等协作的关系。在这种师生关系下，教师仅仅作为文化知识的传播者是不够的，还要教会学生怎样思考、如何学习、开发学生智力、启迪学生智慧，培养学生形成终身学习的能力。除此之外，教师在学生的日常生活中也要充当一定的角色，充分了解学生内心世界的真实想法，打开学生心灵的窗户，成为学生生活的导师和朋友，这种亦师亦友的师生关系才是我们的最终目标。现代教育技术的发展为这种师生关系的构建提供了助力。多媒体和白板等技术的广泛应用，在教学活动中，把老师板书的时间用于知识的讲解和师生的提问和解答。这种相对增加师生探讨交流的时间可以引导学生慢慢克服困难，学会自主的发散思维、善于思考问题，使学生的学习更顺畅、更愉快，也更富有意义，从而提高教学的效率；QQ、微信、微博等通信工具的使用进一步拉近师生、生生之间的关系，了解个体的差异，便于因材施教。总之，在现代教育技术环境下，教师可以提供给学生的不仅仅是学术上的优势，还可以指导学生生活上的难题，在学生综合素质的培养上增砖添瓦，从而提高学生学习的效率，无形的拉近师生间的距离。

（二）提高教师运用现代教育技术的能力和素养

在现代教育技术环境下，学生接受新知识的广度、深度和速度比以往的任何时候都要快得多。现在知识发展和更新的周期已达到了日新月异的地步。教师仅仅依靠过去掌握的书本知识而不跟随时代的步伐已经难以适应现代教育信息化的要求。以上的现状就要求教师要不断扩展自己的知识视野，丰富自己的知识结构，掌握最新的学术动态。只有这样才能使教学方法不落伍，教学内容不落后，使自己在教育的改革中立于不败之地。也就是说作为一名现代教育技术环境下的教师，不仅需具有深厚的专业知识，丰富的教学经验，还要随时把自己看作一名学生，接受新知识，新技术的培训，比如现代教育技术的使用方法和某些课件的制作方法，作为一名体育教师我们还要学会用软件组装仪器，甚至是演示动作的动画等。掌握现代教育技术的使用方法和技巧，课下做好准备工作，课上做到熟练地运用和操作。除此之外还要随时掌握学生的动态，跟随学生的脚步了解学生的日常生活。只有提高教师的能力和素养，让教师充分地认识到良好师生关系的建立是师生共同努力的产物。放下以往师生间必须慎言慎行，不可冒犯的观点，其实这种说法并不是说不尊师重道或者降低教师的地位，而是在一定基础上加强师生间的联系，把教师更为真实的一面呈现在学生的面前。建立一种更为和谐的师生关系，这种师生关系的建立可以提高教学质量，增强教学效果。

（三）充分认识到师生关系构建的重要性

师生关系的构建不再局限于学校这个特定的场所，也不再局限于面对面的交流，当然这并不意味着我们就不需要课堂上的交流和沟通，而是因为在课堂上教师要面向全体学生进行教育教学活动，这里面有时会穿插与个别学生的交流，但时间往往有限。所以师生间的互动交流仅仅为表面上的浅层次交流沟通，点到为止。而多媒体和白板技术等教育技术的使用从最基本的用途上说，不仅可以节约教师大量板书的时间，还可以把抽象问题具体化、模糊问题清晰化、复杂问题简单化、微观世界宏观化等。这些作用都可以引导学生发散思维，便于理解。也就相对减少了教师讲解知识的时间，增加了师生间交流探索的机会。

（四）教师在教育教学过程中的具体方法

教师除了在课堂上有计划，合理地运用现代教育技术进行辅助教学，增加师生探讨的机会外，还可以每天在自己的微博上梳理课堂上的重难点，公布自己的教学反思，相应的习题作业和答案以及预习中应注意的事项等，学生充分了解到教师教学的动态，可以提前做好预习，便于课堂师生间的互动和疑难问题的解答；师生间可以建立贴吧，发布课堂知识重难点讨论帖，个人对某些知识点的见解、预习中问题的反馈、处人为事的道理，励志小故事，生活的小知识等，在这里任何人可以互动交流，充分发表自己的意见和看法，只要你畅所欲言，只要你合情合理，我们就是最好的良师益友。在这里老师所起的最大作用就是引导学生说出自己的观点，培养学生的自信心，关注学生的成长风向，让学生健康快乐地成长。

二、现代教育技术下的学生

现代教育技术环境下的师生关系要求老师不仅能够全面的认识学生，还能正确地对待学生在身心发展和学习活动中的各项问题。要树立现代教育技术环境下新型的师生关系，我们不仅要从教师的角度认识师生关系，还要从学生的角度进行分析，两者结合起来才能实现我们的目标。我们首先要意识到每个学生都是独立的个体，是非特定化的人，不能一概而论。因此，清醒地认识到个体间的差异，根据每个人的实际情况，制定不同的方针政策。而现代教育技术就是一个平台，它的完善和发展能为学生创造更加良好的学习条件。在课堂上，学生拥有更多与教师交流的机会，也能更为直观明了的看到微观世界的化学变化，真正地做到寓乐于学；在课下，师生、生生之间通过 QQ、微信、微博等讨论学习问题，或者自己的爱好兴趣，加深师生间的交流沟通，便于教师根据学生的状况进行合理有效地教学，也使学生得到适合其自由的、健康的、本性的、快乐地成长学习，促进其内在本性的成长与发展，以实现自我。

（一）增强主体意识，激发个人情感

在课堂教学过程中，有些学生的主体意识和存在感比较弱，很容易被忽略。而主体意识在某种意义上决定着学生对自身发展的自知、自主和自控的程度，也反映着学生自身综合素质的发展水平，所以教师在教育教学过程中要想方设法地唤醒学生的主体意识。比如可以通过让学生组织教学过程、提高课堂凝聚力、引导学生主动参与教学活动等策略增强学生的存在感。这些策略可以借助于现代教育技术手段来实现，如为了引导学生参与课堂的讨论，我们在开课前可以通过多媒体或者白板技术先播放一些相关新闻、趣味活动、动画等增强学生对课堂的兴趣，引导学生进行思考和讨论。此外在教师教学的过程中，我们不仅要利用某种时机让学生充分发挥其自主性，还要意识到建立现代教育技术环境下新型的师生关系，最重要的一点是教师首先要尊重学生的看法与选择，营造一种愉快、宽松、和谐的课堂氛围。在课堂上注意调动学生积极参与课堂交流的热情，激发学生内心的情感。教师还要培养学生的学习热情，培养学生的学习兴趣，尊重学生个体间的差异，根据实际情况因材施教，真正做到使不同程度、不同类型、不同水平的学生都能体验到学习上的进步和成功的喜悦。

（二）正确认识师生关系对学生学习的重要性

我们要意识到教师在教学的过程中起到主导的作用，他不可能代替学生学习，学生才是学习的主体，所以在教学过程中，教师不能只顾着把知识灌输给学生就满足于教学任务的完成，还要给学生创造性发挥的机会。比如在创设教学情境时，运用多媒体和白板技术播放一些体育锻炼趣味小短片、与体育相关的新闻报道或者是把练习过程中发生的微观变化以动画的形式展示出来。这些都可以开发学生思维，让学生领会到化学知识在日常生活中所起到的作用，有意识地培养其创新能力和应变能力。此外在教学中，教师除了基本知识的讲解外，还应留有一定的时间让学生充分思考，以免造成"填鸭式"的教学模式。课后作业的布置要求质而不是求量，给学生留下一定预习、复习及课余时间，学生的学习也不再仅限于老师课堂的讲解和探讨。这样学生不仅掌握了学习的主动权，还能够开阔视野，做到真正的寓乐于学。

（三）充分认识到师生关系构建的必要性

有许多人认为，学习的最高境界是"两耳不闻窗外事，一心只读圣贤书"，他们认为师生关系可有可无，只要学习好就可以代替一切。这显然是不对的，师生关系是学校最基本的人际关系之一，也是师生间交流沟通的基本。良好的师生关系不仅有利于教师教学的顺利进行，还有利于学生学习效率的进一步提高。比如在学生垂头丧气停滞不前时教师的一句激励而不是不闻不问会使学生信心百倍；在学生犯错时，教师晓之以理、动之以情的劝解而非一味地责怪可以让学生充分认识到自己的错误并改正；在学生取得良好成绩时，教师的一句祝贺、一声肯定会让学生再接再励，勇往直前。让学生充分认识到师生关系的重要性并用心去体会，这些不是占用学生学习的时间而是给学生的学习创造机会，因为学生借助于现代教育技术可以和教师拥有更长的时间去交流沟通。学生还必须意识到师生关系的构建不应该以老师的主动为前提，因为师生之间的关系不是一对一而是一对多，只有学生积极主动的和教师交流沟通才能有更好的发展。而现代教育技术的广泛使用更是为理想型师生关系的构建提供平台，大容量知识的存储为学习者自主学习提供了前所未有的丰富学习资源；在课下学生还可以借助网络查询大量的学习资料，使学生获取知识的渠道不再局限于课堂；微信、微博等聊天工具的出现使师生的交流不再受时间和空间的限制，减少面对面的压力，做到师生间畅所欲言。把现代教育技术和师生关系的构建结合起来，为师生关系的构建创造物质基础，建立新型的符合面向世界、面向未来、面向现代化教育的新型师生关系。提高学生综合素质，使学生做到德、智、体、美、劳全面发展，让我国的教育真正向前跨一个台阶。

（四）良好师生关系构建的具体方法

学生是学习的主体，在学习的过程中我们要积极地应用现代教育技术提供给我们的便利：比如抓住多媒体、电子白板技术等教育技术的优点，结合自身的情况加强对知识的感知、理解和记忆；利用互联网查阅相关学习的资料或者学习过程中的重难点内容，浏览学校的教育网站，下载相关学习的视频；经常关注老师在网上发布的相关学习信息，了解老师讲课的动态，在课下做好复习和预习工作，课上与教师良性互动，积极主动的回答教师提问的问题；主动在贴吧上发表自己对某些问题的见解和课下遇到的各种疑难问题，寻求师生的解答和帮助；利用微信、微博、QQ等聊天工具和教师进行交流和沟通，没有面对面的压力学生更容易讲出自己的心声，向教师请教学习和生活中所遇到的问题等。这些具体的做法都可以加强师生间的联系，提高师生间的满意度，建立理想型的师生关系。

第三节　现代教育技术革新下高校体育教学师生关系构建策略

教学活动是一种提高全世界生活质量和生命价值为最终目的特殊的有意义的实践活动，是学生不满足于自我以不断地提升和超越自我为目标，创造一种更为完美的生活状态。也就是说，教学的过程应该是在教师的引导下学生善于观察、自主发现、独立思考、主动参与和不断创新的过程。而不只是简单地、被动地接受教师和课本提供的现有观点与结论。以现代教育技术为支撑，改变原有的教学理念，改进以往的教学方法，运用多种教学模式，建立师生间的平等对话，实现学生自我价值，是构建新型师生关系的最终目的。

师生关系的构建是以师生间对话为基础的，也是理想的教育形式。在教育教学过程中，无论教师还是学生在人格上都应该是平等的、独立的。孔子说三人行必有我师，也就是说师生间不存在绝对的权威或中心问题，师生在教学过程中遇到争议时进行自由的辩论，不存在谁屈从谁的问题。教师不只是依靠硬性的知识传授给学生，而是以引导对话的形式让学生自己利用现代教育技术的手段查阅资料，去思考、去领会，以激发其潜在的力量。这种教育模式不再以传递真理为目的，而是以探索和发现真理为目的。在现代教育技术环境下的这种"对话"关系中，师生是互为主体、共同发展的。在这样的师生关系中，教师所起的作用不仅要传道授业解惑，教学方法和手段不是一成不变、墨守成规的教条，结合教育教学过程中的实际情况，运用多种教学模式，实现学生的自我价值，建立更为民主平等、和谐友爱的师生关系是我们共同的目标。除此之外还要对学生的未来和自我价值的实现给予一定的指导和借鉴，真正成为学生人生道路上的指路明灯。

第九章 现代教育技术革新下高校体育教学管理信息系统的升级

体育教学的有序进行离不开教学管理系统。运用 JAVA 技术指导高校体育教学管理系统，保证高校体育教学管理信息系统功能的实现。

第一节 高校体育教学管理系统的需求分析

一、总体系统业务需求分析

（一）需求分析

需求分析是人们对系统所要解决的问题进行具体功能和非功能的分析过程，包括弄清楚哪些问题需要解决以及解决问题的速度快慢等，如在处理问题时需要输入的数据、通过运行系统最终理论上想要得到的结果，最后实际运行系统后结果的输出结果等。可以说，在软件工程设计当中的"需求分析"就是明确需要计算机为我们"做什么"，以及实际运行后要达到的效果。世界上所有的软件开发工程师都有个共识——在做系统之前，需求分析是必须要做的。

在软件工程中，需求分析指的是在建立一个新的或改变一个现存的电脑系统时描写新系统的目的、范围、定义和功能时所要做的所有工作。众所周知，需求分析是软件开发工程中的一个关键开发过程。在这个过程中，系统分析工作人员和软件工程师需要通过各种途径确定顾客的需求，只有在客户的需求被确定后，软件开发的相关人员才能够分析和寻求设计新系统的解决方法。总之，需求分析过程的任务和目的就是确定软件系统的具体功能。

在软件工程的历史中，需求分析过程在很长一段时间里被人们一致认为是整个软件工程中最简单的、最不必要的一个步骤。但在近十年内，越来越多的软件工程师逐渐认识到，需求分析过程是软件开发整个工程中最关键的、最重要、最不能忽视一个过程。顾客的需求如果不能通过需求分析被正确认识到的话，那么最后开发的系统软件无论从实际上还是理论上都不可能达到顾客的需求，更为严重的情况是软件项目在顾客规定的时间里根本完成不了。

通过对现实世界要处理的对象进行详细调查，对原系统工作概况进一步研究和了解，在确定了用户的各种需求之后，最终在前面基础上确定所要设计系统的具体功能是需求分析的任务。软件工程师首先需要确定对系统的各方面要求，在软件开发过程中对系统的需求是各方面的，所以功能需求只是对软件系统的基本需求之一，目前软件开发工程行业通常对软件系统有下述几方面的综合要求：功能需求、非功能需求、性能需求、可靠性需求和可实用性需求、异常处理需求、接口兼容需求以及将来可能根据需要提出的一系列要求等。

（二）系统详细需求分析

体育教学管理系统一般使用信息化的方式，针对体育教学的实际状况进行高效管理。主要包括竞技比赛管理、体能测试管理、体育教学管理和用户管理，通过加强并规范体育教学管理者的工作，保证体育教学管理的公正性、有序性和高效性。

在设计系统时，要在系统中设计两种角色：教师和学生。登录系统时，首先验证是老师还是学生，不同角色执行不同的操作，老师和学生的操作有共同之处，也有各自独特的操作，执行各操作时，系统在成功验证账户、密码和角色后，系统就会自动登录到相关界面窗口。若三者有一个没有验证通过就会显示密码、账户或者角色输入错误。若登录成功后，根据角色判断登录的角色有哪些操作权限，系统会根据角色自动转到相应的操作环境中，不同的角色将会在各自的业务模块中发挥不同功能。在系统设计时我们将老师这个角色中划分为以下六个子角色：竞技比赛管理人员；体质测试管理人员；体育教学管理人员；体育器材管理人员；系统管理员；其他人员。

二、功能需求分析

功能性需求是管理系统需要具备的基本功能，它将作为设计和使用系统的指导标准，同时，它也是为了确定该系统需要达到的目标和需要完成的任务，根据体育教学管理的实际需求，本系统具体实现了竞技比赛、体能测试、体育教学和用户管理的功能，详细描述如下。

（1）体育教学管理系统必须满足用户登录、密码修改、成绩录入和修改以及注销等基本要求。

（2）体育教学管理系统在人事管理系统方面，需提供学生、教师的相关信息和管理功能，如学生学号、姓名、老师的职称、学生体育成绩增添、删除、修改等操作。

（3）体育教学管理系统能够提供对于体育教学器材等方面管理功能，如对现有体育器材的数量进行修改；对体育器材借还记录的删除、修改等操作。

（4）体育教学管理系统能够对体育器材的入库进行相关信息进行管理，并能对入库信息如入库时间，入库负责人等信息进行录入、保存、增添、删除、修改等操作。

（一）竞技比赛管理

竞技比赛，即"比赛性的体育活动"，也称竞技体育。英文对应词是 sport。尽管国外在广义的理解上对 sport 界定不尽相同，但是在狭义上却相当一致，即"竞争性的身体活动""体育竞技活动"。相关竞技项目有短跑、长跑、跳高、跳远等。竞技比赛具有能够充分调动和发挥运动员的机动性、提高团队协作能力、锤炼学生心理素质等方面的优点；通过竞技比赛中激烈的对抗性和竞赛性可以增强学生之间的友谊；也能够使参赛选手具有充沛的体力和高超的身体技艺；当然，在参加竞技比赛中学生们可以感受到比赛的娱乐性和竞争的残酷性。当今世界所开展的所有竞技运动项目是世界各地社会历史发展和进步的产物。赛跑、投掷、角力等项目在公元前700 多年的古希腊时期就已经出现了，经过这么多年的发展，如今比赛项目已有好几百种，随着时代的发展，新的比赛项目也逐渐增加。田径、体操、篮球、排球、足球、乒乓球、羽毛球、举重、游泳、自行车等项目是现在一些竞技体育赛事普遍开展的体育项目。由于世界各地文化的差异和风俗的不同，各国、各地区分别都具有自己特殊的民族传统项目，如中华武术，东南亚地区的藤球、日本摔跤等。毋庸置疑的是竞技体育的发展与国家政治、经济、文化教育、科学技术的进步是分不开的；观赏性也是竞技体育的一大特色。随着社会飞速发展，竞技体育发展的越来越成熟，越来越规范是个必然的趋势，由于人们的生活水平提高了，物质追求得到满足的同时，对于精神方面的追求也与日俱增，导致的结果就是喜爱和观看竞技运动的人也逐渐增多，这也是让不同的运动都能长盛不衰，呈现百花齐放的局面的原因之一。举办竞技体育赛事最重要的目的是在一定程度上督促、鼓励和倡导学生锻炼身体，只有通过举办活动，才能使全民有健身的意识，才能发掘更多的体育人才，才能提高国民整体的身体素质。

体育教学管理系统中竞技比赛管理包括比赛报名管理、比赛项目管理、比赛成绩管理这三个小模块。其中比赛报名管理包括报名信息的输入、取消和修改；比赛项目管理包括比赛项目的增加、取消、查询和选择哪一个比赛项目；比赛成绩管理包括比赛成绩的录入、修改、查询和比赛成绩是否满意的反馈。

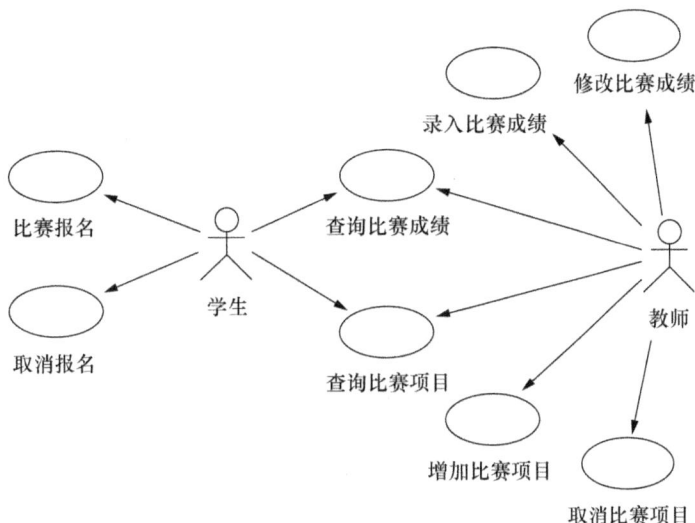

图 9-1　竞技比赛管理例图

根据图 9-1 可知，体育教学管理系统竞技比赛管理模块中，比赛前，学生可以查询自己有资格可以参加比赛项目、进行比赛报名信息的录入并可以取消报名信息；比赛结束后，学生可以根据比赛项目查询所有人的成绩、查看自身竞赛成绩和自己成绩的排名，如果对排名有质疑，可以通过系统将质疑信息反馈到系统后台，进行进一步审核和重新给出成绩和排名，并且给出评分规则和标准，直到学生满意为止。

赛前教师可以查询、增加和取消比赛项目；比赛结束后，教师还有录入和修改学生的比赛成绩的权限，并能够根据比赛项目查看所有人的成绩，并且根据数据分析学生整体身体素质，计划下一步体育赛事的安排和计划。

（二）体能测试管理

体能测试管理包括测试项目管理、测试成绩管理。测试项目管理包括测试项目的增加、删除、查询以及测试项目的要求和操作过程说明；测试成绩管理包括测试成绩的录入、查询、修改以及测试成绩的排名和档次如：优、良、中、差。

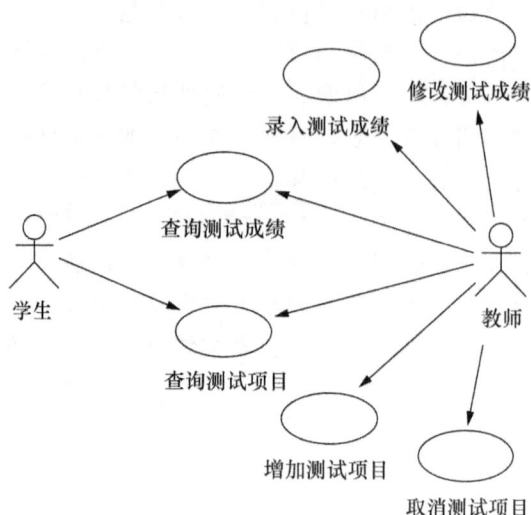

图 9-2　体能测试管理例图

由图 9-2 可知，测试前，学生登录成功后可以查询相关的体能测试项目说明，可以针对相关的项目进行测试前的锻炼。体能测试结束后，可根据项目查询所有人的成绩，或者查看自己的成绩和自己的排名；体能测试前，教师可以对整个测试项目的条款进行查询、增加相关测试要求和说明，同时也可以取消相关测试说明和要求；测试结束后，可根据项目的编号查询所有人的成绩，也能够对测试成绩进行录入和修改，根据测试的结果，对在校学生的身体状况做个整体的评估，了解学生的身体状态后，就可以进一步安排以后的体育赛事，使得学生的身体素质呈上升的趋势。

（三）体育教学管理

体育教学管理包括体育课程管理和教学成绩管理。体育课程管理的权限在老师手中，老师可以对体育课程进行若干操作如包括教学课程的增加、查询、修改以及调整体育上课的安排；学生只可以选择修哪种体育项目如选足球项目还是篮球项目还是羽毛球等。教学成绩管理包括教学成绩的录入、查询、修改。老师可以将成绩录入到系统，如果录入有错还可以修改成绩，学生可以查询成绩以及对有质疑的成绩提出重新打分的申请。

由图 9-3 可知，在体育教学管理系统中学生只可以查询课程相关信息如开课时间，上课教师等；教师的操作权限就很多了，教师可以对课程相关的信息进行查询、增加、修改和取消等若干操作。

（四）体育器材管理

该功能主要是对体育器材的库存、使用、维护、借用、注销等操作进行管理。学生主要是借用器材、归还器材等。比如，某班级某同学何时何地借的什么器材，什么时候归还；再比如，由于体育器材长期使用有磨损，随着学生越来越多，一方面使用不安全，另一方面不够学生使

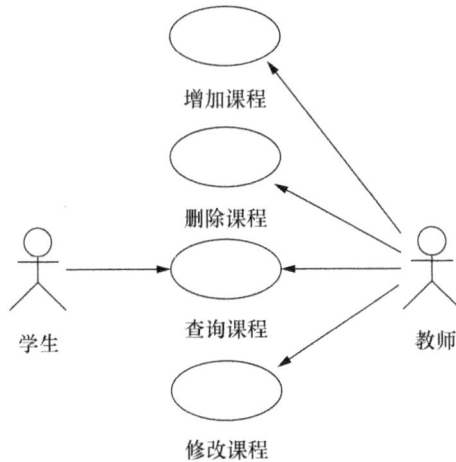

图 9-3　体育教学管理例图

用，故可以在系统中向有关部门进行申请购买若干器材，这样省去了一个部门一个部门地去跑，节省了很多时间。教师可以查看器材数量、借用情况、归还情况以及器材的磨损情况，还有就是是否需要购买器材等。

（五）用户管理

在设计系统时，考虑到教育教学管理系统只有在校生使用，在设计用户管理模块时可简单的设计部分功能。系统用户管理模块主要是学生或教师成功登录系统之后进行密码的设置和修改。用户管理功能性需求例图如图 9-4 所示。

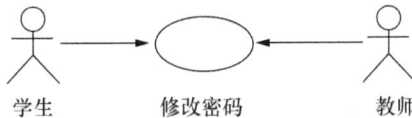

图 9-4　用户管理例图

三、非功能需求分析

非功能性需求是指软件产品为满足用户业务需求而必须具有且除功能需求以外的特性。软件产品的非功能性需求包括系统的性能、可靠性、可维护性、可扩充性和对技术和对业务的适应性等。下面对其中的某些指标加以说明。在这里可以看到非功能性需求一方面涉及的范围很广，而且软件产品本身的各个模块之间是有一定联系的，模块之间的某种联系还多多少少受到多方面外在环境的影响。非功能性需求和功能需求不同的是，非功能需求必须考虑软件的可用性和易用程度。

对于非功能性需求描述不像功能性需求描述那样简单，只需要考虑功能因素即可，非功能需求需要考虑到很多的因素，所以相比功能需求分析而言要困难得多。通常情况是使用结构化和量化的词语来描述非功能需求，在使用这些词语描述这类需求时候经常采用以下几个专业短语来描述：软件性能、查询出结果需要多长时间以及软件健壮性要好等一系列较模糊而大概的描述词语。可以发现使用的这类描述词语都是脱离了软件的执行软硬件环境，同时也偏离了人和相关的场景的描述，因此描述的信息想要体现到软件架构具体设计和具体的实现中有一定困难。

在软件系统设计中需要考虑架构设计安全问题、系统开发框架的性能和可靠性问题，异常日志记录等问题。系统异常日志不是凭空产生出来的，而是来源于我们对非功能性需求的分析而产生的。

一个软件系统如果想成功运行各种功能，那么这个系统就必须完整，系统的完整包括以下几个方面：程序的可执行性、在线帮助灵活性、数据和用户管理的高效性、日志异常查询准确性、自动升级的及时性等相关功能特征。为了满足用户的需要，这些需求必须被考虑到，这样做也是为了后续对系统进行维护和监控做铺垫。

众所周知，系统的可靠性、可维护性和适应性是密不可分的。如果系统出现故障和用户出现错误的操作后，系统是否支持恢复，恢复时间有多快；如果用户在使用过程中遇到错误的时候，系统是否可以立即定位问题；如果业务场景和逻辑发生变化的时候，系统是否继续支持操作；如果网络出现不稳定或系统使用非正常的情况下，系统是否都有相应的容错解决措施等。上面提到的所有问题只是所需考虑问题的一小部分，在对系统进行非功能分析的过程中需要从不同的角度考虑系统可靠性，稳定性和可维护性方面的问题。

系统易用性如何也是在开发非功能性需求中必须要考虑到的问题之一，而且需要认真对待。系统的易用性涉及多方面的知识。例如，美工和 UI 界面、人机工程、交互式设计、心理学、用户行为模式等。通常系统的易用性三原则就是易见、易学和易用或者叫发现、易懂、效率。所谓易见，就是在使用系统操作各种功能时，操作步骤不要藏得太深，用户可以很容易找到他们期望进行的各种操作步骤；所谓易学，就是通过在线帮助、导航、向导等各种方式可以保证系统软件在自学的情况下可以学会使用；所谓易用，就是在软件在熟练使用后可以更快地进行各项步骤操作。当然，这三者之间既有联系也有冲突的地方，为了使系统性能好，必须使这三者达到平衡状态，而想要使三者达到平衡的一个重点就是需要做到以用户为中心进行详细设计，需要去细分系统使用场景和系统面对的使用用户。

高校体育教学管理系统设计基于以下几个方面考虑非功能性需求。

（1）软硬件环境。系统和数据库服务器可运行 Windows 平台，由于此系统供使用，所以必须能够运行于校园局域网中，其次系统同时需要和软硬件兼容，因为在校学生很多，如果不兼容容易引起系统的崩溃。

（2）安全性。通过密码控制功能使用户的账号和密码处于加密状态，只有用户自身才能接触到用户的信息，其余人无此权限；收到外界攻击时，专职人员进行特殊处理。

（3）性能。正常的网络环境下，系统能够及时响应，及时显示用户信息，并且数据库服务器能够和外界交换数据，数据库能够及时地保存数据和刷新数据。

（4）可维护性和可扩展性。系统出错时，要有专职人员对运行的关键信息进行记录；系统要求维护和升级时简单、方便、快捷；很少工作量的情况下完成，且能够方便的添加新功能，如果系统需要升级时，可以很便捷的完成。

（5）可靠性需求。平均无故障时间在 20000 小时以上，每月月初或者月末停机不多于 24 小时。

四、开发技术及环境

(一) JAVA 技术

JAVA 语言是由 Sun 公司开发，可编写跨平台应用软件的面向对象的程序设计语言，具有简单、高效、可移植性强等特点，使之一经推出便让广大用户对此投以高度的关注。JAVA 语言推出后，广大软件厂商由于其 Internet 的基础性支持开始支持 JAVA，如 Netscape 公司。一段时间之后，基于 JAVA 的开放式多媒体标准发布，此标准由以下三家公司共同制定：Sun、Macromedia 和 SGI。

建立在 JAVA 平台之上的 JAVA 应用，经过程序编译，将其留在所运行的环境之中，是能够进行交互地、动态地以及安全地运行程序的软件。该平台有两个主要部分：一个是 JAVA VM，一个是 JAVA API，即应用编程的接口。JAVA VM 也称为 JAVA 虚拟机，它是 JAVA 平台的核心，既可用软件实现，也可以用 JAVA 芯片等硬件部分来实现。JAVA API，既是 JAVA 小应用程序和软件的接口，同时也是应用开发的基本框架，通过进行一系列的基本接口，针对每个关键领域，以统一的方式访问各种数据库。因为建立在 JAVA 平台上，JAVA 可以提供数据库访问，它是与平台无关的。

JAVA 技术可生成能重用的组件，开发人员能够提高组件的使用效率，通过共享、交替执行普通操作的组件的方式。JAVA 能够被大多数平台支持，更换平台时程序无须再次编译，因为 JAVA 字码节是标准的且与平台无关，这样就大大提高了运行效率。

(二) MySQL 数据库

从广义上讲，数据库是一个仓库，根据数据结构来组织、管理并存储数据。数据库有多种类型，从存有数据的表格到能存储大量数据的数据库系统中都有很多应用。

从狭义上讲，数据库是数据集合，把数据根据特定数据模型组织起来再存储到二级存储器中。它具有以下特点：尽可能不反复出现，为特定的应用服务提供最好的解决形式，数据结构与使用它的应用程序没有关联，由同一软件管理并控制数据。

数据库基本结构分为三层：物理数据库、概念数据库、用户数据库，分别以内模式、概念模式、外模式为框架组成。数据库具有以下特点：完成数据共享、减小数据冗余度、保证数据独立性、实现数据的统一掌控及故障恢复。

SQL 也叫结构化查询语言，与数据库保持连接并进行交流是 SQL 语言的主要功能。SQL 是关系型数据库系统中的规范语言，众多关系型数据库管理系统都使用 SQL 语言，如 Oracle，Sybase 等。Select，Delete，Insert 等 SQL 语句可用来完成基本的数据库操作。

MySQL 是一个关系型数据库管理系统，由瑞典 MySQLAB 公司开发，目前属于 Oracle 旗下公司。MySQL 是最流行的关系型数据库管理系统，在 Web 应用方面 MySQL 是最好的 RDBMS (Relational Database Management System，关系数据库管理系统) 应用软件之一。

MySQL 是由数据表与表之间关系组成的关系型数据库管理系统。数据表是一个二维表，由行和列组成，每一个数据表包括部分对象及其属性。记录或元组代表数据表中的行，表示有同种属性的若干对象中一个字段或属性代表数据表中的列，表示表中对象的共有属性。由此看来

MySQL 是一种关联数据库管理系统，关联数据库将数据保存在不同的表中，而不是将所有数据放在一个大仓库内，这样就增加了速度并提高了灵活性。

MySQL 所使用的 SQL 语言是用于访问数据库的最常用标准化语言。MySQL 软件采用了双授权政策，它分为社区版和商业版，MySQL 体积小、速度快、总体拥有成本低、开放源码等优点，其中开放源码是 MySQL 最大的特点，中小型网站的开发都优先选择 MySQL 作为网站数据库的原因就是因为 MySQL 的源码是开放的。

（三）JDBC 技术

JDBC（JAVA Data Base Connectivity，JAVA 数据库连接）是一种用于执行 SQL 语句的 JAVA API（Application Programming Interface，应用程序编程接口），可以为多种关系数据库提供统一访问的平台，它是由一组用 JAVA 语言编写的类和接口组成。JDBC 提供了一种基准，软件工程师根据这一基准可以构建更高级的工具和接口，使数据库开发人员能够编写数据库应用程序。同时，JDBC 也是一个商标名。总的来说，软件工程师利用 JDBC 技术可做三件事：与数据库建立连接、发送操作数据库的语句并处理结果。

目前，Microsoft 的 ODBC API（Open Database Connectivity，开放数据库连接）可能是使用最广的、用于访问关系数据库的编程接口。它能在几乎所有平台上连接几乎所有的数据库。为什么不使用 ODBC？原因就是：ODBC 不适合直接在 Java 中使用，因为它使用 C 语言接口。从 Java 调用本地 C 代码在安全性、实现、坚固性和程序的自动移植性方面都存在缺点。从 ODBC C API 到 JAVA API 的字面翻译是不可取的。例如，JAVA 没有指针，而 ODBC 却对指针用得很广泛。我们可以将 JDBC 想象成被转换为面向对象接口的 ODBC，而面向对象的接口对 JAVA 程序员来说较易于接受。

JDBC 是个"低级"接口，也就是说，它用于直接调用 SQL 命令。在这方面它的功能极佳，并比其他的数据库连接 API 易于使用，但同时也把它设计为一种基础接口，在它之上可以建立高级接口和工具。高级接口是"对用户友好的"的一种接口，它使用的是一种更易理解和更为方便的 API，在幕后通过转换把 API 转化为诸如 JDBC 这样的低级接口。

在关系数据库的"对象/关系"映射中，表中的每行对应于类的一个实例，而每列的值对应于该实例的一个属性。于是，程序员可直接对 JAVA 对象进行操作；存取数据所需的 SQL 调用将在"掩盖下"自动生成。此外还可提供更复杂的映射，如将多个表中的行结合进一个 JAVA 类中。

随着人们对 JDBC 的兴趣日益增长，越来越多的开发人员为了使程序的编写更加容易，一直在使用基于 JDBC 的工具。最终用户对数据库的访问需要变得更为简单，程序员为达到这个目标，一直努力地在编写相对应的应用程序。例如，应用程序可提供一个选择数据库任务的菜单。任务被选定后，应用程序将给出提示及空白供填写执行选定任务所需的信息。所需信息输入应用程序将自动调用所需的 SQL 命令。即使用户根本不懂 SQL 的语法，在这样一种程序的协助下，也可以简单、方便、快速、高效的执行数据库任务。

ODBC 很难学。难学的原因是因为简单和高级功能被这种技术混在了一起，导致的结果是对于简单的查询其操作过程也极为复杂，对于复杂的查询，其操作过程的复杂程度就更不用说了。相反，在必要的时候 JDBC 技术允许使用高级功能，同时还可以尽量使系统简单功能保持操作过程的简便性。启用"纯 JAVA"机制需要像启用 JDBC 技术这样的 JAVA API 一样去启用。手动地将 ODBC 驱动程序管理器和驱动程序安装在每台客户机上之后才可以使用 ODBC 技术。假如需要使 JDBC 代码在所有 JAVA 平台上（从网络计算机到大型机）都可以进行自动安装、安全移植并保证系统安全性，通过完全用 JAVA 编写 JDBC 驱动程序就可以满足上述要求。

总之，JDBC API 对于基本的 SQL 抽象和概念是一种自然的 JAVA 接口。它不是从零开始而是建立在 ODBC 上的。因此，几乎所有的 ODBC 的程序员在运用时都会发现 JDBC 相比 ODBC 是更好使用的。ODBC 的基本设计特征被 JDBC 保留了下来；事实上，两种接口都是基于 X/Open SQLCLI（调用级接口）。那为什么 JDBC 更加易于使用呢？是因为 JDBC 以 JAVA 风格与优点为基础并进行优化的，而 ODBC 并没有通过 JAVA 的风格和优点进行优化。

目前，Microsoft 又引进了 ODBC 之外的新 API：分别是 RDO、ADO 和 OLE DB。这些设计和 JDBC 在许多方面的特性是相同的，即它们都是基于可在 ODBC 上实现的类同时也都是面向对象的数据库接口类型。但在这些接口中，由于都是在 ODBC 的基础上实现的，所以这些新的设计并没有特别的功能使我们放弃 ODBC，而选择新的设计代替 ODBC，何况 ODBC 驱动程序已建立起较为完善的市场。说到底它们最多也就是在 ODBC 上加了一种装饰而已，所以我们仍然选择使用 ODBC。

（四）B/S 与 C/S 模式的比较

现如今，计算机发展得越来越快，在一些大型的系统或者软件项目中，基本的基于 C/S 模式来说，已经不能满足系统的需求。一个好的体系结构成功的关键往往就是系统模式比较好。它可以减少系统对服务器的要求，还可以节省网络时间。总的来说，人们根据系统终端的种类不同，将系统模式分为 B/S 和 C/S 两种。即是浏览器/服务器模式和客户端/服务器模式。B/S 模式就是以服务器为中心，减少对客户端的压力。数据的存储和程序处理基本上都是在服务器端完成的，客户端不用安装专门的客户端程序，只要通过计算机网络连接服务器，使用浏览器便能进行访问和事务处理。但是同样，这就造成了服务器端的压力，不过相对来说 B/S 对于 C/S 结构相比有三点优势。

（1）客户端不用安装特定程序，只需要在浏览器界面进行浏览，这样使用户比较容易接受，扩大了用户群。同样可以缩短开发周期，提高了开发效率，减少了许多成本。

（2）技术上相对成熟，系统维护简便，易学易用，而且投入成本较少。应用 B/S 结构，只需在服务器端对系统配置进行维护管理，减少了客户端系统维护的工作量，降低了客户端升级难度，使整个系统更加容易实施。

（3）系统会拥有良好的运行能力，在安全方面等都有了可靠性，系统文件的可移植性也加强了，更加方便管理员进行管理。

由上述分析可知，它们各有优缺点，C/S 模式一般在 LAN 中运行，对系统有更多的控制，实施更多的管理，但在系统部署上较为困难，软件升级过程烦琐复杂；B/S 模式在这一点上优于 C/S 模式，由于它的客户端只需要浏览器，所以它部署方便，更重要的是 B/S 模式对客户的要求较少，用户可以在任何时间、地点使用系统，但这种模式存在的问题是运行效率低，对系统的管理能力差，不容易控制系统安全问题。

第二节 基于Java高校体育教学管理信息系统的设计

一、总体功能模块设计

体育教学管理系统共有四个模块，包括竞技比赛管理模块、体能测试管理模块、体育教学管理模块和用户管理模块。每个模块包含1～3个子模块来实现功能，从而保证整个体育教学管理系统的正常运行。有的子模块的功能教师和学生均可以操作，只是权限大小的问题，有的子模块只能是由老师或者管理员进行操作。各个子模块之间是有联系的，内部的数据有的是共享的，但是模块之间的独立性远大于模块之间的耦合性，从而能够更好地维护系统的稳定性。

二、数据库设计

数据库设计是指在特定的应用环境中，以满足数据存储、处理要求为目的，通过构建一定的数据库模式来有效保存数据。数据库设计是建立系统的核心，同时也是建立所需数据库以及应用系统的基础。结合高校体育教学管理的实际情况，使用MySQL Server来作为构建数据库的工具。

（一）数据库E-R图

这里通过数据库E-R图表示现实概念模型。E-R图也叫实体—联系图，是一种表现概念模型的形式，同时也是一种有效描述现实世界概念模型的办法。以竞技比赛模块为例，数据库的E-R图，如图9-5所示。

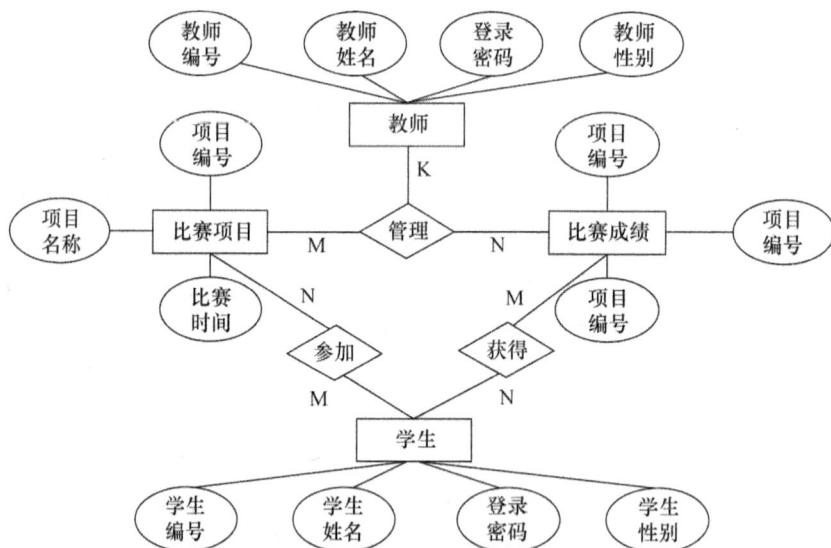

图9-5 竞技比赛模块数据库E-R图

由此E-R图可知，竞技比赛模块中共有四个实体，分别是教师、学生、比赛项目和比赛成绩；教师和学生各有四个属性，比赛项目和比赛成绩也各有三个属性，通过无向边与实体连接；

当实体与实体间有联系的时候，用菱形和无向边将其连接，联系名写在菱形之中。其中 N 和 M 是实体与实体之间的联系的类型，不同实体之间联系的类型是不同的，因为各自属性不同，各自权限不同，所以导致联系类型不同。

（二）数据库具体表

数据库具体表结构如下：

1. 教师表

表 9-1　教师表

字段名	类型	备注
Id	Int（11）	教师编号
Name	Varchar（5）	教师姓名
password	Varchar（15）	登录密码
sex	Varchar（5）	教师性别

由表 9-1 可知，教师共有四个字段，分别是教师编号、姓名、性别和登录密码，教师编号是纯数字组合，为整型，教师姓名、登录密码和教师性别都是字符型，有每个字段所需要系统分配给的存储空间不同，故有的占 11 个字节，有的占 15 个字节，这都是根据字段的属性来分配的。

2. 学生表

表 9-2　学生表

字段名	类型	备注
Id	Int（11）	学生编号
Name	Varchar（8）	学生姓名
password	Varchar（15）	登录密码
sex	Varchar（4）	学生性别

由表 9-2 可知，学生共有四个字段，分别是学生编号、学生姓名、登录密码和学生性别，和教师编号一样，学生编号也是纯数字组合，为整型，其余为字符型，根据每个字段的属性不同，分别分配不同的存储空间。

3. 竞技比赛项目表

表 9-3　竞技比赛项目表

字段名	类型	备注
Id	Int（11）	项目编号
Name	Varchar（45）	项目名称
Time	Varchar（45）	比赛时间

由表 9-3 可知，竞技比赛项目共有三个字段，分别为项目编号、项目名称和比赛时间，除了项目编号，为整型，其余都为字符型，由于项目的名称和时间所需的存储空间比较大，所以相比学生表和教师表中的字段而言，此处分配的存储空间比较大，占 45 个字节。

4. 竞技比赛成绩表

表 9-4　竞技比赛成绩表

字段名	类型	备注
Id＿item	Int（2）	项目编号
Id＿student	Int（14）	学生编号
score	Int（3）	比赛成绩

表 9-4 列出了竞技比赛成绩表的三个字段：项目编号、学生编号、比赛成绩，特定的项目和学生，对应唯一的比赛成绩，由于竞技比赛成绩的特殊性，字段的数据类型在系统中全部设置成整型类型。

5. 体能测试项目表

表 9-5　体能测试项目表

字段名	类型	备注
Id	Int（11）	项目编号
Name	Varchar（45）	项目名称
Time	Varchar（45）	测试时间

由表 9-5 得出，体能测试项目共有三个字段，项目编号设为整型，项目名称和项目测试，时间设为字符型。

6. 体能测试成绩表

表 9-6　体能测试成绩项目表

字段名	类型	备注
Id＿item	Int（2）	项目编号
Id＿student	Int（14）	学生编号
score	Int（3）	测试成绩

表 9-6 同样列出了体能测试成绩表的各个字段，同竞技比赛成绩表一样，体育测试成绩也有它的特殊性，所有字段的类型均设置成为整型。

7. 体育教学项目表

表 9-7　体育教学项目表

字段名	类型	备注
Id	Int（11）	课程编号
Teach＿name	Varchar（45）	课程名称
Teach＿time	Varchar（45）	上课时间
Teach＿place	Varchar（45）	上课地点

表 9-7 列出了体育教学项目中课程字段，除了课程编号为整型，课程名称、上课时间、上课地点等字段都设置成字符型，并且根据各自字段的需要，分配了合适的存储空间。

8. 体育教学授课表

表 9-8　体育教学授课表

字段名	类型	备注
Teach _ id	Int（11）	教师编号
Student _ id	Int（11）	学生编号

从表 9-8 中得知，体育教学授课表相当于一个链接表，通过此表将教师表和学生表相链接，所以只有教师编号和学生编号通过链接表，将相对应的老师编号和学生编号链接在一起，才可以制作出教师的课程表以及教师的点名表等相关教师的课程信息。一个教师可以教很多个班级，一个班级又有很多的学生，所以一个教师的编号可以和若干个学生编号相对应，同样一个学生有若干门课程，对应若干门课老师，所以一个学生编号可以对应若干个教学编号。由此看来，教师编号和学生编号的对应关系不是那么简单一概而论的，在系统设计时是需要细化和考虑周全的。

第三节　基于 Java 高校体育教学管理信息系统的实现

详细设计是软件工程中软件开发的一个步骤，就是对概要设计的一个细化，就是详细设计每个模块实现算法，所需的局部结构。在详细设计阶段，主要是通过需求分析的结果设计出满足用户需求的嵌入式系统产品。传统软件开发方法的详细设计主要是用结构化程序设计法。详细设计的表示工具有图形工具和语言工具。图形工具有业务流图、程序流程图、PAD 图（Problem Analysis Diagram）、NS 流程图（由 Nassi 和 Shneidermen 开发，简称 NS）。语言工具有伪码和 PDL（Program Design Language）等。

通过 JDBC 技术将 JAVA 与数据库进行连接，连接数据库并对数据库进行操作，先加载数据库驱动，再通过 Driver Manager. get Connection 来获取数据库链接，之后便可对数据库执行查询等操作。由此，系统便可以与数据库相连接，通过对系统的操作可以直接的访问数据库，对数据库进行相应的读写操作。在进入系统之前，登录界面。

运行主函数之后即登录界面，该界面共有三个输入框，有教师和学生两种身份选择，选择身份之后，输入对应的编号和密码，若编号、密码为空或错误，或者身份和账号、密码不对应，也会报错，弹出"错误"提示框。当身份、编号、密码这三者通过验证后，就可以登录成功。在系统后台操作系统中如何验证身份、密码和账号是通过源程序代码来验证比较的。

程序监听器是程序中一种开发的模式——事件驱动，也就是达到了某种要求后触发相应的处理方法，比如我们说监听 dom 的单击事件指的就是给一个 dom 添加一个单击事件的处理函数，另外在 socekt 连接中也有监听，指的是监听客户端的连接。

通过对"登陆"按钮添加一个监听器，随后编写一个内部类，由代码可以清晰地看到处理逻辑，通过"if/else"结构来判断输入的用户名和密码是否为空，都不为空的情况下判断输入的用户名和密码是否与数据库中保存的一致，以此来实现验证用户名和密码正确性的功能。如果正确，就可顺利登录成功。

成功登录系统后，可选择模块进入相应的界面，实现对应的操作。通过对每一个按钮进行类的定义，以及每个按钮的子按钮的连接关系的定义，定义好界面的逻辑关系。

一、竞技比赛模块

（一）教师

教师登陆成功之后，可以查询项目，再根据项目来查询所有学生项目成绩，并且按照从高到低的成绩顺序排列。教师同时也可以对竞赛项目和竞赛成绩进行操作，包括增加、取消项目，录入和修改成绩。对于需要修改的成绩还可以进行重新录入和修改。如果某一项目不举行了，还可以直接删除该项目。

下面以增加竞技比赛项目为例详细的介绍系统是如何实现此功能的。在添加比赛项目时，需要添加项目编号、名称和比赛时间。如果确定就可以点击确定按钮，如果放弃添加，可以点击返回按钮。

通过添加监听器便可对数据库进行操作，要实现此功能，在内部类里，先通过 SQL 查询语句匹配编号为 n 的数据记录，若没有此记录，就对数据表进行插入的操作，以此实现增加的功能。如果有此记录，会显示是否需要覆盖和替换原有项目编号所有内容，还是两个都存在并且保存。同理，删除和分数修改的操作也与此段程序相类似，不同之处在于不同的操作在具体操作部分的对应有所不同。

（二）学生

学生登录成功后，可查询比赛项目，再根据比赛项目查询所有人的成绩，也可以查询自己的比赛成绩；同时，学生还可以进行比赛报名或者取消报名。

如果点击窗口中的系统按钮，可以显示后台的部分源代码，部分源代码的功能就是实现你目前索要操作部分的功能。点击操作按钮会显示竞赛报名和报名取消，再点击竞赛报名会进入报名环节，点击取消报名，会进入取消报名的相对应子窗口。点击说明按钮，会出现比赛项目的规则以及比赛参赛人员的相关信息，还可以显示你的成绩在本次竞赛中的等级排名，并且会给出建议，建议你多运动，或者建议你多注意休息和饮食等。如果学生想要查询参加比赛项目成绩，可以直接在搜索框内直接输入想要查询的项目名称或者你的学号即可。

二、体能测试模块

在体质测试管理实现中，教师所参与的流程图、操作界面窗口和竞技比赛模块中类似，学生角色在本模块中所参与的流程图、操作界面比竞技比赛中相对简单，因为只可以查询自己的体能测试成绩。学生可查询自己参加的体能测试项目所有学生的成绩以及排名，也可通过点击"查看"按钮查询自己的测试成绩。

这里以学生查询自己的体能测试成绩为例，详细讲述操作过程和系统后台程序是如何通过运行程序实现此功能的。以下展示了通过运行这部分代码，可以实现学生查询自己成绩的功能：

通过添加监听器，当点击"查看"按钮的"时候"，监听器会触发"查看"事件，系统会搜索相应的测试项目名称或者编号来列举所有参加此项目学生的成绩。运行成功后会输出查询结果，在输出结果中会显示"项目名称"、"成绩"和"测试"时间这三个名称。

三、体育教学模块

在体育教学管理实现中，学生能执行的功能十分简单，只能查看自己的课程上课时间以及地点，由于学生的功能很简单，在这里不做介绍，这里以教师为例，通过老师角色的功能去讲解系统实现此功能的过程和原则。

教师可查询所有课程相关信息，也可以针对性的查询某些学号的学生对应课程，同时，教师也能够对课程信息进行增加、删除、查询和修改的操作。

下面以修改课程为例进行详细讲解。在查询课程里面输入课程名字，就可以显示上课的时间、地点以及任课老师，在查询学生里面输入学生姓名时，可以显示该学生所修的体育课程名称，上课地点、出勤情况，以及任课老师是谁等信息。如果需要修改相关体育课程信息，点击菜单栏中的操作会有下拉子菜单，在里面点击修改体育课程项目，就会弹出子窗口。修改的内容包括课程的编号、课程名称、课程上课地点和上课时间。填写完毕后点击修改按钮即可修改成功，如果放弃修改，可以点击返回按钮。

实现功能的方法为将输入的文本框的内容定义成相应变量，然后通过 SQL 语句执行更新操作，同时对数据库中的记录进行更新和保存。同理，当需要增加新的数据时，则可以定义新的类，从而创建新的数据资源。

四、用户管理模块

在体育教学管理系统中，用户管理模块的功能主要就是供用户修改密码，教师和学生的流程图是相同的。

用户修改密码时，当出现旧密码错误、两次输入新密码不一致等情况，都会导致修改不成功，需重新修改；修改密码时，需要通过邮箱或者手机短信方式进行验证，以防止以后密码的丢失。

下面以两次密码输入不一致，进行修改密码为例详细解释此操作过程。点击菜单中操作按钮，会出现下拉子菜单，其中一个是修改密码，点击修改密码按钮，会出现子窗口，这个窗口就是修改密码窗口，需要输入的内容有原密码、新密码和重新确认新密码三块内容。当两次输入的新密码一致时，点击修改按钮，会显示修改成功，如果两次输入的不一致，就会显示新密码两次不一致，需要再次输入，直到两次新密码输入一致为止。

此部分功能通过简单的"if/else"结构来实现，定义一个变量"user"即是登录用户，当"user＝0"时，修改教师密码；若输入内容为空，弹出"密码为空"的提示，否则判断两次新密码输入是否一致，若一致，密码修改成功，执行数据库更新语句，若不一致，弹出"两次密码不一致"的提示，再次进行密码修改操作。利用 diag ＿ mkl 可以实现子窗口的调节。

第十章 现代教育技术革新下高校 体育教学制度的规范

教学的有序发展离不开制度的规范。本章简要介绍高校体育教学制度的内涵，分析高校体育教学制度变迁的影响因素，推动现代教育技术革新下高校体育教学制度变迁路径的探索。

第一节 高校体育教育制度的内涵界定

人类社会自产生以来，在人们的社会经济生活中形成了多少"制度"？这可能是谁也无法回答的问题。究竟何谓"制度"？很多专家和学者也给予了不同的解释。可以说，至今仍未有完全一致的定论。因此，对制度及高校体育教育制度的概念进行明确界定，是进一步研究的基础。

一、制度

所谓制度，是由当时在社会上通行或被社会所采纳的习惯、道德、戒律、法律（包括宪法和各种具体法规）、规章（包括政府制定的条例）等构成的一组约束个人社会行为，调节人与人之间社会关系的规则。概括地说是指各种带有惩罚措施、能对人们的行为产生规范影响的规则。这里对制度的研究是规范意义上的制度，而非体制意义上的制度。

二、教育制度

在教育学界，教育制度是指"一个国家各级各类教育机构与组织的体系及其管理规则。它包括相互联系的两个基本方面：一是各级各类教育机构与组织的体系；二是教育机构与组织体系赖以存在和运行的一整套规则，如各种各样的教育法律、规则、条例等。

三、学校教育制度

现代教育制度的核心是学校教育制度。学校教育制度简称学制，是指一个国家各级各类学校的系统及其管理规则，它规定着各级各类学校的性质、任务、入学条件、修业年限以及它们之间的关系。

四、高校体育制度

人们在高校体育所遵循的游戏规则或个人与学校教育组织的体育行为的约束条件，包括正式制度、非正式制度及其实施机制。正式制度是国家制定的与高校体育相关的方针、政策、法规。这里主要研究正式制度的变迁。高校体育的相关方针、政策、法规之间关系可用下图的形式表示（见图 10-1）。

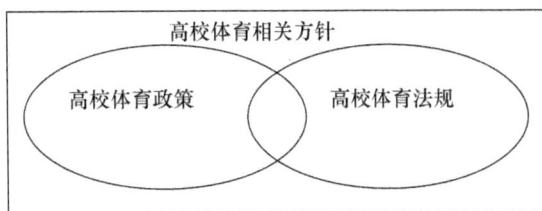

图 10-1 高校体育方针、政策、法规三者关系图

高校体育制度与相关概念制度、教育制度的关系可以用下图的形式表现出来（图 10-2）。

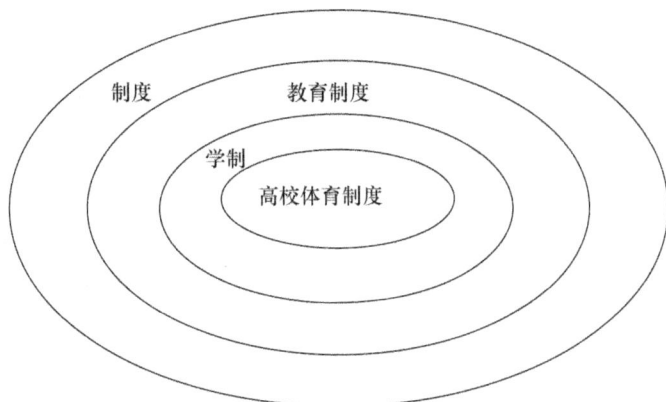

图 10-2 制度、教育制度、学制、高校体育制度四者关系

第二节 高校体育教学制度变迁的影响因素分析

高校体育教学制度是人为的、可变的，制度变迁是有条件的。为什么改变，是谁来改变，变化后是否能够达到预期的目的等，都受制度变迁相关因素的影响。

一、高校体育教学制度变迁面临的组织障碍

组织是为一定目标而组成的，用以解决一定问题的人群，是社会玩游戏的角色。组织不仅是制度约束，而且也是其他约束（技术、收入和偏好）的函数。作为制度变迁的组织，必须是有效的组织。组织是否有效，要看组织是否具有实现组织最大化目标所需要的技术、知识和学习能力，也就是创新能力。有效组织是制度变迁的关键，教育组织是一个韦伯式的理性科层组织，整个组织以效率为原则，围绕着组织目标进行设计，以便高效地达到组织的目标。没有效率的组织保持其合理性是非常困难的，尤其在高度重视理性与效率的社会中。不过，在考虑了制度环境与技术环境等因素之后，没有效率的组织在制度化的规则保护下而生存很长时间也是完全可能的。

梅耶等人的工作解释了这个问题。他们从技术环境、制度环境与组织绩效的关系出发，分析了组织的不同类型。他们将组织区分为四类：

（1）存在于弱技术，强制度环境的组织（学校以及其他一些规范化的组织、技术不确定的组织）。

（2）存在于强技术，弱制度环境的组织（许多竞争性市场中的企业）。

（3）存在于强技术，强制度环境的组织（医院）。

（4）存在于弱技术，弱制度环境的组织（像许多个人服务组织）。

当然，这四类组织并不是固定不变的。相反，技术环境与制度环境都是来自于一个给定领域中，组织建构的相关利益群体相互作用的结果。事实上，在一定条件下，有的相关利益群体对制度化的合理性要求较强，而在一定条件下有的对效率的要求较高。在高校体育组织中的利益群体——教师和学生，可能对制度和效率的要求就不同。前者可能对制度化的要求较高，而作为相关利益群体的学生可能更希望高效率。然而，这些需求随着时间而改变。

就教师和学生来说，既要加强教师的指导，又要培养学生自主学习与锻炼的习惯，这两个目标位置的不同，学校教学内容的设计，指导的重点以及对学生个人特性的适应等也就不尽相同。这种矛盾直接影响高校体育教学制度变迁的效率，使高校体育变革缺乏明确的方向，或者即使有了明确的方向，也会存在非常强大的反对力量。著名学者麦克·富兰在其具有广泛影响的著作《变革的力量——透视教育改革》中苦叹："我们正在进行着一场毫无结果的艰难的战斗。"可见，高校体育教学制度的变迁也必将是一条荆棘丛生之路。

组织僵化是影响高校体育教学制度变迁的重要因素。高校体育组织也是一个相对复杂的组织。但是改革收效甚微，究其原因，主要是组织的重要"成员"——教师和学生很少有机会参与到改革当中去，主要的决策都局限于领导人的办公室之中。教师之间也是如此。组织中的每个成员都在做着自己的事情，身边的变化似乎很难引起他们的兴趣。据相关调查显示，组织（教研室）成员在一起进行讨论、商议的机会非常少，即使有商议的机会，也只是组织者（教研室主任）自己夸夸其谈，组织中的其他成员似乎与己无关，"隔岸观火"。这种复杂组织却出现了简单组织才可能有的"组织僵化"，影响着高校体育教学制度的变迁。

学校中组织的刻板性是阻力的另一个来源。刻板性的产生是有其原因的。作为高校体育的教学效果难以测量，因此行政管理者经常把他们的注意力转向那些更容易测量的事情上面，如教师对制度或规则的遵守。而没有放在教学内容等重要的教育改革与实践中去。

此外，学校系统内缺乏交流是抵制改革的另一个原因。有效的交流是恰当的管理和控制的重要成分。在学校之间缺少交流也会产生或至少支持刻板性。当学校分享彼此成功和失败的经验时，个别学校在改革上成功的可能性就会提高。不幸的是，特别是在教师之间，经常缺乏促进这种分享成功经验的机制。然而这种情况使管理者的工作更容易。学校中间缺乏交流，使学校里的人很难把他们的问题看作是超出校园以外的事情，因此学校与学校之间很少可能联合提出改革的方案。

总之，组织障碍证明了新制度主义的基本观点，即制度在决定高校体育改革与发展上发挥着极为重要的作用。高校体育组织自身所固有的一些制度特性决定了高校体育组织及其变革的低效，高校体育组织在制度构造上确实存在一些先天不足。但并不是说，我们的高校体育改革就没有希望了，而是要重视提高高校体育组织及其变革的有效性。

二、非正式制度对高校体育教学制度变迁的制约

关于正式制度与非正式制度的相关性研究可以追溯到亚当·斯密的时代。他认为"在人类社会这个大棋盘中，每一个个体都有它自己的运动规律，这与立法机关给他们强加设定的规则

完全不一样。"正式约束和非正式约束是有所不同的。非正式约束通常是文化进化所形成的规则，是不能在结构上加以构造的，却始终对我们的行为具有约束力。正式约束是我们可以选择的、对我们在非正式约束范围内的行为进行约束的规则。事实上，许多正式约束本身就是根据习惯、传统而制定或创立的；或者说，某些正式约束是在一定的传统、习惯、价值观念、意识形态等存在的条件下被人们所采纳，使它们本身得以在适宜的"土壤和气候"条件下有效地运转。非正式约束与正式约束的这种关系体现着制度的历史延续性，也体现着人们的观念对社会制度有效性的作用。从制度变迁的角度看，今天已经成为非正式约束的东西，往往是历史上某种有形的正式约束的遗产，即习惯、传统和价值观念等本身可能就是在过去的某种制度下形成的。

从变革的速度看，正式约束可以在一夜之间发生变化，而非正式约束的改变却是长期的过程。从制度的可移植性来看，一些正式约束尤其是那些具有国际惯例性质的正式规则是可以从一个国家移植到另一个国家的。这就大大降低了正式制度创新和变迁的成本。但非正式约束由于内在的传统惯性和历史积淀，其可移植性就差得多。一种非正式规则尤其是意识形态能否被移植，其本身的性质规定了它不仅取决于所移植国家的技术变迁状况，而且更重要的是取决于后者的文化遗产对移植对象的相容程度。总之，进行制度变迁时，要充分考虑改变了的正式约束与持续的非正式约束之间的紧张程度，即改变了的正式约束与非正式约束的偏离程度。正式约束只有在社会认可，即与非正式约束相容的情况下才能发挥作用。

高校体育改革的一个主要阻力产生于文化价值和信念。一项正式制度实施的过程之中，总有一段适应的时间。适应之后"习惯"成自然了，这已经成为常理。然而，从理论上分析，这种心理上的"适应"阶段就是非正式制度。

诺斯在1993年获诺贝尔经济学奖时发表演讲指出："离开了非正式规则，即使将成功的西方市场经济制度的正式政治经济规则搬到第三世界和东欧，也不再是取得良好的经济实效的充分条件。"也就是说，离开了非正式制度，再好的正式制度也难以实施。所以，真正能得到有效实施的正式制度，是与那些非正式制度相一致或相近的规则，反之会加剧二者的紧张关系，甚至会引起后者的消极抵制或强烈抵抗，从而迫使正式制度发生变形或形同虚设。诺斯还认为"一个社会的变迁其实就是一种正式规则、行为的非正式习俗和它们实施特征变迁的混合体。目前正在变化的正式规则是试图改变一个社会运作方式的直截了当的工具，实际上正式规则只是一种要素。比如在俄罗斯，许多正式规则都发生了变化，但是却不存在一个与这些正式规则相一致的实施机制以及相应改变了的行为习惯（非正式约束），从而产生了较大的混乱并导致了今天的这种局面。

因此，正式制度与非正式制度之间可能是相互一致的。其结果无论是制度的制定者还是制度的参与者都会从中受益而共同促进社会的发展。但更为有趣的是它们更有可能是矛盾的，这种矛盾就形成了所谓的"制度壁垒"。妥善地解决这种"制度壁垒"的出路在于制度的整合。这种整合不是制度创新（制度创新在国内是政府的工作），而是在不否定原有制度的基础上，通过对各种制度规则的分解和组合创造出新的综合性的制度体系。高校体育非正式制度主要表现为以下方面：

（一）体育价值观

价值观是人的观念的一种。观念作为人们关于客观对象的总观点、总看法，是多种多样的。而价值观则是关于客观对象的作用、意义，即关于客观对象价值的总观点、总看法。具体地讲，价值观不回答客观对象的本来面目是什么，也不具体揭示客观对象的本质和规律，或预测客观对象的未来趋势，而是反映某类客观对象对于人或人类的意义或价值。价值是人们基于生存、享受和发展的需要，是对什么是好的什么是不好的根本看法，是人们对于某类事物是否具有价值以及具有何种价值的根本看法，是人所特有的应该希望什么或应该避免什么的规范性见解，是表示主体对客体的一种态度。体育价值观是社会活动主体与体育客体之间，体育客体以其独特存在的方式作用于活动主体，而引起主体对于体育这一社会现象的总观点、总看法。不同的体育活动主体所起到的作用是不同的。

1. 价值观制约着制度变迁的方向

制度变迁的首要环节是确定存在的问题，而对问题的确定则依赖信息。但是人不是信息的被动贮存器，而是有选择地接受对自己有用的信息。在高校体育管理活动中，有各种各样的信息作用于体育管理者，着重认识什么，这不仅取决于客观对象，而且取决于管理者的价值观念。同样的背景之下，有的管理者认识到了问题，有的管理者可能认识不到，这是由于价值观念不同所致，价值观念直接影响高校体育管理者对制度变迁方向的选择。

2. 价值观制约着制度方案的设计

问题一旦确定，随之而来的便是制度方案的设计。而这一环节也是在价值观念的制约下进行的。显而易见，高校体育管理者在制定被选方案中，都自觉不自觉地在自己认为正确的、好的范围内去寻找。因此，任何一项体育制度的制定无不涵盖着每个制度设计者的价值主张。同时制度方案的设计是面向未来的，这就内含着决策者对于未来的期望。期望什么，不期望什么，都是由价值观念来决定的。

3. 价值观制约着制度的实施

高校体育管理者的价值观念不仅影响制度变迁的方向，而且渗透于决策的每一个环节之中。在高校体育管理的运行过程中，管理者总是自觉不自觉地首先用价值观念去度量、评判、裁定高校体育管理活动的一切现象，审视高校体育管理活动中所面临的一切问题。反对什么，赞成什么，努力实现什么，尽量避免什么，价值观念作为高校体育管理者的内在尺度，时时刻刻在规范、调节管理者的管理行为，从而影响高校体育教学制度的实施。

（二）体育锻炼习惯

风俗习惯是非正式制度中的一项主要内容。"习惯"一般是指个人在自己的活动与社会交往中的重复性活动，或者准确地说是指在个人行动中所呈现出来的诸多"单元事态"中重复的、稳定的和贮存的一种行为事态的轨迹，一种重复出现的个人活动的"单元事态"。个人的习惯在人们社会经济活动中的主要功能在于使自己所面临的复杂生活情境简单化。正如熊彼特所说，若没有习惯的帮助，无人能应付得了每日必须干的工作，无人能生存，哪怕是一天。在高校体育中，体育锻炼习惯是指"重复发生或动作巩固而形成需要的体育行为方式，它的生理机制是一定的情景刺激和有关的动作在大脑皮层形成巩固的暂时性神经联系。"在 2005 年"大超联赛"

的广告牌上"每天锻炼一小时，健康工作五十年，快乐生活一辈子"的广告语，提示了坚持体育锻炼的重要性。可以说，大学生养成良好体育习惯，对增进健康，增强体质和提高生活质量都具有十分重要的作用，对体育锻炼习惯的培养不容忽视。

高校体育经过了多年的教育教学改革，形成了一套比较科学、成熟的制度。然而，一些具体的制度在贯彻、落实的时候却面临非正式制度的制约。有良好健身习惯的大学生，他们对参加体育活动的价值和功能都有一个明确的认识，是出于增强体质、调节紧张学习，丰富生活情趣愉悦身心以及掌握体育技能为目的来参加体育活动的；而不喜欢体育活动的学生有一个共同点就是运动接受能力较差，不适合参加体育运动、参与集体体育活动怕被人瞧不起；也有一些人对健康的重要性认识不足，认为自己身体很好，没必要参加锻炼浪费时间。不同的认识决定他们的选择，影响了他们参与健身的积极性，当然也就影响了他们锻炼习惯的养成。大学阶段是学生生长发育、个性逐渐完善的重要阶段，也是能否坚持终身锻炼的关键时期。因此，在高校体育教学改革中要特别关注学生锻炼习惯的养成，否则高校体育教学制度的贯彻、执行将成为"一纸空文"。

三、高校体育教学制度变迁中的利益冲突

高校体育改革在制度上的变迁，表面上似乎主要是规范高校体育改革活动主体的行为，实际上是对高校体育方面利益分配的制度化。高校体育改革就是要改变人们在教育资源上的利益分配格局和关系。在高校体育改革过程中并不是人人都能够受益或同等程度地受益，有些人甚至会受到损失或暂时受到损失。比如说，高校采用"三自"教学方法以后，有些教师可能因为知识更新慢、课堂不生动等各方面的原因造成选课学生少，使这些教师的利益受损。这些受到损失、没有受益或受益较少的人就这样那样、或多或少的抵制或反对改革，形成改革的阻力。

根据在高校体育领域中利益的不同，可以划分为不同的利益集团。与高校体育改革密切相关的利益集团主要包括：学生、教育者（包括教师和行政管理人员）、知识工业（研究者、出版界）以及国家或政府（包括中央与地方政府部门的教育行政人员）。

（一）学生

高校体育改革措施，不论是宏观的还是微观的，最终都要落实到或作用于学生身上。虽然高校体育改革要作用于学生，是不是高校体育改革就是以学生为目的呢？答案是否定的。大学生体质指标下降就是典型的例子。毕竟高校体育改革还要考虑其他人（或集团）的利益。形形色色的利益往往是相互冲突的。学生为了自身的利益形成了利益集团，以便为他们的利益而斗争。

（二）教育者

作为职业人员，教育者有着共同的利益，他们自然地结成一定的团体，如国内高校教师代表大会，各部门也会集中反映教师的意见上报给政府，高校体育改革总是通过教育者来实行的，这就会涉及他们的时间与精力的投入（成本）与预期的和实际收益的比较问题。尽管高校体育作为复杂的工作或事业的观念已经广为社会所接受，但是随之而来对高校体育工作的批评也越来越多，要求进行改革的呼声也日益高涨。在对部分教师的调查采访发现，许多教师认为高校

体育教学制度的改革给高校体育教师的压力很大，教师在教学上付出的精力比以前多了很多。但是，教师的福利待遇却没有得到同等程度地增加，这一反差使教育者对高校体育教学制度的改革产生了抵触情绪。

（三）知识工业或其他利益集团

在社会的众多行业中，与高校体育关系最为密切的要数知识工业。高校体育研究人员是高校体育改革技术与信息的主要生产者和传播者，他们的利益与高校体育改革息息相关，是改革最积极的鼓吹者，是现状的主要批评者，也是教育者的竞争对手。他们往往以专家的面目出现，以社会公共利益的代言人身份出现，以高校体育发展趋势的预言家自居。但是，实队、教育者又常常指责他们脱离实际，对高校体育工作指手画脚。

至于出版社，高校体育的变革也会对他们的利益产生影响。现在高校评职称的制度对教师科研水平提出的要求越来越高，其中一个衡量标准就是所出版的论文数和著作数量。这无形当中提升了出版社的价值，保证了它们的利益。据相关统计显示，1995 年体育类期刊发表的论文仅为 108 篇，到 2005 年增加到 2230 篇，提高了 20.7 倍；教师为了职称需要或晋级或得到奖励想尽一切办法发表论文。但是，真正有学术价值的文章又有多少？这种求多求快的方式，使得理论的实际应用价值被架空。然而，高校体育教学制度的变革需要从这些理论中去实践和提升。于是，阻力就出现了。

（四）国家或政府领导者的有限理性

借鉴新制度经济学中的观点，即人的理性是有限的。政府通常被认为是全体人民利益的代表，是各个利益集团之间利益的协调者。不过，政府是由官员或公务员来使之运转的，他们在实际生活中有他们自己的特殊利益，构成特殊的利益集团。在关于高校体育改革的政策或决策中，由于能力的限度、环境的约束以及满意原则，使他们在做决策时不可能达到最优，只能寻求他们利益的最大满足。在这种条件下，改革者为了他们自身的利益也会产生某种程度的抵制。为了抵制改革，个人或团体会提供关于自己的情况或资料。这些资料可以反映影响个体或团体的资源和约束条件，恰恰可以帮助改革倡导者认识他们的态度、价值和规则，可以提供他们与社会其他系统关系的信息。所有这些信息有助于改革者选择改革的策略，这构成了制度变迁的阻力。同时，政府工作人员是特殊的利益集团，是公共选择理论的基本前提，更是理解社会现实中低效甚至无效的制度继续存在的关键。

总之，高校体育改革不是在真空中进行的，是各个利益集团为自己最大化利益斗争、谈判、协商、妥协直至达到某种利益均衡的过程。

四、高校体育改革的认知程度

对高校体育教学制度变迁的影响也可能来自对高校体育改革本身属性的认知程度，如改革可能在某些方面存在固有的缺点，或者改革的某些属性没有恰当地表现出来，也可能没有充分地发展等。

在改革的兴起和激发阶段，可感受到的相对优势特别重要。如果改革的目的一目了然，那么人们对于改革的抵触就不会很大，否则改革就容易被置于一旁；如果改革可能带来的主要优势不明显，教师、学生和行政人员就缺乏激励，不能继续自愿地接受改革。此外，作为体育这门特殊的学科，学生、教师或行政人员的成绩很难客观地测量，因此测量的困难使提供说服教师努力进行改革的必要证据变得困难。如果改革不是必要的，那么不改革才是必要的。因此，在制度变迁的初始阶段，大多数体育教师对于改革的目的有混淆，教师感觉到改革对他们没有多少好处，还有分配给体育改革的经费短缺等。这些因素在一定程度上阻止了高校体育改革的进行，限制了高校制度的变迁。

在综合阶段，改革的复杂性是重要的。一项改革在操作上是复杂的，或支持该改革的理论过于复杂，那么就会产生改革的巨大阻力。高校体育改革大部分理论需要移植教育的理论，比如先有的"素质教育""终身学习"，才有了体育中的"素质教育"和"终身体育"，然而，如何实现素质教育和终身体育，需要从它的教育理论背景中去寻找答案，这种复杂性使得教师们表面上听从改革，实际却抵制改革，这也是高校体育改革一直滞后的原因之一。

当个体或群体相信改革所代表的基本观念是适当的时候，合法化阶段就出现了。这并不意味着考虑中的特定改革是值得采用的。但是可以说，它起码不违反基本规则和价值观。改革的起点是重要的因素。由领导人倡导的课程改革或组织结构改革可能比一般人提出的同样的改革更快地达到更高的合法化。赞同改革的决策团体，其规模的大小对改革的适当性也有影响。规模越大，非团体成员就要考虑改革是否更加恰当。

五、路径依赖对高校体育教学制度变迁的制约

经济学家道格拉斯·诺斯在其制度变迁理论中提出了著名的"路径依赖"思想。所谓制度变迁中的"路径依赖"，是从诺斯所思考的"为什么一些无效率的制度能在一定历史时期中驻存"这一问题中衍生出来的。对于为什么一些无效率的制度不能在社会的演进过程中被自发地淘汰掉，诺斯在北京大学中国经济研究中心成立大会上的演讲中所指出的一条最简单的解释是，当一种社会制度演进到一定的阶段，总是要受其既存的文化、传统、信仰体系等因素的制约。改革路径的选择是历史在起作用。无论是政治制度本身还是意识形态制度都与历史紧密相关，它们的产生和演变受过去的影响，同时也限制了当前和过去改革路径方式的选择。如果我们不知道是如何走过来的，就不会知道今后前进的方向。实际上，"路径依赖"简单地说就是对各种选择进行了限制，而并非无法选择。我们今天要选择走哪条路，关键是要了解自己当前所处的状态以及问题所在，然后才能找到解决问题的方法。

"路径依赖"（path dependence）原是用来描述技术变迁过程的自我强化、自我积累性质的，即是指新技术的采用往往具有收益递增性质，由于某种原因首先发展起来的技术常常可以凭借占先的优势地位，利用巨大规模促成的单位成本降低，利用普遍流行等导致的学习效应和许多行为者采取相同技术产生的协调效应，致使它在市场上越来越流行，人们也就相信它会更加流行，从而实现自我增强的良性循环。相反地，一种具有较之其他技术更为优良品质的技术可能由于晚人一步，没有获得足够的追随者，而陷入恶性循环，甚至"闭锁"在某种被动状态，无从解脱。总之，细小的事件和偶然的情况常常会把技术发展引入特定的路径，而不同的路径最终会导致完全不同的结果。诺斯把技术变迁的上述机制扩展到制度变迁中，用"路径依赖"概念描述过去的绩效对现在和未来的强大影响力。人们一旦选择了某种制度，就好比走上了一条不归之路，惯性的力量会使这一制度不断"自我强化，让你轻易走不下去"。应该说，任何一个

系统在发展演变过程中都具有路径依赖的特征。

高校体育改革经过数十余年的发展历程，具有路径依赖的特征是不言而喻的。这就是说：第一，初始的体制选择会提供强化现存体制的刺激和惯性，因为沿着原有的体制变化路径和既定方向往前走，总比另辟蹊径来得方便一些。而且，一种体制形成之后，会形成某种在现存体制中既得利益的压力集团。他们力求巩固现有制度，阻碍进一步的改革，哪怕新的体制较之现存体制更有效率。即使由于某种原因接受了进一步改革，他们也会力求使变革有利于巩固和加大他们的既得利益。于是，初始的改革倾向为后续的改革划定范围。如何摆脱原有制度对我们思想的束缚，尽可能快地投身到改革到中去。在改革过程中，思想界、理论界和实际操作者中间都存在着改革究竟是实行"整体推进"战略好一些，还是实行"单项突破"战略更好一些的疑虑和争议。"整体推进"战略是全面的除旧布新，而"单项突破"战略只是对旧正式制度的局部革新。因此，就降低旧制约的费用而言，"整体推进"战略比"单项突破"战略更有效率。但是，这只是对两种战略本身之费用的比较。无论在现实中还是在理论上，两种战略的总费用（事前费用和事后费用之和）的高低都是难以判定的。所以，这个根据就转变为制度变迁代理人——政府的偏好。如果政府的偏好顺序是以较小事前费用为先，那么将选择"单项突破"战略；反之，将选择"整体推进"战略。综观中国普通高校体育的改革，普遍是按照"单项突破"战略进行的，与政府对较小事前费用优先的偏好有直接关系。形成这一偏好的原因可能是政府始终保持高校稳定的主观目的。

"单项突破"战略在改革中的不断被选择是改革所表现出来的最为明显的路径依赖性。"单项突破"战略在改革中的不断被选择是改革所表现出来的最为明显的路径依赖性。如果对"单项突破"战略进行深入分析还会发现，这一选择似乎进入到"锁定"状态。也就是要不断地再选择，并不断地得到改进，最终进入"锁定"状态。长期来看，"单项突破"战略不会比"整体推进"战略更有效率，所以改革的激进就不可避免了。

第三节　现代教育技术革新下高校体育教学制度变迁路径探索

回首中国普通高校 50 多年的体育教学制度变迁，特别是经过改革开放以来 20 多年的改革历程，从根本上改变了高校体育发展的外部制度环境和内在运行机制。初步建立一个有效的、推动高校体育快速发展的激励结构，充分激发和调动高校体育改革的内在活力。正是在这种有效的激励结构的作用下，使得高校体育改革取得了一系列重要的成果。

一、社会制度环境是高校体育改革的重要依托

高校体育改革是一场深刻的制度变迁过程，始终渗透着政治、经济、文化、体育等诸多因素的复杂影响。因此，高校体育改革不可能脱离这些因素而另辟蹊径。

(一) 政治、经济因素与高校体育教学制度变迁

政治、经济因素对高校体育教学制度变迁的影响是多层面的、深刻的，而且高校体育教学制度的变迁也不可能脱离社会政治经济因素的影响。

1. 政治因素与高校体育教学制度变迁

从高校体育教学制度变迁的过程来看，政治变革对高校体育教学制度变迁的影响和制约较之经济、文化变革对其影响更为直接。政治变革对高校体育教学制度变迁的影响并不总是积极的、进步的，有时也会产生消极的抑制作用，甚至会产生倒退。

政治变革对高校体育教学制度变迁的制约主要表现为对高校体育教学制度的定位。高校体育教学制度的制定首先是对高校体育目的和培养目标进行合理的规划后，为了保证目标的实施而有针对性的进行的。我国高校体育目标是统治阶级根据自己的利益、愿望和要求，实际上也就意味着对高校体育目标的政治选择和规定。高校体育目的和培养目标的政治性也体现着高校体育教学制度的政治制约性。

2. 经济因素与高校体育教学制度变迁

经济因素对高校体育教学制度的变迁有着直接的推动作用。在现代社会，经济发展对劳动力素质提出了新的要求。现代社会生产要求劳动力素质既要具备宽厚的基础知识、过硬的基本技能，富有灵活性、应变性、独创性，同时也要具有健康的身体素质和健全的心理品质。体育对后者的作用至关重要。现代高校体育教学制度变迁的突出成果是高校体育的课程改革。特别是随着市场经济的发展，要求按照市场经济的发展来变革高校体育教学制度。以市场为导向，运用市场来进行资源配置，促进了生产的多样化、产业的多元化，因而对人才的需求也日趋多样化。市场经济的发展打破了原来片面强调整齐划一、追求共性的人才观，重新肯定了人的个性发展，要求学校课程要充分重视学生的个性发展，培养其主体意识，促使他们生动活泼地全面发展。高校体育一系列制度的制定使高校体育课程改革有了制度上的保障。

（二）教育、体育因素与高校体育教学制度变迁

1. 教育制度的发展与高校体育教学制度变迁

高校体育教学制度的变迁与教育制度的发展是密不可分的。作为教育的重要组成部分之一——高校体育，每前行一步都离不开教育发展方向的指引，几乎每一次高校体育教学制度的重大变革都是伴随着高等教育制度的变革而产生的。脱离了教育制度特别是高等教育制度的发展来谈高校体育教学制度的变革是不现实的，也是不客观的。

相对于高等教育制度的发展，高校体育教学制度的发展历程既有相似又有所不同。所谓相似之处在于，国家在制定教育制度的同时，高校体育教学制度都会紧随其后地做出一些相应的调整和改变，但是发展速度要比教育制度的发展滞后。只有1959至1965年间，由于第一、二届全运会的召开，高校体育的发展相对于教育事业的发展呈现出较快的趋势。但就整体而言，高校体育教学制度的发展与教育制度的发展呈现一致的趋势。

自80年代末以来，素质教育逐渐成为我国教育界的一个最重要、影响最广泛的热点问题。在教育界和政府的共同参与、协作之下，素质教育已经被确立为我国当前教育改革的方向和指导思想，从而在我国掀起了轰轰烈烈的素质教育改革。1999年6月，党中央、国务院召开了第三次全国教育工作会议，颁发了《关于深化教育改革，全面推进素质教育的决定》，实施了我国21世纪实施科教兴国战略是我国教育事业上一个新的里程碑。

什么是素质教育？教育理论界依然存在许多争论，而广大教育实际工作者更是困惑不清。"素质教育从本质上说，是以提高全民族素质为宗旨的教育。素质教育是为实现教育方针规定的目标，着眼于受教育群体和社会长远发展的要求，以面向全体学生，全面提高学生的基本素质为根本目的，以注重开发受教育者的潜能、促进受教育者德、智、体诸方面生动活泼地发展为特征的教育。"具体地说，素质教育改革就是要反对与克服"应试教育"的种种弊端，端正教育思想、调整教育、提高师资素质、改进教学方法、改革评估机制、调整某些利益关系、转变社会就业观和人才观、改进教学教材内容、改革考试制度、改革高等教育等，是一场深刻而全面的教育改革。

在高校体育领域，许多学者就课程设置及体育教学形式如何体现素质教育也提出了有建设性的意见和建议。

（1）体育对高校素质教育的作用。健康的身体在现代竞争日益激烈的社会中变得越来越重要。可以说，体育既是素质教育的主要内容，又是素质教育的催化剂。其作用体现在：体育增强了大学生体质，提高了人的整体思想素质。体育促进了智力的发展，提高人的文化素质，有助于创造力的发挥。体育可以陶冶情操，锻炼意志。发展个性，促进个体的社会化。体育可以促进大学生心理品质和适应力的提高。

（2）高校体育实施素质教育的必然性。素质教育的全面推进为学校体育的发展提供了良好的契机，体育是实施素质教育的重要组成部分。学校体育工作的任务是多方面的，而体育课程建设是关键。为此，必须认真研究体育学科的性质，明确体育课程的目标，深化体育课程的改革。"从素质教育的角度讲，体育课程的核心目标就是提高学生的身心健康素质，即增强体质、增进健康。学校教育要树立健康第一的指导思想，学校体育、体育课程更要树立健康第一的指导思想。"可以说，高校体育贯彻"健康第一"的指导思想正是提倡素质教育必然结果。同时，《全国普通高等学校体育课程教学指导纲要》的颁布是我国实施素质教育、加快高校体育工作的重要举措。

因此，教育发展决定着高校体育教学制度的变迁方向，违背教育规律的高校体育教学制度是难以实现其健康的发展轨迹的。

2. 体育事业的发展与高校体育教学制度变迁

体育作为一种特殊的实践活动，是社会发展和人类文明的标志，体育事业发展水平是一个国家综合国力和社会文明程度的重要体现。体育以自己独特的方式渗透到了各个领域。学校体育是国民体育的基础，是我国体育发展的战略重点。高校体育作为学校体育的重要组成部分，与体育事业的发展息息相关。

一方面，体育所具有的本质和基本功能就是促进人的生长发育，增进健康、增强体质。因此，我国体育的首要任务是增强人民体质，提高中华民族的身体素质。为此，国家相继制定了《劳卫制》《国家体育锻炼标准》和《全民健身计划纲要》等一系列重要制度。同时，为了提高国家的竞技发展水平，制定了《奥运争光计划》等制度。这些都为高校体育教学制度的变迁提供了重要的保障。另一方面，高校体育教学制度的变迁也推动了我国体育事业的快速发展。从大众体育看，青少年的体质水平是一个民族素质水平的象征和标志，高校体育是学校体育的最后一站，学生的体质状况、是否具有锻炼身体的习惯高校体育对于推动我国体育的普及，促进全民健身的开展具有积极的作用。从竞技体育的发展来看，我国高校体育很重视竞技体育的发展。经过几十年的发展，已经发展了一套比较成熟、相对完善的制度来保障高校竞技的发展，这为国家竞技体育的整体发展起到了重要的推动作用。

二、提高高校体育组织的适应效率是高校体育改革的理性选择

高校体育改革中每一项制度的实行都是由组织完成的，个人很难保证改革的广泛实施。要求完成高校体育改革的组织必须是高效率的组织。因此，提高高校体育组织的适应效率是高校体育改革首先应该致力解决的问题。为了保障组织的适应效率，必须有一系列有效的制度与之相匹配。就目前高校体育来说，组织低效是一个重要的制度根源。

第一，有效制度允许组织进行分权决策，允许试验，鼓励发展和利用特殊知识，积极探索解决问题的各种途径。一个高度复杂的组织一旦具有许多不同的角色，经常比一个相对不太复杂的组织更加倾向于进行改革。大量不同的角色显然增加了一个组织遇到改革的可能性。因为个体有权首先对改革进行探索，所以分权有助于发动改革。然而，如果受改革影响的人多而没有集中的权利来决策的话，影响最广泛的改革就难以实施。简单地说，有效制度应该为组织提供一种创新机制（或氛围）。制度作为一种重复博弈的规则，它的主要功能就是为组织提供一种适应外部不确定性世界的"适应效率"。组织加上有效的制度就能在复杂、竞争和不确定性的世界中生存和发展。

第二，有效制度能消除组织的错误，分担组织创新的风险，并能够保护产权。任何组织在激烈的竞争环境和不确定性的世界中都有可能犯错误，问题不在于组织该不该犯错误，而在于我们的组织是否存在消除组织错误的机制和制度安排。

如何使组织具有适应效率呢？根本的措施有：

（1）竞争。竞争是使组织充满活力的动力源。就教师这个组织来说，可以从需要理论的角度出发，如教师的生存需要、关系需要、成就需要、权利需要等建立相应的竞争机制。

（2）分散决策。分散决策就是分散权利，制度在分散决策体系的形成过程中起着举足轻重的作用，因为只有制度约束才能有效地界定决策权的范围，从根本上杜绝决策权的集中和无序状态。

三、非正式制度变迁与正式制度变迁的融合是高校体育改革的严峻挑战

非正式制度主要包括价值信念、伦理规范、道德观念、习俗习性、意识形态等因素。在非正式约束中，意识形态处于核心地位。因为它不仅可以蕴涵价值观念、伦理规范、道德观念和风俗习性，而且还可以在形式上构成某种正式制度安排的"先验"模式。对于一个勇于创新的民族或国家来说，意识形态有可能取得优势地位或以"指导思想"的形式构成正式约束的理论基础和最高准则。

非正式制度中的另一项主要内容是习惯。习惯可以定义为所有在正式规则无定义的场合起着规范人们行为作用的惯例或作为"标准"的行为。而"标准行为"在规则没有定义的场合，通常只能表现在前人或多数人或年长的人的榜样式行为。也就是说，习惯可以理解为由文化过程和个人在某时刻以前积累的经验所决定的标准行为。如果没有习惯的帮助，没有人能够应付得了每日必须干的工作，无人能够生存，哪怕是一天。而事实上，一种行为若能成功地应付反复出现的某种环境，就可能被人类理性固定下来而成为习惯。

（一）树立正确的高校体育价值观

高校体育中每一活动主体的价值观是否正确对于高校体育改革都具有重要的影响。体育教师的体育价值观影响了教师的职业态度、学术进取心是否与时俱进；学生的体育价值观决定了他对体育的参与和需求的不同状况；体育管理者的体育价值观对制度的影响尤为重要，它决定了体育的发展方向是否科学合理。高校体育管理者们可能感到他们在制定制度的时候是客观的。然而事实上，是过去的全部经验所形成的价值观帮助他们做出决策。就如霍金森指出："关于政策科学至少有一个事实确凿无疑，即在政策制定方面不存在白板状态。政策制定者们各怀先入之见进行讨论。'毫无偏见'就像'科学客观性'一样，只是一种神话。任何决策都包含价值成分，任何决策者都是一种价值综合体的象征。"

（二）培养学生正确的学习态度

1. 激发和培养学生浓厚的学习兴趣

列夫·托尔斯泰曾经说过"为了让学生学好，必须让学生好学。"兴趣是构成学生正确学习态度的主要心理因素。现在高校推行的"三自主"的教学形式对于培养学生的学习兴趣具有重要的作用。但是遗憾的是，一些高校由于学校场地、教师素质、时间等多方面的原因使这种教学形式没有取得预想的效果。但无论如何是对以往教学形式的重要突破，对高校体育来说是一次重要的改革。

2. 引导学生认识体育教育的目标和意义

我国过去实行应试教育带来的严重弊端是使学生对学习知识的目标和意义的认识走入了歧途。斯卡金特在他的《现代教学论问题》中严肃指出："要让学生认清学习的目的和意义，并不是为了取得好分数，也不应该是单纯为了升学，获得敲门砖；教学也不应该单纯为了追求升学率，此类做法不论是对学生、对教师都是一种无形的伤害，对素质教育、创新教育则是一种背叛。"引导高校学生正确地认识学习体育知识的目的和意义，对于培养他们正确的学习态度具有重要的作用。

四、社会需要和主体需要相结合是解决改革中利益冲突的有效途径

中国是一个发展中的社会主义国家，国家发展教育的主要目的，就是为了培养符合现代社会所需要的德、智、体、美、劳全面发展的社会主义建设者和接班人。体育作为我国高校的必修课程，作为国家教育方针的重要组成部分，理所当然地要为培养国家所需要的人才服务，要把社会需要放在第一位，但不是唯一。增进健康、增强体质，既是社会的需要也是高校体育主体——学生的需要。

20世纪70年代以前社会需要被突出强调，相反主体需要的意识被淡化。"锻炼身体建设祖国，锻炼身体保卫祖国"成为学生从事体育锻炼的出发点和归宿；特别是《准备劳动与卫国体育制度》在学校中的广泛推行，更加强化了健身的社会需要；并把"为劳动生产和国防建设服务"作为学校体育的本质属性内容写进我国体育学院本科教材《体育理论》（1961年版）之中。

20世纪80年代以后，随着我国经济的发展和社会进步，一方面，由于高新技术和社会主义市场经济的发展，各个领域的竞争加剧，工作、学习和生活的节奏加快，精神负担和心理压力

加大，广大学生开始认识到，健身不仅是自己在校期间学习的需要和将来毕业后择业的需要，更是毕业后提高终身生活质量的需要。这些因素使得广大青少年学生的主体意识得到加强，体育观念得到更新。另一方面，把体育作为人的生活内容，使人在体育运动中享受运动的乐趣，获得运动的情感体验，愉悦身心，满足人的生理和心理需要，促进人的全面发展等观念，逐步渗透到高校体育教育之中。"重视学生需要"逐渐引起高校体育工作者的重视。

但是，目前我国对主题需要的适应度还比较低，在满足不同学生的体育兴趣、发展学生的体育特长还受到诸多因素的制约。不断提高主体需要的适应度，将社会需要和主体需要有机结合，是高校体育教学制度变迁的方向。就高校体育教师来说，多年来，我国一直推行自上而下的方式强制执行，高校自身并没有太大的自主权，教师参与制度制定、决策的机会很少，但是进入市场经济以来，国家强调作为学校主体的教师和学生的参与意识和主体地位。在高校体育改革中，重视使社会需要和主体需要相结合是化解制度变迁中利益冲突的有效途径。

五、加强对高校体育改革的认知是推进高校体育教学制度变迁的必要条件

中国已经经历了近 20 年的经济改革，改革随后波及教育等多个领域，范围之广，历时之长远远超过其他任何国家。改革路径问题是各个领域探讨的热点之一。高校体育改革尽管也在如火如荼地进行着，但是制度变迁的路径选择却不被大多数人所认知。站在新制度经济学的研究视角，审视高校体育改革的路径性质和路径特征具有重要的借鉴意义。

（一）改革的路径性质——利益损益之辨析

改革过程中不可避免地会引起利益关系改变，必然会冲击一些人的既得利益。然而改革之所以发生，其前提条件不在于将要损害一部分人的利益，在于有一部分人可能通过制度变迁，在不损害他人利益的情况下改善自身状况。并且从长期看，整个制度会向效率最优化前进。"帕累托效率"是个数学极限，从精确的数学意义上讲，它是永远不能达到的。但是，它确立了"帕累托改进"的方向，这一点是准确无疑的。正是如此才保证了改革得到大多数群众的支持与参与。因此，如果明确了高校体育改革的路径性质，即在高校体育改革的实质是在不损害他人利益的情况下改善自身状况，对于高校体育改革的顺利进行具有重要的作用。

（二）改革路径特征的再诠释

有些学者认为中国改革的特征为：其一，增量改革；其二，试验推广；其三，非激进性。也有学者把中国改革归结为政府主导型制度变迁方式，认为政府主体制度供给的能力与意愿、政府的政治与经济目标和政府的行政权威等决定了改革路径的渐进性。高校体育改革的渐进式路径特征主要表现为双轨并行的制度格局。中国普通高校体育改革是在"试错"中逐渐打散推广的。因此，改进过程在不同地区、不同学校都存在差异性。从需求来看，由于原有制度在不同地区、不同学校推广程度、取得效果的不同，对于改革的需求强度也会参差不齐；从供给方面看，是决策者均衡各种利益集团对改革的需求，进而在改革供给上采取了相应的差别政策。这种双轨并行特征在一定时期内具有减轻制度变迁的震荡，为制度变迁提供缓冲区间的作用。它使得原有制度的若干可取之处继续发挥余热，使新制度得以逐步发育成长和酿成优势，直到潜移默化地实现新旧交替。然而，双重制度并存，相互间的摩擦、冲突与损耗常常会拖住制度

变迁步伐。使得许多预期的改革步骤延迟或走形，改革路径会比预想地更加漫长和曲折。

六、高校体育改革中制度变迁方式的致力方向

制度变迁的方式大致可分为诱致性制度变迁和强制性制度变迁两种。诱致性制度变迁是指个人或群体为追求自身利益而自发倡导的制度变迁；强制性制度变迁是指由政府主导的自上而下强制实施的，由纯粹的政府行为促成的制度变迁。制度变迁是制度需求诱发的结果，制度变迁的完成有赖于制度供给的实现。有学者认为，"中国的高等教育制度变迁在 20 世纪 90 年代以前一直是自上而下的强制性的。几乎没有诱致性的制度变迁方式。"这一论断基本抓住了中国高等教育制度变迁的核心，高校体育也不例外。

首先，高校体育运行是以政府行政行为为主的纵向约束机制，政府根据一个理想化的理念，把下面的一切制度安排都计划和构建好了，是以集中控制为基础的，而服从就是集中控制的结果。它不会因为教育工作者和受教育者的好恶而发生变化，也不会成为一种随机性的权宜之计，它总是在一个相对较长的时间段中发挥作用。这一点可以在前面各阶段高校体育教学制度的变迁中得到验证。在高校体育相关的法律、法规、条例等条文中，国家意志被清楚地表述了出来，只有具有相当权威性的机构才能对个别有歧义的条款进行解释，而且这种解释也必须是从高校体育系统的整体利益出发，是合乎国家意志的解释。除此之外，任何人都必须无条件地执行和服从。正如弗洛姆所说："我们无法选择问题，我们无法选择我们的产品；我们被推着前进——被一种什么力量？一种制度，一种任何目标及目的都无法超越的制度，这种制度使人成了附属物。在这样的模式支配下，高校体育的发展未能得到个人自由发展和机智实现的积极支持，个体不能充分和有效地在体育实践领域实现自己的价值力量。高校体育发展缺乏恒久的精神动力。

其次，这种以集中控制为基础的高校体育教学制度，其自身衍生了这样一套价值体系：顺应党政体系的价值信号为善、符合权力意志的为善、有利于证明该体系合理性的为善、有利于权力位之升迁的为善等在这种特定的模式之下，"没有红头文件"的事不做是普遍的行为准则。然而，高校体育教学制度运作往往是通过中央和各级政府的高校体育主管部门下达文件来推动。这些文件有时只规定目标和"精神"，即使规定了手段也常常是强调应该怎么做，而对不能做的边界常常很少规定。这就使制度安排在"应该如何"和"不能如何"之间出现了许多空白点，这本来为高校体育管理者提供了制度创新的舞台，但制度执行者普遍认可的是按照"应该"制定的道路行动，常常忽略了这些空白点，这就缩减了制度创新的空间，压抑了制度创新的积极性。

与此同时，高校体育的主管部门，一方面集管理权于一身，掌管着建设、完善、修改以及解释有关高校体育各种规则和制度的大权；另一方面，他们又通常处于"庙堂之高"，远离制度与规则实施的现场，缺乏对制度与规则实施情况的第一手材料，加之规则与制度实施状况的反馈路径不通畅，无疑阻隔了修改、完善规则与制度的通道，而对高校体育存在问题了如指掌的高校体育管理者没有制度创新的权力。长此以往，扭曲的信息无法为上级主管部门及时发现问题、解决问题，导致制度变迁处于停滞状态或者制度变迁表面在推行实际却一成不变的状态。

当然，这样说的目的绝不是说高校体育教学制度变迁完全摆脱强制性制度变迁的模式，事实上强制性制度变迁也具有比较显著的优势，如何适度的取舍是问题的关键。无论哪种制度变迁都需要付出时间、努力和费用的过程。以最少的费用获得最佳的制度安排，就是合乎理想的制度安排。

第十一章 现代教育技术革新下高校体育教学领域的拓展

随着育技术的飞速发展，教育技术领域呈现出多个发展方向。本章通过绩效技术、移动学习、混合式学习、教育游戏等领域的拓展进一步阐述高校体育教学的发展前景。

第一节 绩效技术在高校体育教学中的全新内涵

绩效技术是研究如何改进组织和个人绩效的专门领域，大多应用在企业组织的人力资源管理和开发上。近年来，该名词越来越多地出现在教育领域，教育活动中的绩效问题也受到了教育研究人员的关注，许多教育研究人员开始尝试使用绩效技术来指导教育活动，尤其是教师培训活动。

绩效技术的方法和程序主要是针对企业组织绩效改进而提出的，而教育活动与企业活动存在着本质的差异，因此，将绩效技术引入教育领域时应结合教育活动的特征对绩效技术在教育领域的含义和方法进行深入探讨，从而正确指导教育活动的开展。

一、绩效技术概念及绩效技术模型

绩效是指人们在工作场所完成任务的成就或结果。人类绩效技术是通过设计以提高工作场所中人类绩效的技术与方法的集合，它以提高人类绩效为目的。关于绩效技术，国内外许多组织和个人对其进行了定义。

全美绩效和教学协会 NSPI 的定义是：绩效技术也称为人的绩效技术，指的是解决人的绩效问题或寻求改进人的绩效机会的一套方法和过程，它可运用于个人、小组或大型组织的不同层面，绩效技术是一个领域，几乎包括了为了达到高水平的组织和个人绩效的所有研究和实践领域。

张祖忻教授认为绩效技术是运用分析、设计、开发、实施和评价的系统方法来提高人和组织机构的工作业绩的研究领域。

《教学技术：领域的定义和范畴》对绩效技术的定义是这样的："绩效技术是一种对项目进行选择、分析、设计、开发、实施和评价的过程，它的目的在于以最经济的成本效益影响人类的行为成就。"

绩效技术模型在于揭示工作环境的复杂性和所有要素之间的相互影响，从而为绩效技术从业人员说明如何在工作中提高绩效的操作步骤。它以一种结构化的形式，为提高人类绩效提供指导。

关于绩效技术模型有很多，这里我们重点介绍 ISPI 发布的 HPT 模型（如图 11-1 所示），HPT 模型可称得上经典，对实际工作的开展也确实起到了不小的指导作用。在一些与具体行业相关的绩效技术模型里，往往也可以看出它的影子。对于具有教育技术专业背景的读者来说，这一模型和教学设计模型也颇有几分相似，这归因于它们遵循了同样的问题解决思路。

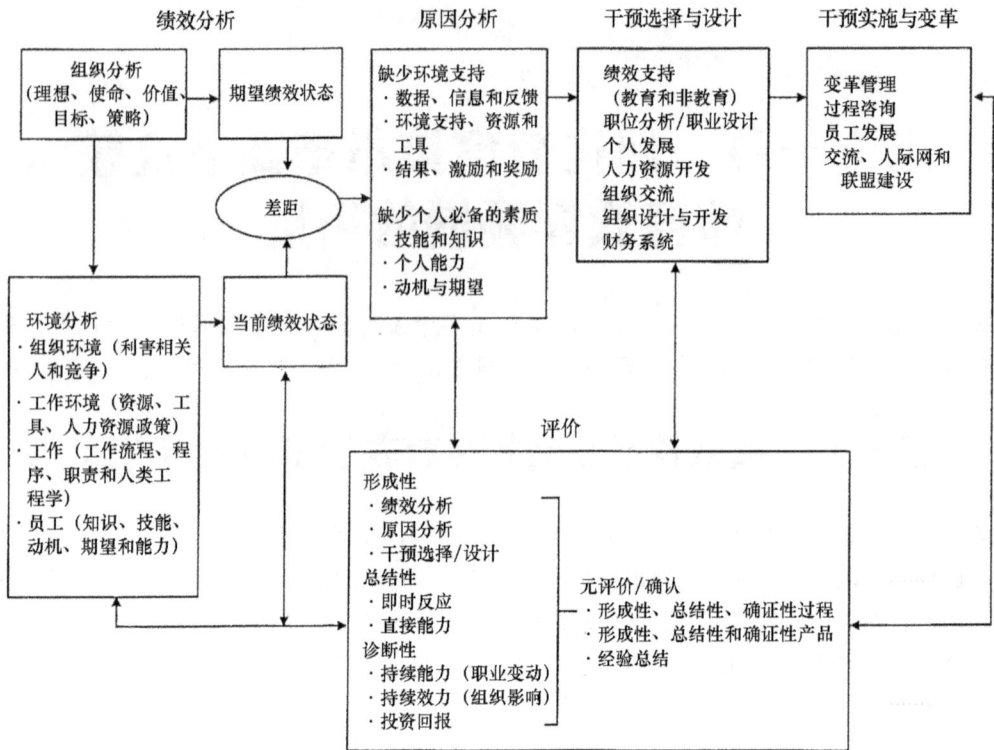

图 11-1　ISPI 的 HPT 模型

HPT 模型相对于其他模型有了较大的扩展，它不再局限于对绩效因素的分类，而是致力于绩效差距的消除。它将绩效步骤改进分为五个环节：发现问题、分析问题、设计解决方案、实施解决方案以及评价，ISPI 对每个环节都做了详细的阐述。各个环节都因为绩效领域的特点而体现出其特色。从 HPT 模型可以看出，绩效改进的实质在于消除或减小绩效差距，而这种差距在绩效领域主要来自于环境、员工和组织机构本身，ISPI 对不同要素还做了进一步的细分。绩效改进的途径是多种多样的，模型中提到教育以及非教育类型的绩效支持，包括职位分析、变革管理、组织交流、员工发展等，模型提供的这些思路具有重要的启发意义，提示我们在实际的绩效改进过程中，必须灵活地应用各种绩效改进手段来提高绩效。

在评价阶段，HPT 模型中除了常见的形成性评价、总结性评价和确证性评价之外，还提及了"元评价"。前三者都是针对绩效改进本身，主要的差别在于间隔的时限和采用的评价工具。"元评价"既可以伴随前三种评价同时进行，也可以在形成性评价、总结性评价及诊断性评价完成之后进行，以便对评价过程、产品以及结果的可靠性和有效性提供反馈。它不仅面向绩效改进，还可针对每种评价过程本身，并可对形成性评价、总结性评价和诊断性评价进行验证，从而获得有价值的关于评价过程和产品的洞察。

HPT 模型除了将绩效改进的"流程"加以结构化、模块化之外，还以箭头的方式指出了模块之间的先后顺序，使得依照模型的实施更加有章可循。但这种流程也在一定程度上限制了绩效技术从业人员对其灵活地应用。很多情况下，绩效改进工作的实际开展只是该模型中的几个环节甚至一个环节的实施，在有的场合下这是由于其他环节并不需要，而在另一些场合下则由于时间、经费、人力等原因，必须对几个环节加以整合。但无论如何，对于一个绩效技术从业人员来讲，在头脑中有这样一个清晰的绩效改进模型都是非常必要的。

二、绩效技术领域与教育领域的比较分析

到目前为止，绩效技术虽然已形成了一个独特的研究领域，但其研究范畴、研究方法等均与人力资源管理理论与实践密切相关。企业是以盈利为目的的组织，其绩效水平是通过企业的最终利益或效益来衡量的，而教育是非营利组织，以学习者个体的发展为最终目标，二者在研究对象、目标、内容、环境等方面均存在差异。

表 11-1 显示出了绩效技术领域和教育领域存在的差异。首先，绩效技术领域研究的主要对象是企业员工，企业员工有较稳定的工作，因而其工作的性质和内容是较为明确的，影响工作绩效的因素可以通过对绩效目标和现状的对比分析查找出来。衡量绩效的标准是个人或组织利益的最大化，因而通常把组织中绩效水平最高的个人或同类组织中绩效水平最高的企业作为参照标准，查找个人或组织与绩效水平最高的个人或组织存在的差异，寻找产生差异的原因，以寻求绩效改进方案。

而教育领域面对的对象是发展中的人，他们未来将从事何种工作是未知的。并且 21 世纪人才培养的目标是促进人的个性的全面发展，强调根据学习者的个性特征发掘其潜力。教育活动没有一个统一的参照标准，无法准确测量教育绩效差距。因而，为了减小绩效差距而设计的课程内容和教学策略往往很难带来教育绩效的改进。此外，企业组织中的员工处在一个相对固定的岗位中，他们必须按照岗位的要求从事一定的工作，因而其行为活动是受到一定制度约束和控制的，而教育组织虽然也制定了一定的行为规范，但学生的学习过程是开放的、自主的。

表 11-1　绩效技术领域与教育领域比较

	绩效技术领域	教育领域
对象	有正常职业的劳动者个人和集体	尚未工作的学习者个人和集体
目标	个体组织的利益最大化	个人的全面发展和个性的充分发挥
内容	发现并解决个体或组织中出现的绩效问题，探讨绩效改进策略，并对绩效改进过程进行评价和反馈	掌握学生个性发展规律，并在此基础上探究正确引导学生个性发展的方法和策略
环境	有组织的、有约束的	开放的、自主的

三、教育领域中绩效技术的新含义

绩效技术领域与教育领域在研究对象、目标、内容、环境等方面存在差异，但同时绩效技术也是一种提高系统整体效率成效的方法和程序，教育领域作为一个系统，同样也关心教育的效率和效果问题。采用绩效技术方法解决教育领域的问题时，需要参考绩效技术固有的方法和程序，并根据教育活动的特征对绩效技术的含义进行重新阐释，主要可以从以下几个方面来理解绩效技术。

（1）教育绩效目标是开放的，绩效分析需要分阶段、分层次开展。

（2）绩效改进过程是动态的，干预措施应随学生的成长而变化。

（3）绩效评价的内容是教师及学生水平的提高程度。

四、教师培训中绩效技术的运用

开展大规模的教师培训是当前我国教师教育的一个重要内容，而如何提高教师培训活动的绩效水平也是当前教育研究人员和教师关注的重点问题。依据绩效技术的观点，可以把教师培训活动作为一个绩效系统，采用绩效技术的方法和程序开展教师培训工作，但同时，教师培洲的目的是为了今后更好地开展教学活动，提高教育绩效水平，因此，采用绩效技术开展教师培训时可以遵从绩效技术的一般程序，但在具体环节的设计上要考虑教育领域的特征。对教师培训活动进行设计时应注意以下几个方面的问题。

(1) 设计多样化的培训目标。

(2) 培训内容的选择是开放的。

(3) 培训方式应具备较强的互动性与灵活性。

(4) 培训效果评价的多元化。

总之，采用绩效技术方法和程序指导教育活动既是绩效技术领域的延伸，同时对于教育领域相关理论和实践的发展也有促进作用，应该注意的是，两者在理论基础上的差异使绩效技术方法能正确指导教育活动的开展。

第二节　移动学习与混合式学习模式融入高校体育教学

一、移动学习

(一) 移动学习的概念

近年来，随着无线移动技术、蓝牙和 WAP 等技术日趋成熟，移动通信技术与计算机技术的不断融合，一种全新的概念——移动学习（Mobil-learning）在教育领域应运而生，并逐渐成为现代远程教育研究的热点之一。

移动学习是指学习者在自己需要学习的任何时间、任何地点通过无线设备与移动设备（如手机、具有无线通信模块的 PDA、Pocket PC、MP4 以及手持电子书阅读器等）和无线通信网络获取教育信息、教育资源和教育服务，与他人进行交流、学习的一种新型学习形式。移动学习是远程教育的延伸和扩展，除了具有固定远程学习所拥有的所有优点之外，相比之下，它还具有无线性、灵活性、便携性的特点。其中，灵活性和便携性是移动学习最突出的特点。正是由于它的便携、可移动，使学习摆脱了学习场所、学习设备和学习时间的束缚，学习的随机性大大增强。

(二) 移动学习发展现状

我国教育部于 2001 年 12 月做出了关于"移动教育"的理论和实践研究项目立项通知。北京大学于 2002 年 5 月成立了国内第一个移动教育实验室，并取得了可喜的成果。就目前来说，随着移动设备价格的降低及性能的不断提升，我国移动设备的普及率正在迅速增长，它在人们生活中发挥着越来越大的作用，这些都显示了移动通信技术、计算机网络技术和现代多媒体技术三者有机结合的产物——移动教育也成为远程教育中的一个重要方向，而移动学习也成为远程教育中的一个重要的学习模式，它将进一步促进教育信息化的进程，真正实现随时随地的学习。

由于移动学习理论的不完善和移动技术的限制，目前实施较多的移动学习基本上有基于短信息的移动学习、在线实时信息交互的移动学习、在线信息浏览的移动学习、在线资源下载的移动学习。

从总体上来说，无论在国内还是在国外，移动学习都取得了一定的研究成果。但从实际应用上来看，当前移动学习仅仅停留在理论及其应用策略的研究和小范围实践上，对移动学习的应用和普及还只是发展阶段。

（三）移动学习模式

目前移动学习领域的学习模式主要分为两大类：在线类移动学习与脱机类移动学习。前者主要借助于移动网络进行在线式的移动学习，后者主要借助于电子存储设备进行存储式移动学习。

1. Model 1：SMS（Single Message System）模式

基于短消息的移动学习模式主要应用于通信数据少，简单文字描述的学习活动。它是目前普遍的一种移动学习途径，技术也相对比较成熟，费用较低，用户数量也最多。通过短信系统，学校可以及时提供各种服务信息，但短信内容只能是文字和图片，而且篇幅有限，所以应用范围限于通知的发送、简短信息的查询。

资源形式：文字信息。

适用终端：带有短消息功能的手持移动设备，如 PDA、移动电话等。

学习者需求：学习者参加一定课程的学习，需要及时地收取通知、公告、课程成绩查询结果、概念性知识片段等信息。

适用情境：上学路上、途中等零碎的时间段。

交互方式："推送"方式以单向交互为主，一定程度上的文字性双向交互。

2. Model 2：MMS（Multiple Message System）模式

基于多媒体的移动学习模式主要应用于表达丰富信息，需要使用图像、声音、动画等多媒体信息的学习活动。

资源形式：语音、图片、图像、简短动画。

适用终端：带有摄像功能，支持 MMS 图片、图像、语音存储和传输的 PDA、移动电话以及笔记本电脑。

学习者需求：生动的多媒体信息的学习需求与交互。

适用情境：学习者在学习现场将观察到的事物或者场景录制或拍摄下来，上传到教学平台与教师和学生共享。

交互方式："推送"并接收更加生动的多媒体信息。例如，布置特定的学习任务让学习者完成，并按照要求上传语音、图片等学习资源，作为学习者参与课程学习的一部分内容。

3. Model 3：基于浏览、链接的模式

这种类型的移动学习模式又包括两类：一类是 WAP 及移动互联网业务；另一类是移动宽带业务。

资源形式：班级社区、Blog、图文资料的浏览、教学教务组织、远程交互、课程下载、流

媒体课件点播、定位等。

适用终端：PDA、移动电话、笔记本电脑。

学习者需求：学习者需要以在线的方式与老师、同学或者教学资源实现实时交互；在交流和协作的情况下进行学习。

适用情境：在出差时期参加课程的实时学习；利用空闲时间访问在线资源并下载资源等情境。

交互方式：以在线的方式实现学习者与学习内容、教师、学生之间的交互。

4. Model 4：存储携带模式

这是指将电子书、多媒体课件、图文课件等数字化内容存储在便携式移动设备上，帮助学习者进行随时随地的学习。

资源形式：文档、图片、音频、视频、课件、流媒体等。

适用终端：MP4、PDA、学习机、带存储扩展卡的移动电话、笔记本电脑。

学习者需求：利用工作、休息之外的时间片段进行学习。

适用情境：工作繁忙，又需要充电，上班路上、出差途中等零碎时间段学习。

交互方式：主要是学习者与学习资源之间的交互。

(四) 移动学习的特点

1. 形式上是移动的

学习者不再被限制在电脑桌前，可以自由自在、随时随地进行不同目的、不同方式的学习。学习环境是移动的，学习资源和学习者都是移动的。

2. 内容上是互动的

移动学习的技术基础是无线通信技术和互联网技术，移动学习的理论基础同网络学习是一样的；只有在内容上互动，实现双向交流的模式，才使得"移动"更有意义，才符合建构主义的基本原则，才能更充分地表现出移动学习的优越性。

3. 实现方式上必须是数字的

也就是说要使用移动计算（IA）设备进行数字化的学习。这一点是区别于传统学习模式的关键，它既是前两条的保障，也是前两条的必然选择。目前支持移动学习的设备主要有手机、PDA 便携式电脑以及其他智能终端等。

4. 移动学习是一种高度片状化的经历，易受干扰

移动状态学习和固定状态学习有着本质的不同。人在"移动"过程中，注意力是高度"分散"的。学习是一项艰苦的工作，需要集中注意力和深入思考。而移动中（乘车、乘地铁、火车、泡酒吧、散步）充满了分散注意力的事情。移动中对人们注意力也是断断续续的、不可预料的。这将会给移动学习者留下极度心烦意乱又极为片段的体验。移动教育课程开发与设计中必须认识移动学习的这一特点。

综上所述，移动学习是 E-Learning 发展的衍生，它可以真正地实现任何时间、任何地点来学习的目的。由于其独特的技术优点，受到了教育技术研究者的极大关注。移动学习是未来远程学习的主要模式，也是教育技术研究的一个重点方向。但就目前的形势来看，移动学习在移动设备和教学系统设计方面存在诸多问题，互联网的局限性、移动设备的兼容性、理论和技术支持不够等都极大地阻碍了移动学习的发展。

二、混合式学习

(一) 混合式学习的概念

我国学术界首先提出混合式学习的是北京师范大学何克抗教授，2003 年 12 月 9 日在南京召开的全球华人计算机教育应用第七届大会上．何克抗教授首次正式提出这个概念。他认为，所谓混合式学习（Blending Learning）就是要把传统学习方式的优势和 E-Learning 的优势结合起来，也就是说，既要发挥教师引导、启发、监控教学过程的主导作用，又要充分体现学生作为学习过程主体的主动性、积极性与创造性。何克抗教授认为混合式学习是未来教育技术的发展趋势，认为它是国际教育技术界关于教育思想和教学观念的极大提高与转变。这种改变不仅只是形式上的，更多体现利用在线教学和课堂教学的优势互补来提高学生的认知效果上。

目前国际教育技术界已经达成共识，认为只有将在线教学和课堂教学结合起来，使二者优势互补，才能获得最佳的学习效果，这也是混合式学习的核心。

(二) 混合式学习的三个层面

混合式学习由抽象到具体，由宏观到微观可以看作三个层面的混合。

1. 宏观层面

混合式学习是离线学习和在线学习、自定步调的学习和实时协作学习、结构化学习与非结构化学习的混合。

2. 中观层面

混合式学习是多种学习方式的混合，这些学习方式可以是典型的 CAI（计算机辅助教学）、PBL（基于问题的学习）、WebQuest（网络探究式学习）、SDL（自我导向式学习）、拾荒式学习、研究性学习、游戏化学习、基于资源的学习、实践中学习等的混合。不同学习方式的选择根据教学内容、教学目标和学习者特征而定。

3. 微观层面

此层面是指教学诸要素中构成教学系统的教学媒体、教学材料、传输介质、学习环境、教学资源、学生支持服务的混合使用。混合式学习能够培养学生深度学习的能力及较强的信息素养，并有助于使其形成终身学习的能力。

总的来说，混合式学习就是各种学习方法、学习媒体、学习内容、学习模式以及学生支持服务和学习环境的混合。但是，混合式学习并不是仅仅把这些相关的成分简单地混合起来，而是基于实现学习目标、提高学习绩效而将各种成分进行有机的结合。

(三) 混合式学习的混合形式

1. 传统课堂教学与在线学习相结合

传统课堂教学以面对面的知识传授为主要特征，利于师生间的情感交流，利于基本概念、原理、规律及事实性知识的传授；在线学习即 E-Leaning，包括实时和非实时的在线学习，能够突破时空限制，利用丰富的共享资源，利于学生主动地进行自主或合作探究，培养学生的探究精神和创新能力，将二者进行结合可以达到优势互补的效果。

2. 结构化与非结构化学习的混合

结构化学习是利用逻辑严谨、结构良好的学习材料，按学科知识的一定逻辑顺序组织的教学过程。非结构化学习是通过会议、交谈、网上浏览、电子邮件等非结构化的方式。混合学习既要重视结构化学习，使学习者构建完整的学科知识结构，也要重视非结构化学习，使学习者能够运用学科的基本概念、原理、规律等知识，分析并解决实际问题，促进知识迁移的发生。

3. 混合各种不同信息传输媒体

教学信息传输媒体主要包括教室、网络课程、印刷材料、视听材料、电子邮件、电话、教学软件等记录、存储和传输信息的载体。我们应根据学习者特征、学科特点、教学内容的不同需求等因素综合考虑，合理地选择教学媒体。

4. 混合自定步调和实时协作学习

自定步调的学习是指学生根据个人的已有知识现状和学习需求，自我控制学习的步调，而实时协作学习则是指多个学习者之间互相交流合作、共同分享知识的学习。

（四）混合式学习的设计模型

1. 混合式学习的设计环节

乔希·伯尔辛（Josh Bersin）认为混合式学习的设计过程主要包含四个基本环节。

（1）识别与定义学习需求。学生的学习需求具有多样性。因此，在混合式学习中需要对学习需求进行识别与定义。

（2）根据学习者的特征，制定学习计划和测量策略。学习者的特征包括多方面的内容，如学习风格（如场依存或场独立等）、原有知识及技能结构、智力水平等。混合式学习需要根据学习者的特征，制定具有适应性的学习计划。

（3）根据实施混合式学习的设施，确定开发或选择学习内容。混合式学习基本形式是网络学习与传统课堂学习的混合，基本设施通常指实现在线学习的设施，由开展混合式学习的单位建设，应考虑如下问题：带宽、机配置标准、学习管理系统、时间约束、度量标准。

（4）执行计划，跟踪过程并对结果进行测量。该过程是混合式学习的最后阶段，主要是执行学习计划，跟踪学习过程，并对学习结果进行测量，以确定是否达到预期的目的。

李克东教授依据上述的过程描述，把混合式学习设计分解为 8 个相互循环的环节。

步骤一：确定混合式学习目标，即确定开展混合式学习的目标。

步骤二：确定预期绩效，即确定通过混合式学习应取得什么样的绩效。

步骤三：选择传递通道和媒体。需要考虑到两个方面的内容：一是可供选择的传递手段，包括学习方式与媒体，主要有在线、课堂、视频、技术支持、PDA、电子绩效支持、自我指导、教师指导、协商、同步、异步和实况 E-Learning；二是要考虑同传递手段有关的效能和成本因素，如存取方式、成本、教学模式、交流、用户友好、组织授权、新颖性和速度。

步骤四：学习设计。邀请课程专家、教育专家和技术专家，制定并形成混合式学习计划。

步骤五：支持策略。确定完成混合式学习需要什么样的支持策略。

步骤六：计划实施的行动观察。设计在实施计划过程中需要观察记录的项目。

步骤七：学习效果评价。包括诊断性评价、形成性评价和总结性评价。

步骤八：修订学习。根据评价结果对学习计划进行修订。

2. 混合式学习设计模型

Intel 公司提出了针对 Intel 企业培训的混合式学习设计模型（如图 11-2 所示）。

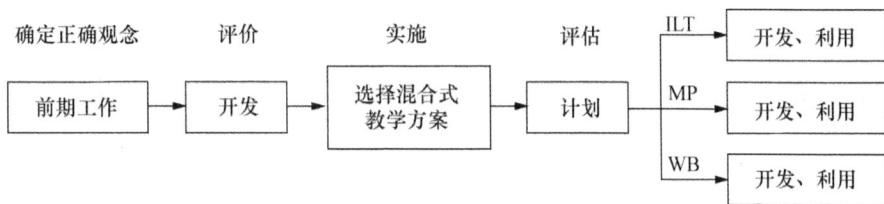

图 11-2　英特尔混合学习模型

除了这些公司针对企业培训和个别学校提出混合式学习设计模型之外，还有一些学者及研究者也提出了他们自己的混合式学习设计的模型。特罗哈（Troha）提出了由 12 个步骤组成的混合式学习设计模型，基本过程和步骤如下。

（1）收集关于培训需求的符合标准的背景信息，如同为课堂教学设计一样。

（2）回答这样的问题：作为培训的结果，什么东西确实是我们希望学习者知道、去做和感受的。

（3）基于证实的学习目标，描述主题。

（4）在内容大纲的每个条目旁边，注明能够通过课堂很好地将内容条目传递给学习者的学习活动类型。

（5）开发学习策略的传递，学习策略描述在培训过程中所做的事情。

（6）开发评价策略，评价策略描述培训的有效性。

（7）识别和编目所有存在的将来可能用于促进课程开发的文档。

（8）将过程中所有的输出与教学设计文档组织在一起。

（9）通过教学设计文档，在"内容/学习活动大纲"中找出可以通过在线传递的成分。

（10）简要询问设计项目中的内部人员，收集反馈意见。

（11）会见混合式学习的提供者，着眼于提高学习效率，全面优化宝贵的课堂时间和确保投资的最佳回报。

（12）和外部的提供者一起，向所有的内部利益相关者陈述混合式学习设计，收集反馈意见和确定下一步。

同时，Badurl Khan 也提出了混合式学习的结构，称为 Khan 八边形结构（如图 11-3 所示）。

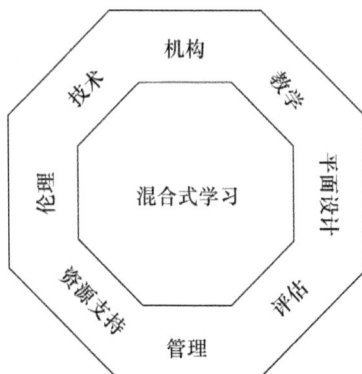

图 11-3　Khan 混合式学习八边形结构

这个模型可以帮助人们在设计混合式学习时选择合适的内容，也可以成为设计、开发、传送和管理以及评价混合式学习课程的指导性原则。Khan 将这些因素概括后组成了一个八边形，其维度有：教学、技术、平面设计、评估、管理、资源支持、伦理和机构。

第三节　体育教育游戏的创编与高校体育游戏化教学的实践

一、体育游戏的创编

（一）体育游戏的创编原则

1. 目的性原则

人类的每一种活动都有自己的目的。体育游戏教学作为人类文化活动的一部分，当然也必然具有一定的目的。我们在创编体育游戏时要根据使用的范围、对象确立一个明确的目的。用于大众体育娱乐、休闲的体育游戏，主要是达到锻炼身体，娱乐身心，满足大众的身心需求，进行社会规范教育。我们在创编时主要考虑游戏是否符合科学锻炼原理，内容情节是否健康，是否富于时代特征，过程是否轻松愉快。学校体育中常用的体育游戏，主要目的是增强学生体质，促进学生生长发育，配合学习掌握运动技术技能，有效发展学生思想品德和个性心理品质。在创编时要根据学生身心发展特点，与教学任务紧密结合，并且突出游戏的思想性、教育性目的。体育游戏创编还要根据实际需要，了解不同性质、不同类型的教材所具有的作用和功能，使其与游戏的内容、方法、规则有机地融为一体，充分体现体育游戏的目的性。

2. 锻炼性原则

体育游戏是体育手段的一种，它必须具备体育的健身功能，通过游戏能达到锻炼学生身体、增强体质的目的。锻炼性原则是创编体育游戏时应遵循的主要原则之一。在体育游戏中可以通过以下各种方式来贯彻锻炼性原则。

第一，以走、跑、跳、投掷、攀登、爬越、搬运、追捕、躲闪等人体基本活动能力的动作作为素材创编体育游戏。在游戏中既能培养学生基本活动能力，又能很好的锻炼学生身体，还可以为学生学习体育技术打下基础。此外，这些练习本身就具有一定的趣味性，是创编体育游戏的很好素材。

第二，以某些竞技体育基本动作技术为素材创编体育游戏。在游戏中既能学习提高动作技术，又能有效地锻炼学生的身体。竞技体育是体育教学中的重要内容，是学生锻炼身体的主要手段之一，也是提高学生运动技术水平、培养运动员的途径。竞技体育中由于有些练习比较单调、枯燥，又需反复多次的练习，学生往往从兴趣出发，注意力不能持久，因此练习效果往往不好。以这些练习作为素材创编成游戏，一般学生做这些技术动作游戏都很投入，练习效果较好，学生也能在学习技术与战术的同时达到锻炼身体的目的。但是以竞技体育的动作技术为素材的游戏中，学生由于兴奋性过高或者一心求胜，往往不注意动作的质量。因此，教师在创编这些游戏时要特别强调动作的规格，并采取一定的措施保证这些动作规格的贯彻和执行。

第三，以球类基本战术为素材创编游戏，使学生在熟练战术的同时达到锻炼身体的目的。球类战术练习是球类运动教学中的重要内容，学生在做这些练习时常常难以弄清人与球的移动路线，因此要反复练习才能熟练。运动游戏作为练习的形式，可以免去练习的枯燥，即使反复多次，学生也乐此不疲，在反复的练习中，既学会战术动作，也可以在练习中达到锻炼身体的目的。

第四，以力量素质练习为素材创编游戏，使学生在游戏中锻炼身体、发展力量素质。在课的基本部分的后部进行力量素质练习，因为枯燥无味，练起来又比较辛苦，因此学生一般都不愿意练，即使迫于服从老师的要求来练习，很多也是应付一下。如果将力量素质练习作为素材创编成游戏，使学生在热烈竞赛的气氛中做练习。在好胜心与集体荣誉感的双重动力的驱使下，学生就会尽全力投入，认真地做好这些练习，达到锻炼身体、发展力量素质的目的。

3. 趣味性原则

趣味性是体育游戏的一个显著特性。体育游戏教学之所以存在，其趣味性或许是根本的理由。如果除去了体育游戏的趣味性，丧失了对学生的吸引力，体育游戏也就没有存在的必要了。趣味性可以说是体育游戏创编过程中所应遵循的主要原则之一。增加体育游戏的趣味性可以从以下几个方面入手。

第一，增加游戏的竞争因素。任何竞争都能不同程度地使人处于紧张状态，因而激发人的活力，调动人的潜在力量。但竞争不一定都是愉快的，体育游戏的竞争却是一种愉快的竞争，参加者在游戏竞争中胜利了、成功了，会享受到胜利成功的欢乐；如果失败了，也不会有任何思想负担。这种愉快的竞争是体育游戏趣味性的重要来源，在一定程度上讲，游戏的竞争越激烈，它的趣味性就越强。体育练习中的一些单调枯燥的练习，如果运用竞争的游戏形式来进行，常常能收出出人意料的良好效果。

第二，采用新颖的动作。在体育游戏的创编与教学中，设计与采用一些与日常习惯不同的或者相反的动作，一些难以协调的动作，可以增加游戏的趣味性。新颖能引起兴趣有着心理学的根据。从条件反射的角度来说，"喜新厌旧"是人的天性，同样的刺激重复的次数多了，会引起大脑皮层的抑制。与此相反，新颖的刺激则会引起大脑皮层的兴奋与无意注意的指向与集中，这就是新颖动作使人感到有趣的原因。另外，新颖动作还能激发人们跃跃欲试的心情，从而积极地投入到游戏活动中去；能使游戏者在这种不习惯，有时显得有点笨拙的姿态中欢欣雀跃，也能使游戏者在完成动作之后尝到首次成功的喜悦。

第三，适当采用一些惊险性的动作。惊险动作能有效地"刺激"与吸引学生，能使人出于自我保护的本能而出现紧张、兴奋及集中注意力。另外，少年学生在惊险动作中更能表现他们勇敢果断的优良品质，从而在心理上得到满足，精神上获得欢愉。因此，在体育游戏中适当采用一些惊险动作无疑会增加游戏的趣味性。当然，这些惊险的动作应该是恰当的、有惊无险的，要辅以一定的安全措施，以保证安全为前提。

第四，适当提高动作的难度。游戏中所采用的练习如果不具有新颖性，一般可采用提高动作的难度来增加趣味性。从游戏参与者学习动作时的心理状态看，游戏中所采用的动作如果太容易，会使人觉得做起来没意思，而太难了又会使人丧失信心，只那些有适当难度，参加者经过自己努力才能够完成的动作，才会使人从中获得一种满足感。而体育游戏所采用的动作一般都是较简单的动作，没有什么复杂的技术与战术。因此，有时应采用限制条件、提出要求等各种方法来适当加大动作的难度，以增加游戏的趣味性。

另外，在体育游戏中还可采用一些特殊的使人逗笑的规则，采用一些有趣的赏罚方法等，都可以增加游戏的趣味性。

4. 针对性原则

创编的游戏要有明确的目的性、针对性，要根据需要有的放矢地进行创编。有些体育教师认为，在体育课中做游戏只是为了让学生玩得高兴、愿意上体育课，因此在创编或选用游戏时并不注重游戏的针对性。当然，体育游戏可以活跃课堂气氛，调动学生参加体育锻炼的积极性与主动性，但这只是体育游戏的任务之一。此外，体育游戏还具有其他方面的任务，要全面地完成这些任务，在创编与选用游戏时，则必须遵循针对性原则。贯彻针对性原则应注意以下三个方面。

（1）要以教学任务为依据。体育游戏是体育手段的一种，它总的任务是锻炼学生身体，增强学生体质。但除此之外，它还应当为完成每堂体育课的具体任务服务。例如，安排在课的开始部分的游戏是为了集中学生的注意力；安排在准备部分的游戏是为了热身，使学生身体得到一般发展；安排在课的结束部分的游戏，或是为了发展学生的某种身体素质，或是为了身心上的放松；学习篮球的传接球，可以创编以传接球动作为素材的传递抛接游戏；而为了发展学生的奔跑能力，则可以采用接力游戏的形式等。

（2）要针对学生实际。在游戏的内容安排及游戏所采用的形式上都应考虑学生的具体情况，包括学生的年龄、性别以及体质情况等，这样创编的游戏才会更加适用。

（3）要考虑气候、场地、器材情况及其他有影响的因素。例如，冬天游戏的运动负荷量可大些，而炎热的夏天运动负荷量过大则容易中暑。

5. 安全性原则

在体育游戏过程中，参加者兴奋性高，精神放松，全身心投入，这种情况下很容易"乐极生悲"出现伤害事故。因此，在创编体育游戏时必须防患于未然，尽可能排除不安全因素。在创编难度大，带惊险性的动作时，应充分考虑游戏对象的年龄、运动能力等因素。对动作的可行性、安全性进行科学分析，按对象的能力来设计。

在运用投掷、负重项目时，必须避免因器械使用不当而发生事故。对场地、队形排列、往返路线、交接方式进行周密安排与设计。对容易出现的不安全因素，规则应发挥其约束作用。例如，追拍游戏中，不准推人、打人。在抛掷游戏中，只能击队员腿部或膝部等部位，都要做出明确规定。另外，在教法提示中，应注意本游戏中容易出现伤害事故的环节，并提出相应的安全措施。

（二）体育游戏的创编技法与程序

掌握了体育游戏的创编原则，会使创编游戏工作在正确的原则指导下进行，从而使创编的游戏不会出现明显错误与缺陷。正确掌握体育游戏的创编技法与程序，则可使创编游戏工作进行得快捷、顺利，创编的游戏比较规范。

1. 体育游戏的创编技法

（1）变化法。在体育游戏的教材中，教师可选择一些易于变化的游戏，进行触类旁通、举一反三的改造与发挥，创编出新的游戏。如田径类的接力跑游戏，根据其特点，稍加变化与改造，即可创编出运球接力、负重接力、钻跨障碍游戏等新体育游戏。

（2）组合法。根据体育游戏的创编原则，运用排列组合的原理，将不同类型的体育游戏进行组合，或将其他运动手段、体育动作与游戏形式进行组合，便可创编出新的体育游戏。

（3）移植法。将生活劳动中较为常见与实用的动作情形，从内容到组织形式以及方法手段，进行移植改造，创编出新的体育游戏。如"抗洪救灾"的搬运沙袋，可采用搬运重物接力比快的游戏方式，移植的体育教学中，使游戏更具有新颖性和教育意义。

（4）程序法。按照一定的逻辑程序进行创编。

①目的任务：根据设想和条件以及已有资料，明确创编游戏的目的和任务。

②设计规划：经过严密构思，选定内容与素材，确定格式与程序，设计游戏的基本模型。

③验证修改：通过反复实验、推敲，修改完善，验证游戏的科学性、实效性与可行性。

④书写：按游戏名称、目的、场地器材、方法、规则及教学建议等规范书写格式进行编写。

（5）提炼法。将少年学生时期玩耍的民间游戏、乡土游戏和地域性游戏进行去粗取精，经过提炼而创编出新的体育游戏。

此外，体育游戏的创编还有思维法、实验法、模仿法、简化法等很多技法，也可借鉴竞技运动的一些创新技法。

2. 体育游戏的创编程序

（1）明确游戏的目的与任务。作为体育游戏的参加者，参加游戏的目的就是体育游戏本身，他们一般都是为了体验愉快的游戏过程而参加游戏的。但作为游戏的组织者来讲，体育游戏是体育教育的一种手段，其目的是锻炼学生身体，增强学生体质，这个目的是通过各个具体的游戏来达到的。而一个具体的游戏，一般还需要完成某种具体的任务。例如，集中学生注意力、做准备活动、学习某种运动技术或战术、发展学生的某项专门素质等，都可作为某个游戏的具体任务。创编体育游戏时，首先应明确游戏的目的与任务，这样才能使创编工作做到有的放矢。

（2）选择游戏的素材。明确了游戏的目的与任务之后，即可动手选择游戏的素材了，游戏素材的选择应针对游戏的任务来进行。如集中注意力游戏所采用的练习，运动量要小一些；放松游戏，主要是精神上的放松，趣味性要浓一些；发展学生的腿部力量，可以采用跑、跳等动作作为游戏的素材；为学习或复习专项技术服务的游戏则应以专项技术动作为素材。有时可以将课上的几项任务巧妙地糅合到一个游戏中去完成。例如，一个任务是集中学生注意力，另一个任务是复习队列练习中的向左转、向右转。这时如采用"先算后转"的游戏，则可在一个游戏中同时完成两个任务。

体育游戏主要是以发展学生体力为主的游戏，因此它所采用的素材应体现体力活动的特征，这些体力活动应以体育动作为主，但不限于体育动作。以下所列的一些体力活动的内容都可作为体育游戏的素材：

身体基本活动能力的动作，如走、跑、跳、支撑、悬垂、攀登、爬行、钻越、追捕、躲闪、搬运等。

队列动作，如原地转向、报数、下蹲、起立等。

竞技运动动作，如球类中的运球、传球；田径中的接棒、起跑；体操中的跳绳、前滚翻、跳跃、分腿腾越等。

简单的球类战术练习动作。

日常生活与劳动中的某些动作，如使用筷子的动作，搬运同伴、搬运重物等。

模仿性动作，模仿动物的动作，如兔跳、象行、鸭子走路等；模仿机械，如汽车、吊车、飞机等；模仿军事作战等。

其他动作，如舞蹈、杂技中的某些动作等。

以上这些动作有些可以直接用作游戏的素材，有些则应经过加工改造后才能成为游戏的素材。除了以上这些动作之外，还可以自己创造一些新颖的、有趣的动作作为游戏的素材。

（3）确定游戏的方法。游戏的方法包括游戏的准备、游戏的进行形式、游戏的队形及变化、游戏的活动路线与活动范围、接替方法与动作要求等。

①游戏的准备。包括游戏所需要的教具及其安放方法、场地的规格、游戏的分队方法及队形站位等。

②游戏的进行形式。游戏的进行形式有接力、追逐、角力、争夺、攻防、传递抛接、集体竞快、摸索、掷准、比远、猜测等。创编者要根据游戏的任务与素材的特点来选取合适的形式。例如，发展学生的奔跑速度可采用接力游戏的形式；发展学生灵敏性可采用追逐游戏的形式；发展学生的上肢力量可采用角力游戏或素质接力游戏的形式等。

③游戏的队形。一般有纵队、横队、圆形、疏散（分散）式队形及指定的其他队形。

纵队一般用于接力游戏与传递游戏；横队一般适用于传递抛接游戏以及集中注意力的队列游戏；面向的二列横队常用于角力游戏、攻防游戏；圆形用于追逐游戏、攻防游戏；疏散式队形常用于追逐游戏及角力游戏；放射形用于圆周形的游戏。三角形用于球类和三角对抗等游戏。

④游戏的路线。在接力游戏与集体竞快游戏中，常常要说明游戏时学生运动的路线。游戏的路线一般有以下三种：

穿梭式（迎面接力）。即同一队学生分两组相隔一定距离面对面站立，游戏时每个学生跑单程，接替后站在对面一路学生的后面。

来回式。每队学生成一路（或根据需要站成数路），每个学生跑双程，即跑过去后，绕过回转点再跑回来与后一名学生接替。

围绕式。接力的学生环绕一定的图形，如圆形、方形、三角形、"8"字形等，跑一周后与下一个人接替。

⑤游戏的接替方法。接替方法是指在接力游戏及追逐游戏中，后一个学生接替前一个学生做动作的时机或信号。接替方法一般有交物法、接触法及过线法三种。

交物法是用接力棒、手帕或其他物品作为信号进行接替。在接替时，一般是前面人直接交给接替人，但有时也采用前面人将接替物交给纵队的最后一人，再向前传给接替人的方法进行接替，这种变换的接替方法可以防止后面人抢跑犯规。

接触法是前后两个学生以身体接触的方式进行接替，接力游戏中一般常常采用手掌相击的方法进行接替；追逐游戏中则拍击任何部位都可以。

过线法是前一个学生跑回越过起跑线后，后一个学生进行接替。

（4）制定游戏的规则。游戏的规则既是游戏顺利进行的保证，也是评定游戏胜负的重要依据。在制定规则时，要注意以下几点。

①明确合理与犯规、成功与失败的界限。在创编游戏时，对于一个游戏动作可能有多少种做法，事先要进行捉摸、试验，因为有些动作做法不同其难易程度也是不同的。为了竞赛的公平性，应在规则中明确哪种做法是合理的，哪种做法是犯规的；什么情况算失败，什么情况算成功。当然，如果几种做法难易程度相差不大，则可不必划分为合理与犯规，可让学生在游戏

中开动脑筋，找出容易的做法，以取得游戏的胜利。

②明确对犯规者（或犯规队）的处理办法。一般来讲，对犯规者可采用以下几种处理办法。

犯规者取得的成绩无效。例如，在打击游戏中，参加者如果是采用犯规的方法击中的，击中无效。

对犯规者（队）扣分或降级。例如，在游戏中采用计分的方法定胜负，可采用对犯规者扣分或对犯规队降级的办法处理犯规者与犯规队。

犯规队名次列于最后。在奔跑接力游戏中，凡起跑犯规的队，名次均列最后。如所有的队都有犯规行为，则不评名次。这是因为起跑犯规不但与次数有关，而且与距离有关，无法判别犯规的轻重。

罚犯规者退出比赛。在某些对抗竞赛的游戏中，可采用罚犯规者退出比赛的方法来削弱犯规队的实力。

③要有一定灵活性。规则不要定得太死，要留有余地，让学生发挥他们的思维与创造力。规则的条文不要过多或过于复杂，一般有2～4条即可。

（5）确定游戏的名称。确定游戏的名称就是给游戏命名，给游戏命名的方法有两种。

直接命名。有以下四种方式：第一，以游戏的内容命名，如"障碍赛跑"。第二，以游戏的形式命名，如"迎面接力"。第三，以游戏的内容加上形式命名，如"跳绳跑接力"。第四，以游戏的规则命名，如"成双不拍"。

拟喻命名。拟喻命名是假设与虚构在游戏命名上的运用，它是以游戏的内容或形式的主要特征为依据，采用模拟与比喻的方法赋予某种带情节的名称，这种名称带有一定的教育意义或者趣味性，如"推小车""黄河长江"等。

在给体育游戏命名时，要注意以下几个问题。

第一，游戏的名称要简单易懂。不要采用一些冷僻、难认、难记及难懂的字、词或成语。一个游戏名称的字数不要太多，一般以2～7个字为宜。

第二，游戏的名称要名实相符。给游戏直接命名时要注意名实相符，游戏的名称要能反映游戏的主要特征。

第三，游戏的内容与形式要相关。在用拟喻命名时，要使名称与游戏的内容或形式上有某种程度的相关性，不要牵强附会。例如，将平衡木假设为"独木桥"，二者在形态结构上就具有相似性。如果将放在一条直线上但不连接的几块纸板假设成"独木桥"，就不具这种相似性了；如将它假设成浅河中的"垫脚石"则较适宜。此外，所拟名称或借用的成语尽量不用带贬义的词或成语。

（6）提出游戏的教学建议。游戏的教学建议包括以下内容。

①游戏的适用范围，如年龄大小，对气候、场地和器材的要求等。

②在游戏中可能会出现的安全与其他方面的问题，以及预防办法或解决措施。

③游戏的其他做法，加大或减少游戏难度与运动负荷量的方法。

④其他注意事项。

（7）体育游戏的书写格式。体育游戏较全面的书写格式，可分为名称、目的、场地与器材、方法、规则及教学建议，再配以组织形式图。简单的可以只写出名称、方法及规则3项。以矮人赛跑为例。

名称：矮人赛跑

目的：发展学生的下肢力量。

器材：实心球2个。

方法：在场地上画两条相距15m的平行线作为起点线。将学生分成人数相等的两队；各队又分成甲、乙两组，各成纵队面向站在两条起点线后；队与队间隔3m。

游戏开始，各队甲组排头持半蹲姿势，并用胸、腿将实心球夹住，放开手做好准备。发令后，夹住球迅速跑向本队乙组处，把球交给乙组排头后站到乙组队尾。乙组排头按同样方法跑出，直至全队做完，以先完成的队为胜（图11-4）。

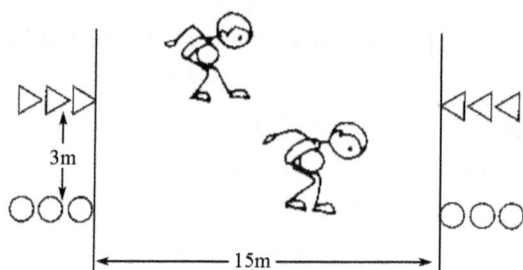

图11-4　矮人赛跑

规则：

①起跑和换人时，必须在起点线进行。

②跑动中不得用手扶球，球若落地必须在原地将球夹好后方能前进。

③此游戏可用曲线跑的方法增加难度。

④游戏的距离，可根据学生实际情况进行调整，实心球可用排球代替。除用文字书写外，一般都配以游戏的组织形式图，以帮助对游戏方法的理解。

二、体育游戏的教学

（一）体育游戏教学的基本特征

1. 学生具有主动积极性

一般来说，学生在体育课中都愿意做体育游戏。对于其他体育练习，总是有些学生喜欢，有些却不喜欢。例如，踢足球，很多男生喜欢，但很多女生却不愿意"玩"；打篮球在学校是比较受学生欢迎的，也有些学生不喜欢而喜欢体操等。但游戏就不同，它总是受到学生的欢迎，不管是男生还是女生，他们在游戏中欢快地尽情地玩着。教学中常常遇到的问题是学生没有学习的主动积极性，教师要设法去教育学生，启发调动他们的主动积极性。而游戏中学生却具有主动积极性，这是游戏教学得天独厚的有利条件，也是体育游戏成为一种有效体育手段的重要原因。由于学生具有主动积极性，教师可以在教学中将精力多花在教学的其他环节上，从而提高教学质量。

2. 教学任务的多样性

体育教学有三项任务：一是增强体质；二是掌握体育知识、技术、技能；三是进行思想品德教育。体育游戏的教学除了上述任务外，还要完成：一是每次课要有具体任务。例如，集中注意力游戏要完成集中学生注意力的任务；在准备活动中的游戏要完成热身的任务等；二是娱乐学生的任务。教师组织做游戏的主要目的虽然不是为了学生的娱乐，但是娱乐却是达到完成其他任务的一座桥梁，要完成游戏教学的其他任务，必须要兼顾游戏的娱乐性。

因此，在体育游戏的教学中，教师必须分清各项教学任务的主次，做到统筹兼顾。

3. 体力活动和智力活动相结合

体育游戏的教学与其他的体育教学相比更强调体力与智力活动的结合与统一，这是由体育游戏本身的特点所决定的。

（1）体育游戏是一种综合性的体育活动。一般来说，一个体育项目都有一个固定的模式，练习者经过一段时间的适应可以形成自然动作，而体育游戏则是综合了各种体育项目的动作、人体基本活动能力的动作，甚至生产劳动、军事作战以及模仿各种动物的动作等。动作的综合性使得在完成动作时难以形成动力定型，必须要经常想一想才做得出来。

（2）体育游戏的规则是经常变化的。其他体育项目的规则是相对稳定的，学生们在练习时容易记忆、容易适应，而体育游戏的规则是随着条件的不同而经常变化的，学生们在游戏中必须将体力活动与智力活动紧密结合才能适应这种变化。

（3）体育游戏包含有智力性。在许多体育游戏中，游戏本身就包含有一定的智力因素，学生在练习时必须将二者结合起来才能很好地完成。因此，体育游戏既能有效地锻炼学生的身体，同时也能较好地发展学生的智力。

4. 讲解与组织工作较难

体育游戏虽然没有很复杂的技术与战术，教学示范相对来讲较为容易，但体育游戏教学的组织工作与讲解则相对较难。讲解难主要是由于在做游戏时，学生很兴奋，声音嘈杂，讲解时学生难以听清；另外，游戏多以比赛的形式出现，讲解必须一次讲清楚，不能在比赛中途停下来补充；游戏的做法经常变化，有时游戏的路线也较为复杂，相对来讲，比较难以讲清。组织工作难是由于游戏的队形多变且难以调动，此外学生在做游戏时很兴奋，容易激动，好胜心又强，容易发生意外事情。因此，教师在游戏教学中必须讲解清楚，在备课时筹划好组织教学措施，以应付教学过程中出现的问题。

（二）体育游戏教学的原则

教学原则是教学工作中应遵循的基本准则，是长期教学实践经验的总结和概括，是教学工作客观规律的反映。在教学中正确地理解与运用教学原则，可以提高教学质量，加快教学过程。体育教学应遵循的基本准则是体育教学原则。体育游戏的教学除了要遵循体育教学的一般原则，还应遵循自身的特殊原则。这些原则有教师主导性原则、教育性原则、锻炼性原则和娱乐性原则。

1. 教师主导性原则

教师主导性原则主要是指教师在课中的驾驭引导及指导的作用，它体现在以下几个方面。

第一，在游戏中有效地组织、调动学生队伍，以适应游戏的需要；对游戏中出现的不正常的行为进行管理，以保证游戏的正常进行。

第二，指导学生正确地进行游戏，纠正游戏中的错误。

第三，制造欢快紧张的气氛。体育游戏虽然是体育手段的一种，但同时也是一种游戏，游戏是一种娱乐，它必须在轻松愉快的气氛中才能乐起来。一个好的游戏，在游戏中会自然而然地产生欢快、紧张、热烈的气氛。但在很多情况下，还是需要教师有意识地去制造或加浓这种气氛，以使学生们在游戏中更加投入，玩得更愉快，取得更好的锻炼效果。制造合适的游戏气氛是游戏教学中的一种教学艺术，有经验的教师通常用下列方法来达到这个目的。

①鼓动。鼓动是教师本人或动员学生用口号、语言以及掌声的方式鼓励、督促做游戏的学生更加努力，取得更好的成绩。在体育比赛中，啦啦队常用的方法就是鼓动。鼓动也是在体育游戏中常用的一种有效的制造气氛的方法。鼓动能有效地从精神上激励与支持学生更好地完成游戏动作。但鼓动有一个副作用就是太吵闹，常影响其他班的上课。另外，在一些带技术性动作的游戏中，鼓动常会使一些学生产生急躁情绪，导致技术动作变形，而达不到技术练习的目的，因此鼓动应根据情况灵活运用。

②奖罚。游戏的奖与罚虽然都是游戏式的，但也可在一定程度上制造或增加游戏紧张激烈的气氛。

③假设与虚构。在一些游戏中，教师可用假设与虚构的方法制造出一些情节，并进行夸大形容，以制造游戏的紧张欢乐气氛。例如，在摸索游戏"过独木桥"中，学生虽然是从两条粉笔线中间走过，但教师将它假设成一座"独木桥"，两边是"万丈悬崖"，掉下去会"粉身碎骨"，通过这样一渲染，学生走起来就会小心翼翼了。

④教师参与。教师与学生一同做游戏，同奖同罚，学生感到与老师平起平坐，做游戏时，要想方设法胜过老师，所以常常格外卖力。看到老师失败被罚时，既有点幸灾乐祸，又感到老师没有架子，很愿意跟老师玩游戏。

此外，教师在游戏中诙谐的语言，甚至适当的调侃都能起到制造、渲染游戏气氛的作用。

第四，掌握游戏结束的时机。一个游戏做多少次或者做多长时间最为合适，要靠教师从运动负荷量、学生的情绪、所花时间长短等各种情况进行综合考虑，然后选择适宜的时机结束游戏。

2. 教育性原则

教育性原则是教学普遍遵循的原则之一。教育含德育、智育与体育。这里的教育性原则是专指德育，在游戏教学中贯彻教育性原则是要求教师在教学中不要忽视学生的思想品德教育。在体育游戏教学中，教师应将游戏教学与思想品德教育巧妙地结合起来。

游戏是学生喜爱的活动，他们在游戏中感到轻松愉快，具有最佳的心境，而人往往是在心情愉快的时候，最容易接受别人的意见和劝告。因此，在愉快的游戏中对学生进行教育，效果常常较好。在游戏教学中可以对学生进行以下几方面的德育教育。

（1）进行遵守规则、纪律的教育。学生一般认为做游戏是玩，大多不重视遵守游戏的规则，从而常常导致游戏难以进行。教师应在游戏中严格执行规则使学生逐步养成遵守规则、遵守纪律的习惯。这样既对于以后游戏的顺利进行有好处，也能培养学生的遵纪守法的良好品德。

（2）进行集体主义的教育。体育游戏中有很大一部分是分队游戏，分队游戏都是依靠集体力量取胜。在做分队游戏时，教师应有意识地启发学生个人服从集体，团结协作，群策群力地去取得游戏的胜利，在游戏中潜移默化地对学生进行集体主义教育。

（3）进行意志品质的教育。在体育游戏中，有些游戏需要学生越过障碍，有些游戏有较大的难度，有些游戏有一定的危险性，有些游戏则需要学生在运用体力的同时，还要运用智力方能取胜等。这些游戏对于培养学生的机智、果断、勇敢、顽强、克服困难、适应环境等各种优良品质有很大好处。

在体育游戏教学中贯彻教育性原则要注意两个问题：一是教师要重视在教学中对学生进行思想品德教育，从思想上真正建立思想品德教育是游戏教学的一个重要任务的观念，从而在教学中重视发掘教材内容的思想性，并善于利用教学中的各种机会进行教育。二是要注意教育方式的灵活自然，切忌生搬硬套、牵强附会，失去生动活泼的特点，否则学生难以接受，游戏也会玩得索然无味。

3. 锻炼性原则

体育游戏与智力游戏都属于教育性游戏，但二者的目的是不完全相同的。智力游戏的主要目的是为了发展学生的智力，而体育游戏虽然也包含一定的智力因素，但它的主要目的是为了发展学生的体力、锻炼学生的身体、增强学生的体质。在体育游戏的教学中，体育教师一定要注意贯彻锻炼性原则，娱乐是手段，锻炼是目的。在选择游戏以及在组织游戏教学时，都要考虑游戏运动负荷量的大小及对学生的锻炼作用。不要满足于带领学生们玩耍就行了，也不要为学生的兴趣、情绪所左右，而忽略了锻炼学生身体的任务。

4. 娱乐性原则

体育游戏的教学尽管不是以娱乐为目的，但娱乐却是体育游戏中的一个不可缺少的因素。如果一个游戏没有娱乐功能，学生就不愿意参加，即使为了服从老师的指挥而参加，他们也"玩"不起劲来，达不到应有的锻炼效果。因此，在体育游戏的教学中，教师应设法在游戏中增加游戏的趣味性，保证游戏的娱乐功能，从而也间接地保证了游戏的锻炼性。

5. 安全性原则

安全第一是对体育教育工作中各项具体活动的普遍要求，在体育游戏的组织教学中更应强化安全第一的观念。体育游戏具有竞争、竞技和竞赛等特点，有一定的激烈程度和完成难度，学生参与欲望强，投入程度高，因此，学生在游戏中往往会"忘乎所以"，会不同程度地产生一些激动的情感波动，再加上有允许自由发挥来完成游戏的余地，所以，学生完成游戏的过程有可能相同，也可能不相同，教师也就无法完全预料游戏过程中会发生什么情况。因此，要求教师在安排游戏时，必须把准备工作做得周到仔细，以防患于未然。比如：在游戏的教具使用和装备上，要考虑全面，使之在任何情况下都安然无恙；再如：整个游戏的空间、场所、环境没有任何尖锐的棱角和坚硬的器具，不会产生撞击刺伤情况，不会因摔跤而造成伤害。

（三）体育游戏教学的形式

体育游戏教学的形式是与体育教学的任务尤其是每次课的具体任务紧密相关的。常见的体育游戏教学形式有以下几种。

1. 集中注意力游戏

目的是集中学生的注意力，为上课做好准备。常采用趣味性较强、要求协调性较高，或需要一定智力活动配合的练习，运用负荷较小，安排在课的开始部分。

2. 准备活动游戏

目的是热身，使身体得到一般活动。采用的练习有人体基本活动能力的动作、体育技术动作以及球类战术练习等。运动负荷中等，安排在课的准备部分。

3. 体育技术游戏（专项游戏）

以各种体育项目的基本技术动作为素材的游戏。例如，篮球的传运球、田径的起跑等，其主要目的是复习这些动作技术。一般安排在课的准备部分或基本部分。

4. 体育战术游戏

以某些体育项目的基本战术为素材的游戏。例如，篮球战术游戏、足球战术游戏等。其主要目的是复习与熟练这些战术动作。一般安排在课的准备部分与基本部分。

5. 力量素质游戏

目的是增强学生的某项力量素质，一般采用分队接力或个人赛形式。例如，俯卧撑接力、跳绳接力等，一般安排在课的基本部分后部。

6. 放松游戏

目的是使学生运动后在身心上达到放松，由运动状态过渡到安静状态。一般常采用趣味性较强、运动负荷较小的练习，安排在课的结束部分。

（四）体育游戏的教学方法

1. 游戏的准备工作

游戏的准备工作主要包括有场地、教具与助手三个方面的准备。

（1）场地。体育游戏都需要一定的场地，场地的大小根据参加人数的多少及游戏活动范围的大小而定。体育游戏中，除一部分球类专项游戏及少数其他游戏可以运用现成的体育场地外，很多游戏都需要课前准备画场地。准备游戏场地时要注意以下几点。

①要注意场地的安全性。场地地面要平整，不要在碎石多或表面有沙的硬地上，以及有水或结冰的地面上做奔跑游戏，以免学生在游戏中摔倒受伤；场地的边界离建筑物要有一定的距离，以免学生撞伤。

②场地的界线要清楚。游戏场地的各种界线牵涉到游戏中犯规及游戏胜负的评判，因此游戏场地上的各种点、线（如边界线、起点与起点线、终点与终点线、中线、回转点等）都要画清楚，尤其是在草地上做游戏时，灰线易被草遮住，更要设法画清楚些。

③游戏场地离教室要远一些。做体育游戏时，学生难免喧闹，为避免影响其他班级的课堂教学，选择游戏场地时要离课室远一些。

（2）教具。游戏的教具应该在课前计划、准备并安放好，不应在做游戏时才临时去找教具。游戏不像其他的体育项目有专门的器材与教具，而是大部分教具都要体育教师自己设法解决。体育游戏的教具可以从以下几个途径得到。

①利用其他体育项目的教具。如各种球、标枪、栏架、手榴弹、跳箱、平衡木、垫子、跳高架、接力棒、体操棒、跳绳、藤圈等。

②收集各种废弃物作为游戏教具。如各种纸箱、瓦楞纸板、包装泡沫塑料、各种饮料瓶罐、各种包装绳、塑料袋、废报纸、汽车与自行车的旧外胎、竹竿等。这些生活废弃物既容易找，

又不用花钱，有些可以直接用作游戏教具，有的稍加工后即可作为教具，是一种因陋就简的好办法。

③购买。游戏中有些需要用作教具的东西，无法从以上途径得到，但可以在市场上买到的，应先购置回来准备随时应用。例如，玩具娃娃、气球、毛巾、小剪刀、小塑料桶、塑料飞碟、松紧带、小皮球及各种面具等。

④教师自己动手做教具。有些游戏教具，既无法从各种途径找到现成的，在市场上也买不到，需要教师自己动手制作，如各种式样和颜色的小旗、竹套圈等。

⑤发动学生准备。有些在游戏中需要数量较多而学生又能自己做的教具，可以发动学生自己动手做，这样既解决了教具的问题，还可以培养学生自己动手的能力。例如，小沙包、毽子等。

（3）助手。有些游戏场地器材的布置工作较多，有些游戏需要一个或几个人当裁判，教师一个人常常照顾不过来，需要一个或几个助手帮忙。最好在课前将助手找好，并将他们在游戏中要做的事情或裁判的方法与他们交代清楚。游戏的助手可以从以下几种学生中选择。

①伤、病的见习生。

②班长、体育委员、各组组长。

③做分队游戏时，某些队多出的一人。

2. 游戏的讲解与示范

讲解是体育游戏教学中的一个难点，体育游戏的讲解应简练、清楚，在讲解时要注意以下几点。

（1）站位正确。教师讲解时应站在学生都能听得清与看得见的地方；做分队接力游戏时，应先将几路纵队转成面向内的横队，教师站在中间讲解，一般不要站在纵队前面讲解，尤其是纵队较长时；如是圆圈队形，教师应站在圆弧线上或跨前一、两步处讲解，而不应站在圆心处讲解。

（2）讲解前先集中学生注意力。因为做游戏是学生们最开心的事，他们往往很兴奋，人人跃跃欲试，他们期待着游戏中紧张愉快的竞争，互相商量着如何去取得游戏的胜利。由于他们的注意力全集中在上述方面，不自觉地对于教师的讲解失去注意力。因此，在讲解前，必须设法集中学生的注意力，以免部分人没听清而影响整个游戏的进行。有时由于学生声音嘈杂，一时又制止不了学生的吵闹，这时教师可停下来不讲话，学生会停止喧闹。

（3）尽量一次讲清楚。由于体育游戏开始后不能中途停下来再讲，因此要求教师在游戏进行之前，尽可能一次性地将游戏的进行方法及规则充分讲清楚。简单的游戏路线与规则讲一次就行了，复杂一点的要重复一次，直至完全搞清楚后才开始。在接力游戏中，尤其要让几个排头搞清楚游戏的路线后才能开始，因为排头清楚了，后面的学生即使不清楚，也可跟着排头做；而如果排头弄错了，后面的学生都会跟着错。

（4）讲解的顺序。体育游戏的讲解可按以下顺序进行：游戏的名称—游戏的队形分布—游戏的方法（过程）—游戏的规则与要求。讲解重点是后两项。

讲解之后，教师本人或者由一个学生示范一次，使学生对于游戏的路线、动作规格、回转点以及接替方法等更加明确。

游戏的示范是直观的方法，使学生进一步明确游戏的方法及动作要求；此外，还要以娴熟、有趣的动作激发学生的情绪，吸引学生积极参与到游戏中来。

游戏的示范动作，在技术上一般不是很复杂，要求也不是很高，但涉及人体的基本活动能力、身体素质练习、体育动作技术、球类基本战术以及模仿军事作战、生产劳动、各种动物的姿态等几乎应有尽有，尤其是为了增加游戏的趣味性，经常采用一些新颖的、难以协调的动作，如"鸭子赛跑""抓耳抓鼻""仰爬接力"等。因此要求教师知识丰富，技术全面，协调性较好，才能胜任游戏的各种示范动作。

3. 游戏的裁判与赏罚

体育游戏的裁判与赏罚要注意以下几个问题。

（1）裁判必须严格认真。在游戏中严格地执行规则，既可保证游戏的正常进行，又是对学生进行自觉遵守规则、遵守纪律的一种教育。游戏规则不可定得过多过死，但裁判工作则一定要认真严格，违反规则的一定要按规则处罚或判为失败，如果放松一个犯规，违反规则的现象则会接踵而来，整个游戏就无法进行或无法裁判。

（2）裁判必须公正。担任游戏的裁判员必须公正无私，不能偏袒哪一边。教师挑选学生帮助做裁判时，要注意挑选那些公正负责的学生担任。一般来讲，不要让本队的学生检查本队的犯规情况，而采取各队学生交叉检查较好。

（3）游戏的赏罚是游戏式的。在游戏中采用一定的赏罚手段，可以动员学生更加认真地投入游戏，但赏罚不必太认真，尤其是罚，一定不可严肃认真，而应采取游戏式的、玩笑式的方法来进行。这样的方式不伤学生的自尊心，学生容易接受。另外，在罚的内容上，也要掌握分寸，不可用带侮辱性的惩罚，如让学生学狗叫、让学生从跳马下钻过去等。

以下列举一些赏罚方法供参考。

①罚负队学生向胜队学生鞠躬或敬礼。

②罚负队学生向胜队学生做一个138°（或其他任意指定的角度）的鞠躬。

③罚负队学生背上胜队学生走到集合地点。

④罚负队学生背上胜队学生原地转3圈。

⑤罚负队学生归还器材。

⑥罚负队学生每人做3次俯卧撑。

⑦罚失败的学生面向大家笑3声。

⑧罚失败的学生表演一个10s的短小节目。

⑨罚失败的学生唱一"句"歌。

⑩罚做错动作的学生用右手捏住左耳原地转一圈。

⑪罚做错动作的学生用右手捏住左耳继续做以后的动作，如果后面的动作做对了，则可将手放下，如还是没有做对，则继续捏住耳朵，一直到做对为止。

⑫罚做错动作的学生闭上一只眼睛做以后的动作，一直到做对为止。

⑬罚做错动作的学生原地下蹲3次。

⑭罚做错动作的学生用右手打左手3下。

⑮罚做错动作的学生用左脚踩右脚一次。

4. 游戏的结束工作

游戏的结束工作主要有游戏小结与收拾器材两项工作。

　　游戏的小结在游戏后及时进行，小结应以表扬为主，表扬那些在游戏中遵守纪律、勇敢顽强、机智敏捷的队或个人；对于失败的队与个人，指出他们在技术上、相互配合上及其他方面的问题，鼓励他们争取下次游戏取得好的成绩。另外，如果在游戏中出现犯规现象，教师应在小结中适当予以批评，进行教育。

　　游戏结束后，教师要布置学生收拾、归还器材，一般以各组轮流的方式较好。

参考文献

[1] 吕勇．我国体育教学论发展研究 [D]．长沙：湖南师范大学，2009.

[2] 王林波．体育多媒体技术应用 [M]．北京：北京体育大学出版社，2015.

[3] 张磊．多媒体技术在高校体育教学中应用的研究 [D]．成都：四川大学，2005.

[4] 杨宴宏．多媒体教学手段在中学体育与健康课教学中的应用研究 [D]．昆明：云南师范大学，2006.

[5] 葛金国．校园文化品格：理论意蕴与实务运作 [M]．合肥：安徽大学出版社，2006.

[6] 古德，布罗菲．透视课堂 [M]．陶志琼译．北京：中国轻工业出版社，2002.

[7] 顾明远．中国教育的文化品格基础 [M]．太原：山西教育出版社，2004.

[8] 刘放桐．新编现代西方哲学 [M]．北京：人民出版社，2002.

[9] 刘昊航．无序中的有序——现代体育课程改革的文化品格审视 [M]．南京：南京师范大学出版社，2009.

[10] 张晓东．信息技术在高校体育教学中的应用 [D]．苏州：苏州大学，2008.

[11] 叶峰．多媒体 CAI 课件对学生体育情境兴趣影响的实证性研究 [D]．上海：华东师范大学，2006.

[12] 朱曦．基于网络平台下普通高校体育与健康理论视频课程构建研究 [D]．成都：西南交通大学，2015.

[13] 周伟．"数字体育"初探——信息时代体育工作新视角 [N]．中国体育报，2004-2-24.

[14] 林杰斌等．统计分析务实设计宝典 [M]．北京：中国铁道出版社，2002.

[15] 申晓勤．信息高速公路与现代教育 [J]．现代远程教育，1998 (4)．

[16] 黄莆全．整合课程和课程整合论 [J]．课程，教材，教法，1996 (10)．

[17] 施良方．课程理论 [M]．北京：教育科学出版社，2000.

[18] 施小菊．体育微格教学 [M]．厦门：厦门大学出版社，2013.

[19] 蒋佳冀．体育教学网络辅助系统的设计与实现 [D]．成都：电子科技大学，2013.

[20] 魏婉东．MOOC 对高校教学过程的影响探究 [D]．青岛：中国海洋大学，2015.

[21] 王薇．MOOC 教学设计原理探析 [D]．济南：山东大学，2015.

[22] 付晚晚．MOOC 在羽毛球教学中的应用研究 [D]．北京：首都体育学院，2016.

[23] 卢锋．体育系统的运行机制 [J]．成都体育学院学报，2001，27 (5)．

[24] 张伟．JAVA 程序设计详解 [M]．南京：东南大学出版社，2014

[25] 敬铮．JAVA 数据库开发与专业应用 [M]．北京：国防工业出版社，2002.

[26] 陶华亭，吴洁，魏里．软件工程实用教程 [M]．北京：清华大学出版社，2012.

[27] 陈建军．系统科学与普通高校体育管理模式的建立 [J]．山东体育科技，2002，24 (23)．

［28］张婧．学生体质测试管理系统设计与实现［J］．中国科教创新导刊，2010（31）.

［29］薛晗涵．近十年中国体育管理学研究状况的调查分析［D］．上海：上海体育学院，2011.

［30］熊敏．湖南涉外经济学院体育管理系统的设计与实现［D］．山东：山东大学，2011.

［31］王学华．以系统科学为指导的普通高校体育管理模式的研究［J］．体育学刊，2005.

［32］邵秀英．混合式教学的交互设计与应用研究［D］．昆明：云南师范大学，2015.

［33］赵培禹．体育"B-learning"学习理论与实验研究［D］．长春：东北师范大学，2011.

［34］于振峰，赵宗跃，孟刚．体育游戏（第二版）［M］．北京：高等教育出版社，2012.

［35］李富菊，崔云霞．体育游戏教学论［M］．北京：中国广播电视出版社，2004.